高等院校经管类『十三五』规划教材

互联网金融概论

主编 张立勇
副主编 霍芬 罗鹏

Introduction to Internet Finance

武汉大学出版社
WUHAN UNIVERSITY PRESS

图书在版编目(CIP)数据

互联网金融概论/张立勇主编.—武汉:武汉大学出版社,2019.8(2023.6重印)
高等院校经管类"十三五"规划教材
ISBN 978-7-307-20993-0

Ⅰ.互… Ⅱ.张… Ⅲ.互联网络—应用—金融—高等学校—教材 Ⅳ.F830.49

中国版本图书馆 CIP 数据核字(2019)第 132230 号

责任编辑:陈 红　　责任校对:汪欣怡　　版式设计:马 佳

出版发行:武汉大学出版社　　(430072　武昌　珞珈山)
　　　　　(电子邮箱:cbs22@whu.edu.cn　网址:www.wdp.com.cn)
印刷:武汉中科兴业印务有限公司
开本:787×1092　1/16　印张:12　字数:282 千字　插页:1
版次:2019 年 8 月第 1 版　　2023 年 6 月第 3 次印刷
ISBN 978-7-307-20993-0　　定价:39.00 元

版权所有,不得翻印;凡购买我社的图书,如有质量问题,请与当地图书销售部门联系调换。

前　言

这是个信息化的时代，每个行业都基本上呈现"互联网+"的趋势。互联网金融已经深刻改变了我们的生活方式。2015年中国人民银行等十部委发布的《关于促进互联网金融健康发展的指导意见》中，将互联网金融定义为：互联网金融是传统金融机构与互联网企业利用互联网技术和信息通信技术实现资金融通、支付、投资和信息中介服务的新型金融业务模式。互联网金融的主要业态包括：互联网支付、网络借贷、股权众筹融资、互联网基金销售、互联网保险、互联网信托和互联网消费金融等。

"互联网金融"其实是动态的、阶段性的概念。目前对互联网金融的研究多从技术和市场角度展开，认为其是科技金融，但单以此理解可能有失偏颇。互联网金融不是简单的"互联网技术的金融"，而是"基于互联网思想的金融"，从行为主体和参与形式的角度来理解，互联网金融具有更丰富的内涵，展现出更多的普惠和民主金融的意义。互联网的概念是超越计算机技术本身的，代表着交互、关联、网络。互联网金融活动将是点对点、网格化的共享互联，形成信息交互、资源共享、优势互补和新型契约。

互联网金融机构的竞争基础是网络技术、信息技术和数据处理技术，需求响应、期限匹配、风险定价与管理等业务流程被大大简化。在互联网金融模式下，金融机构为客户提供基于数据分析的模块化资产组合。互联网金融使传统商业银行的竞争基础发生演变，由安全、稳定、低成本和低风险转向快捷、便利和体验。互联网金融冲击了传统的物理银行概念、传统的时空概念、货币金融主权的概念，带来成本的大幅度下降，突破了时空的限制，突破传统的规章制度，可能改变现有的金融格局，改变竞争策略，改变监管理念。

互联网金融未来存在两大趋势，一是传统金融跟互联网优势互补，有机结合，利用互联网的渠道优势、信息处理能力优势等；二是在互联网提供的商务平台、商务机会、商务信息里成长出新的金融业态、新的金融组织方式、新的金融交易方式。

互联网金融还处在不断发展与变革中，具有很强的市场基础和生命力，它的发展将充满不确定性，需要我们持久地关注、学习和研究。本教材的编写具有以下几个方面的特点：(1) 编写体例注意教学需要。每章按照教学目标与要求、导入案例、正文、本章小结、关键术语和思考题的顺序编写，便于学生自学和强化学习效果。(2) 章节安排注重系统性和适用性。吸收众多相关教材的内容编排优点、突出实用、切合实际发展和具体的业态发展。(3) 内容编写上注意分析深度和系统。既有实证分析，回答"是什么"，又有规范分析，回答"应当怎样"；既有历史分析，描述起源与发展历史，也有现状的展现；既有纵向的深入分析，也有横向的比较，注重核心理论与概念的准确辨析。(4) 既有现实问题的揭示，也给出发展的建议和预测未来发展趋势。

本教材共八章，第一章绪论，介绍了互联网金融的定义、产生的背景、特征、与传统金融的联系与区别、主要业态、发展现状及前景；第二章基于互联网的银行业务，介绍互联网银行的历史与发展脉络、国内外互联网征信的发展历程、现状、定义、特征及其与传统征信的联系、互联网消费金融的内涵、运营模式以及风险特征，分析了其对传统商业银行的冲击；第三章互联网支付，介绍了互联网支付的概念、特点、流程和分类、我国互联网支付的现状与特征、第三方支付的内涵、外延、功能、营运模式和主要业务方式，分析了银行线上支付与第三方支付关系、互联网支付监管的必要性；第四章互联网货币，介绍了互联网货币的定义、类型和特点、产生、发展与演变、互联网货币的设计思路、风险和监管的重难点、比特币的运行机制及特点，分析了区块链目前存在的问题及其与比特币之间的关系；第五章众筹，介绍了众筹的概念、特点和主要类型、在国内外的发展现状、众筹运作的一般流程、股权众筹、物权众筹和奖励式众筹的运作及其特点、股权众筹投融资的优势与难点、众筹的主要风险类型及风险管理策略；第六章互联网基金与保险，介绍了互联网基金的内涵、特点、对金融市场产的影响、发展情况、风险与监管设计，分析了互联网保险的内涵与特点、发展阶段、商业模式、发展现状、存在的主要风险；第七章互联网信托与证券，介绍了互联网信托的发展现状与趋势、模式、面临的风险，分析了互联网证券的内涵、业务模式、风险防范以及中介服务体系；第八章互联网金融监管，介绍了互联网金融风险的主要体现、监管的原则、监管模式和监管策略、分类监管的重点与难点、监管发展趋势。

  本教材由张立勇教授提出编写思路、写作大纲和体例。由邓丹凤老师编写第一章；罗鹏老师编写第二、七章；张立勇老师编写第三、六、八章；陈孟婷老师编写第四章；霍芬老师编写第五章。最后由张立勇教授统稿和定稿。

  本教材的问世，要特别感谢武汉大学出版社的王凯老师，王老师为本教材的出版付出很多，帮我们一同拟定写作提纲、编写体例、提供案例，对具体的编写内容也提出了不少宝贵意见，甚至帮我们购买参考资料，甚为感动，在此深表谢意！

  本教材编写过程中，参考了大量相关专著、教材、期刊文献、学位论文和网站资料，在此一并表示感谢！

  由于本教材涉及的是一个崭新和快速发展的领域，新理论、新的实践创新不断涌现，也在监管中不断规范，教材中难免存在不足之处，同时，由于编写者能力和精力有限，难免有疏漏和错误之处，敬请读者批评指正。

编　者
2019 年 5 月 15 日

目　　录

第一章　绪论 ·· 1
　第一节　互联网金融概述 ·· 1
　第二节　互联网金融业态 ··· 11
　第三节　互联网金融发展现状 ··· 17

第二章　基于互联网的银行业务 ·· 23
　第一节　互联网银行 ·· 24
　第二节　互联网征信 ·· 35
　第三节　互联网消费金融 ·· 45
　第四节　互联网银行对传统银行的影响 ··· 51

第三章　互联网支付 ·· 57
　第一节　互联网支付概述 ·· 58
　第二节　银联在线支付 ··· 65
　第三节　第三方支付机构互联网支付 ·· 66
　第四节　银行线上支付与第三方支付的关系 ··· 69
　第五节　非银行支付机构的监管 ··· 71

第四章　互联网货币 ·· 75
　第一节　互联网货币概述 ·· 76
　第二节　互联网货币的产生、发展与演变 ·· 80
　第三节　互联网货币的运行机制 ··· 83
　第四节　互联网货币的风险与监管 ·· 87
　第五节　比特币和区块链 ·· 90

第五章　众筹 ··· 104
　第一节　众筹概述 ··· 105
　第二节　股权众筹 ··· 110
　第三节　物权众筹和奖励式众筹 ·· 116
　第四节　众筹风险与管理 ·· 119

第六章　互联网基金与保险 125
第一节　互联网基金 127
第二节　互联网保险 136

第七章　互联网信托与证券 150
第一节　互联网信托 151
第二节　互联网证券 160

第八章　互联网金融监管 172
第一节　互联网金融监管概述 172
第二节　互联网金融业务的分类监管 177
第三节　互联网金融监管应注意的其他问题及监管未来趋势 182

参考文献 187

第一章 绪 论

【教学目标与要求】
1. 理解互联网金融的定义；
2. 了解互联网金融产生的背景；
3. 掌握互联网金融的特征；
4. 掌握互联网金融与传统金融的联系与区别；
5. 知悉互联网金融业态；
6. 了解互联网金融的发展现状及前景。

第一节 互联网金融概述

互联网自出现以来，逐渐与原有的产业进行融合，并对不同的行业产生了不同的影响。研究及实践表明，不同产业受互联网影响的速度和深度不一样，据此我们可以将所有产业分为四个类型：重塑性行业、互补性行业、适应性行业和迟钝性行业。

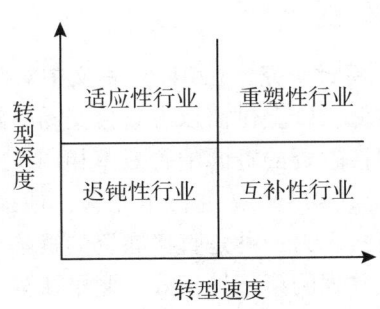

图 1.1 互联网时代的四大产业类别

（1）**重塑性行业**

在互联网时代，这些产业相关的企业原有的某些类型的业务基本依赖网络开展，传统的业务模式将被重塑，具体表现是传统模式互联网化，原有的市场份额将大幅下降甚至消失。比如证券行业的经纪业务，银行的转账和支付业务。

（2）**互补性行业**

这一类型的行业可以利用互联网的优势开发一些新业务，开发的新业务将能够与企业的传统业务互相促进。出版业、零售业就属于这一类型。

（3）适应性行业

处在这些行业的企业能够利用互联网深刻地改造自己，但是改造速度相对较慢。

（4）迟钝性行业

这些行业的企业虽然可以利用互联网改善自己的业务开展情况，但是变革速度较慢。建筑业和农业就属于这一类型。

一般来说，与信息服务相关的行业对互联网的敏感度较高，对信息依赖较强的行业往往会成为重塑性行业。那些对信息要求不高、自身改造动力不强，而且受外界冲击较小的行业通常就属于迟钝性行业。与金融业的发展历史相比，互联网几乎是一个全新的领域，金融业是一个与信息服务高度相关的行业，对互联网的敏感度和依赖性都较高，属于典型的重塑性行业。互联网金融应该起源于金融业对互联网工具的应用。在20世纪90年代中期，互联网金融的雏形开始出现，全球第一家网络银行——安全第一网络银行（SFNB）于1995年10月18日在美国亚特兰大开业。继美国之后，欧洲、日本以及亚洲其他地区的互联网金融开始兴起。

"互联网金融"这个具有中国特色的概念有其特殊性。从概念的名词结构来看，互联网金融是由"互联网"和"金融"这两个名词组合而成的新概念。"互联网"又是我国发展最快的行业，从1998年至今，我国互联网行业已经出现了百度、阿里巴巴、腾讯、京东等一大批优秀的互联网企业，根据工信部公布的数据，2017年初我国已经拥有超过11.2亿移动互联网用户，位居全球最高水平。而"金融"是我国最赚钱的行业之一，从沪深两市看，近几年金融服务业上市公司的净利率占两市所有企业的1/2，当发展最快的"互联网"和最赚钱的"金融"不期而遇，必将碰撞出智慧的火花。

一、互联网金融的定义

谢平教授在《互联网金融模式研究》（2012）一文中对互联网金融的定义是：支付便捷、市场信息不对称程度非常低，资金供需双方直接交易，银行、券商和交易所等金融中介都不能发挥作用，直接和间接融资的资源配置效率相同，并在促进经济增长的同时，大幅度降低交易成本。随后谢平（2014）又进行了完善，他提出当前的金融业存在两种模式，一种是间接融资的银行模式，另一种是直接融资的资本市场模式，他认为互联网金融是与银行模式、资本市场模式并列的第三种模式。谢平认为，虽然目前的发展状况是互联网成为传统金融业的工具，电商企业涉足金融，但在未来互联网可以发展直接金融，必将颠覆传统金融业。

2015年中国人民银行等十部委发布的《关于促进互联网金融健康发展的指导意见》中，对互联网金融作了如下定义：互联网金融是传统金融机构与互联网企业利用互联网技术和信息通信技术实现资金融通、支付、投资和信息中介服务的新型金融业务模式。互联网金融的主要业态包括互联网支付、网络借贷、股权众筹融资、互联网基金销售、互联网保险、互联网信托和互联网消费金融等。

准确定义"互联网金融"是一件比较困难的事情。第一，各个研究者研究的角度不同，对概念的定义和理解方式也有所区别。第二，"互联网金融"其实是动态的、阶段性的概念，需要历史地去看待和评价。目前对互联网金融的研究多从技术和市场角度展开，认为其是科技与数据金融，但单以此理解可能有失偏颇。

互联网金融不是简单的"互联网技术的金融"，而是"基于互联网思想的金融"，从行为主体和参与形式的角度来理解，互联网金融具有更丰富的内涵，展现出更多的普惠和民主金融的意义。互联网的概念是超越计算机技术本身的，代表着交互、关联、网络，其中的主语或者核心是参与者，是人，而不是技术，互联网金融是一种新的参与形式，而不是传统金融技术的升级。

对于互联网金融的内涵，可以这样理解，每个人作为社会经济的一分子，都有充分的权利和手段参与到金融活动之中，在信息相对对称中平等自由地获取金融服务，借助低成本的自动化决策和更加高效便捷的交易技术，逐步接近金融上的充分有效性和民主化。互联网金融活动将是点对点、网格化的共享互联，形成信息交互、资源共享、优势互补和新型契约。每个人的金融价值和金融需求都会在这种点对点、网格化的共享互联中得到充分挖掘和满足。据此，互联网精神在互联网金融中也具有切实的指向。

（1）分享。包括用户、产品、评价、信用等多层次的数据、信息与经验的共享，甚至可以包括金融服务过程中关键算法和模型的共享。

（2）协作。金融机构相互协作，为用户提供更具价值的服务；金融机构与用户合作；用户相互协作，实现金融产品与服务的筛选乃至自金融。

（3）自由。金融服务门槛降低，金融机构多元化，产品供给充足，市场充分竞争，用户可以自由选择、评价金融机构及金融产品，甚至可以自由提供金融服务。

（4）平等。金融活动中所有主体的全面平等，不仅在于买卖双方之间市场地位的平等，更在于平等的金融服务提供与使用权利。

（5）普惠。人人都能够以合理的价格、方便和有尊严地得到所需的金融服务。

（6）民主。金融服务提供者仅依靠市场竞争和用户投票获取权力，用户的投票体现为服务选择权，对于金融权力具有最终决定权。

互联网金融包括两个维度：一是金融产品维度，即资金融通服务过程中产生的各种金融产品，包括第三方支付、网络借贷、众筹等。如何对这些金融产品加以创新或改造使其更具效率，更适应网络时代的实体经济需要，是互联网金融首先要面对的问题。二是技术维度，即网络技术、移动通信技术、云存储技术、大数据分析和应用技术等，如何在合法、合规的基础上与金融产品结合，从而降低金融产品的交易成本，实现金融普惠，是互联网金融需要面对的第二个问题。

二、互联网金融兴起的原因

（一）互联网及信息科技的推进为互联网金融提供了技术条件

信息科技的迅速发展使得诸如搜索引擎、云计算、大数据等新兴科技逐渐进入人们视野。为了实现金融资源高效配置和风险监控，在互联网金融运作过程中，需要对大量庞杂的数据进行准确筛选，搜索引擎能够对相关信息进行检索、筛选、处理和组织，最终汇集成具有较强实用性、灵活性的金融信息。

云计算是一种基于互联网的计算方式，它把计算负担集中于远端服务平台（"云端"），显著降低客户端的计算负担，并且免去了用户的服务器软硬件部署与维护成本，具有易用、灵活、柔性及便宜等优点。互联网金融不仅依托于大量的信息数据，还依赖于高效的信息处理能力，信息的迅速处理使得大量冗杂的数据得以清晰化条理化，便于用户迅速利用信息做出决策。

大数据是由数量巨大、结构复杂、类型众多的数据构成的数据集合，无法在一定时间内用常规软件工具对其内容进行抓取、管理和处理。大数据具有四个基本特征，即经常说的4V：体量（volume）巨大；多样化（variety）；速度（velocity）快；价值（value）密度低。大数据在互联网经济的典型应用场景包括：在线广告的精准投放、供应链的优化管理、用户行为建模、精准数字营销、信用评估、热点事件挖掘等。

社交网络的兴起在传播方面创造了一种新的模式——爆炸式（或称病毒式）传播。通过收集汇总个人和机构在社交网络上的信息碎片，比如个人消费习惯、风险偏好和企业经营情况、信用记录等，就能发掘出比基础金融信息更丰富的信息。互联网金融通过对社交网络所蕴含的信息的深度挖掘与分析，设计适当的金融产品和相应的金融服务，以达到提高个人和企业信用度的目的，并在一定程度上减少道德风险。

互联网是利用通信设备和线路将不同地点的、功能相对独立的计算机系统互联起来，以功能完善的网络软件实现网络资源共享和信息交换的数据通信网。随着宽带无线接入技术和移动终端技术的飞速发展，移动互联网应运而生并且迅猛发展。与传统互联网相比，移动互联网具有更加便捷、碎片化、用户体验优先等特点。随着手机网络作为国内的重要网络形式，互联网金融活动的手机业务逐渐成形。

（二）电子商务的发展为互联网金融提供了社会条件

电子商务的初衷仅在依托互联网技术把传统的商品贸易形式迁移至线上，以降低交易成本、吸引价格敏感用户。我国作为电子商务的后起之秀，近年来市场规模迅猛扩张，越来越多的网民养成了在网上购物以及通过网络进行支付结算的习惯。到2016年12月，我国使用网上支付的用户规模达到4.75亿，较2015年12月，网上支付用户增加5831万人，年增长率为14.0%，我国网民使用网上支付的比例从60.5%提升至64.9%（见图1.2）。其中，手机支付用户规模增长迅速，达到4.69亿，年增长率为31.2%，网民手机网上支付的使用比例由57.7%提升至67.5%（见图1.3）。

在线上支付领域，各网络支付企业不断深入与各级政府、公共服务机构以及社区的合作，涉及民生类的缴费环节陆续打通，全方位的民生服务网上缴费体系基本搭建，并加速推广。在线下支付领域，经过网络支付企业大力的市场培育，支付场景极大丰富，消费者在饭馆、超市、便利店等线下实体店使用移动网络支付工具习惯初步养成，并快速向低线城市渗透，出门"无钱包"时代悄然开启。网络支付给用户带来购物环节的便捷，对于商家而言降低收单成本、解决现金管理带来的不便，使线下网络支付应用得到迅速蔓延。中国互联网络信息中心（CNNIC）的调查数据显示，网民在线下实体店购物时使用手机支付结算的比例已达50.3%，并且线下支付应用拥有较强的下潜力度，四、五线城市分别到达43.5%和38.0%，农村地区使用率已达31.7%。

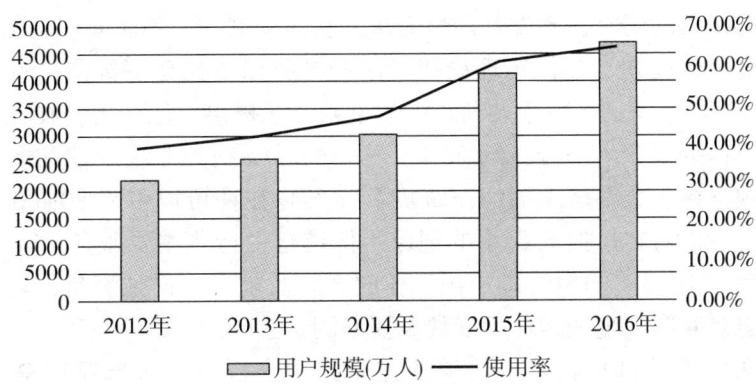

图 1.2　2012—2016 年网上支付用户规模及使用率

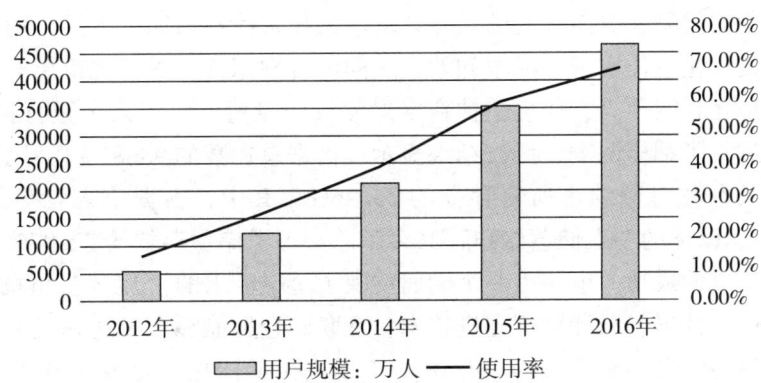

图 1.3　2012—2016 年手机网上支付用户规模及使用率

由此可见，电子商务的达成，并未改变商务的逻辑，却使得商务更加贴近商业服务的本质——对接生产者与消费者。其核心不仅仅在于互联网技术，更在于互联网逻辑，也就是长尾、普惠和去中心化。

（三）传统金融业的缺陷为互联网金融提供了业务空间

长尾理论是由美国《连线》杂志的主编克里斯·安德森在互联网时代提出的一种新兴理论。该理论最初是描述并总结亚马逊等网站的经营模式：在亚马逊的销售额中，有25%的份额来自那些排名靠后的图书而非畅销书。而且，这类冷门书籍的销售率在不断增长，未来有可能带来将近一半比例的销售收益。此外，安德森还将这类冷门产品定义为利基产品，并提出：第一，虽然每一个利基产品并不能实现很大的销售规模，然而多个利基产品汇集起来形成的市场却足以抗衡热门商品的销售市场；第二，通过互联网搜索技术等条件，利基产品的可获得性在不断增加，成本却在显著下降，这种不断发展的在线市场将改写零售经济学。

长尾理论的意义在于：在产品存量和流通渠道都足够大的情况下，销量不佳的产品共同占据的份额可以与热销产品的市场份额相匹敌。长尾理论中的小众产品创造了市场规模，在得到顾客认可的同时，激发其隐性需求，从而开创了一种面向固定细分市场的、更加个性化的商业经营模式。与长尾理论相对应的是我国传统金融机构一直奉行的金科定律——"二八定律"。该定律由意大利经济学家帕累托提出，他认为：在任何事物中，起决定性作用的只占据了一小部分，约20%，其余的80%则为非决定性的次要因素。在传统的商业银行观念里，金字塔顶端的20%的高端客户往往可以带来80%的经营利润，从而造成了商业银行面对客户抓大放小的现象。传统金融行业主要服务于二八定律里"头部"的20%，而"尾部"的80%的小微群体的金融需求没有得到满足，这是传统金融饱受诟病之处，也是互联网金融迅速发展的重要原因。

互联网金融凭借其自身特点，能够快速聚集用户群，激活长期被忽视的数以亿计"长尾用户"。互联网金融对长尾市场的发掘意味着此前无法享受金融服务的"微不足道"的群体也开始拥有获取服务的潜在机会，在互联网金融模式里，没有所谓的客户等级，没有资金规模大小的限制，取而代之的是一体均沾的投资收益权和一视同仁的服务，用客观的数据集成和批量化运作实现了成本和效益之间的合理嫁接。对长尾市场的关注具有典型的普惠意义，是互联网平等、普惠精神在金融领域的投射。中国人民银行在2013年底对全国存款账户进行了抽样调查，调查结果显示，占据总户数的98.85%、存款额在20万元以下的账户，其存款总额约占所有存款的35.26%；其中，占据个人总户数的99.03%、存款额在20万元以下的个人储蓄账户，其存款总额占了储蓄存款的72.07%，显示出了长尾特征。而余额宝的成功，也从另一个侧面反映了金融需求的"尾部"市场空间巨大。

此外，利用大数据、云计算等先进技术，互联网金融能够在时间和成本约束下，一定程度上降低市场的信息不对称，为"尾部"市场提供低门槛的金融服务。一个典型的例子是阿里小贷。阿里小贷采用"信贷工厂"的流水线操作模式，利用大数据、云计算等技术，通过"水文模型"以及信用评分模型，大大降低了单笔业务的时间成本、信息成本以及信用风险。小微企业和个人可以通过互联网在线完成贷款的申请、审批、签约、放款。据蚂蚁金服集团测算，利用互联网技术的蚂蚁微贷单笔信贷成本仅为2.3元，远低于传统银行的单笔2000元。

三、互联网金融的特点

（一）互联网金融是一种普惠金融

传统金融的经营运作逻辑主要是遵循"二八定律"，服务的是征信良好、多金的优质客户，门槛普遍较高，传统金融服务的只是小部分人群，市场上还存在着大量未被开发的潜在客户，金融普惠性较差。"开放、平等、协作、分享"的互联网金融正好拥有普惠金融的特质。它具有显著降低所有行业运营成本的能力，因而能够支撑普遍的低成本差异化，可同时满足海量用户的个性化需求。低价意味着用户享受服务的门槛降低，海量则意味着用户规模的扩大。它打破金融行业的高门槛，以灵活性、便捷性和可得性等特征，为传统金融行业的"长尾市场"（中小客户群体和小微资金服务需求）寻求突破方式，拓展了小微金融服务的广度和深度。当然，普惠中的"长尾"效应也是一把双刃剑，在推动互联网金融蓬勃发展的同时，也隐藏着新的风险特征。如"尾部"市场群体金融风险意识及抗风险能力相对比较薄弱，更容易出现非理性行为；互联网金融具有操作便捷、信息灵敏、受众面广的特点，使得风险传导更快，在风险暴露后更容易迅速扩散。

（二）互联网金融是一种平台金融

互联网金融最大的特征就是平台经济，阿里巴巴、腾讯、百度、淘宝、大众点评等众多互联网公司都是因为打造成功的平台而取得巨大成功的。

互联网本身是去中心化的，但是它并非彻底地无中心。互联网的各层次节点之间，乃至上下层节点之间，存在协作关系，不同层次节点存在错综复杂乃至动态的连接关系。互联网金融的发展也使得金融行业出现类似的权力机构。其核心在于权力本身的去中心化，金融权力为大大小小的节点所分享，权力的大小仅由它所服务的用户决定。用户根据自身需要，在不同的节点之间迁徙，金融权力时刻处于自由竞争、协同演化的状态中。互联网金融中平台的价值在于塑造了全新的金融产业模式。传统金融企业的产业价值链通常是直线、单向的。而互联网金融"平台"则以平台为中心，使得原来的单点单向接入转变为多点双向接入，大大提高了资金运行效率，体现了"平台"的价值所在（见图1.4）。

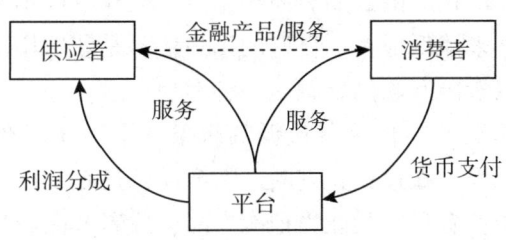

图 1.4　互联网金融平台的价值

一般来说，平台具有双边市场（或多边市场）的几个基本特征，一是两组（或多组）参与者之间存在网络外部性，即跨市场的网络外部性。跨市场的网络外部性可以理解为在某一特定市场上，所生产的产品效用随着对另一市场所生产的产品需求数量的变化而变化，也可以表达为平台一侧用户加入平台意愿的大小与另一侧用户规模正相关。例如在平台上，借款者数量越多，则对投资者的吸引力越大，同样平台上投资者数量越多，则对借款者的吸引力越大。二是多产品定价。作为中介的平台，必须同时为两侧的产品或服务定价。三是可采取倾斜式定价方式。倾斜式定价方式指平台对两端用户索取不同的价格。阿里巴巴的天猫商城便采用了倾斜式定价，其对入驻商家索取正价格，即收取入驻费用，而对消费者的进入采取免费策略，甚至派发红包进行补贴。四是平台企业至少拥有一项在行业中看来是稀缺的、具有核心竞争力的资源，如关键技术、品牌口碑、核心应用等，例如，新浪微博，奇虎360的安全卫士，阿里巴巴的电子商务，腾讯的微信和QQ，等等。当前互联网金融中的第三方支付、网络融资等模式属于典型的平台产业。在这种模式下，平台一侧用户的数量会影响另一侧用户的参与意愿及交易的成功率，资金供求双方通过网络平台可以自行完成信息的甄别、匹配，从而完成交易。

（三）互联网金融是一种信息金融

信息的不对称往往是制约金融业发展的重大障碍，而传统的金融无法天然地消除这种不对称性。而随着互联网的飞速发展，互联网渗透到日常生活的方方面面，在这些活动中会留存下海量信息，这些信息已成为一种重要的资源。互联网金融通过云计算技术，挖掘、辨识、整理和加工这些大数据，促使数据挖掘分析水平大大提高，使得互联网融资者的信用水平可以被有效识别，整个风险定价过程可以快速完成，同时允许资金供需双方以极低的成本在平台上发布各自需求，实现信息使用低成本化以致零成本，将原本复杂的流程简易化，减少中间层次给交易双方设置的障碍，从而解决传统经济中信息不对称情况。

（四）互联网金融是一种客户金融

在互联网金融中，金融企业的思维模式由仅从少数客户身上赚取高额利差转变为兼从海量用户身上赚取微量服务利润，这样客户规模具有优势，企业的总利润仍能保持增长。典型的例子包括阿里的余额宝和阿里小贷。海量用户意味着需求多样性大大超出从前，必须为用户的个性化需求提供相应的产品。而小微客户的获取成本和一次性服务成本均相对偏高，必须依靠多次服务来摊低成本。良好的用户体验是获取用户的头道门槛，也是其高频访问的基础。由此可以看出互联网金融是一种客户金融。

互联网金融将"客户至上"作为其遵循的教条，主要体现在以下几个方面。一是一切以用户为中心的产品思维。在过去，判断一款产品好还是不好，依靠的是项目负责人对产品的要求。因此，如果没有足够的能力把握产品，或者产品经理在设计产品时，没有充分考虑用户的产品体验，最终会产生一些"反人类"设计。对于互联网产品来说，是否真正坚持了用户至上，准确读懂以及满足了他们的需求，是产品最终能否占领市场的关键。同时，互联网使得一款产品在设计之初就能够接触和推广到一定程度的用户量级，从量变到质变，才有可能知道用户真正喜欢的是什么，他们对什么敏感。二是有流量才有价值的流量思维。曾经有人说过：让100万人付费的最简单的方式是获得10亿用户。这就凸现了互联网流量的价值。流量可以实现信息的传播从而促成流量生意，同时流量也会促进用户自发购买，因为用户或多或少都有从众心理和优越感的需求。一个产品只有有了流量，才能够衡量其价值，而流量越大，价值也就越大。三是免费是为了更好地收费的免费思维。互联网中"免费"是一种噱头，也可以是一种预期的体验。免费可以迅速降低用户使用某款产品的选择障碍，因为免费会让用户认为自己不会有任何损失。先期用免费的但有价值的产品和服务来吸引消费者注意，获取大量的用户黏度。这些免费的产品和服务可以吸引巨大的用户量，并逐渐改变用户的消费行为，使原来不具有购买意向的用户对收费的产品和服务产生购买意向。

四、互联网金融与传统金融的联系与区别

(一) 互联网金融与传统金融的联系

首先,在服务对象方面,参与者都有投资方、融资方。只不过在传统金融模式中,银行等传统金融机构是作为金融中介而存在的,而互联网金融则以直接融资为主,资金对接更加直接,带动了金融脱媒的步伐。但不管是传统金融还是互联网金融,参与金融活动,实现融资的实质是大同小异的,只是形式不同而已。

其次,在产品设计方面,不管是传统的信贷、金融服务产品还是互联网金融下的金融产品设计,都以满足投资者的理财需要为主要出发点,都讲究合理的定价。可以说互联网金融和传统金融本质上都是金融,只是盈利和运营的外在形式不同。

最后,在风险控制方面,互联网金融和传统金融都是以征信为前提、以风控为生命线。互联网金融虽然在很大程度上降低了信息不对称带来的风险,但是监管体系的不完善,征信数据的不安全等,都使互联网金融对风险的重视比传统金融有增无减;传统金融虽然处理信息的能力比互联网金融低,但是对风险的评估有它自身的优势。

(二) 互联网金融与传统金融的区别

互联网金融与传统的银行、保险、证券行业相比,在产品设计、导向及出发点、客户群、交易媒介、信息方面、监管体系等方面都存在明显的差异。

1. 产品设计方面的差异

传统的金融产品创新主要是利用金融工程技术和法律手段,设计新的金融产品。部分新产品具有新的现金流、风险和收益特征,能够实现新的风险管理和价格发现功能,从而提高市场完全性,比如期权、期货、互换等衍生品。

互联网金融的创新主要是指互联网技术和精神对金融交易和组织形式的影响,而金融的核心功能不变,金融契约的内涵不变,金融风险、外部性等概念的内涵也不变。在互联网金融市场中,交易可能性边界拓展,金融的交易成本和信息不对称大幅下降,金融的民主化、普惠化特征显现。

互联网金融的产品创新,最大的妙处在于把金融和非金融要素捆绑在一起。比如京东白条是不是金融产品,可以说是,也可以说不是。因为不计利息,京东白条给每人1.5万元的贷款额度,以此购买京东商品,而后从商品的价格中获取利润。比如现在的打车软件,很难定义这是不是金融产品,但是却很有颠覆性,打车软件使得市场的交易结构发生了变化。现在,私家车也可以去加入快车或者顺风车,每个人可以通过市场自行拼车,这样打车软件可能会将车与人、车与车的匹配等市场信息结构完全改变。所以互联网对金融市场的演变将有颠覆性的影响。

互联网金融的很多创新与APP有关,与具体的生活联系在一起。金融产品创新,比如资产证券化以及衍生产品,总是复杂而高不可攀。而互联网金融的创新产品简单化、实

用化、软件化、自适应生成,并强调行为数据的应用,在一定程度上体现了共享原则,比如余额宝、打车软件、京东白条、众筹融资等。还有微信红包,它颠覆了几千年传统的红包概念。这样的产品将会越来越多,人们根本无法辨别其金融含义。首先这些产品是软件,其次,它们是与某一居民消费挂钩的金融产品,不是为了投资设计的资产证券化产品。更为关键的是,它们的信息结构与传统金融理论的创新路径不同。

2. 导向及出发点方面的差异

互联网金融模式主要以客户需求为导向,出发点往往是去发现和挖掘客户的潜在和真实需求,设计和提供更多、更好的金融产品和服务,并以合适的方式提供给合适的客户。而传统金融则主要以自我和赢利为导向,出发点往往是将已有的金融产品或服务"强塞"给客户,自己有什么就推销什么。

以银行为例,在传统的银行业务中,借款方通常在线下与信贷员进行沟通,并提交相应的贷款申请资料,信贷员与固定的企业进行业务沟通。

3. 客户群方面的差异

总体而言,互联网金融的客户群往往比较年轻并且愿意尝试新事物,比较熟悉互联网。对于"90后""00后"来说,互联网就像水和空气一样,他们根本离不开互联网。有人开玩笑说,以后小孩生下来,学会的第一个动作可能就是模仿大人在手机上"划屏"。相对来讲,传统金融客户群的年龄结构偏年长一些,因而相对稳健、保守。2016年统计数据显示支付宝实名用户已经高达4.5亿人。随着移动互联网的不断普及,线上支付已经成为人们的生活方式和习惯。通过分析4.5亿用户,得出这样的画像:4.5亿消费者过去一年71%的支付笔数发生在移动端。"80后""90后"已经成为中国经济的主流力量,并将影响未来十年的经济格局,比如"80后"人均支付金额已超过12万元,"90后"使用移动支付的比例更是高达91%。

2016年的调查数据显示,按人数计算,"90后"是申购余额宝的第二大群体,用户数占到总量的33.2%。与此同时,天弘基金和支付宝提供的数据显示,拥有1.49亿用户的余额宝,人均收益仅有133元。由此可见互联网金融客户单笔的交易金额往往比较小,同时交易频率比较高。究其原因,一是互联网金融的客户往往比较年轻、收入水平较低,拥有的财富相对较少;二是互联网金融的交易比较方便、快捷,随时随地都可以进行,交易体验较好;三是由于客户对于互联网金融的安全性存在一些疑问,因此不会在相关联的交易账户中存放很多资金,而是选择定期、不定期地向关联的交易账户存入一定资金,同时为了防范风险,每笔交易的金额相对较小。

4. 交易媒介方面的差异

在传统金融市场,金融机构扮演着金融中介的角色,为客户提供金融产品或服务。例如借贷活动中的银行是媒介,一方面吸收公众的存款,另一方面针对资金的需求方发放贷款。在存款人与贷款人之间并未形成直接的借贷关系,而是以银行作为媒介开展资金活动。又如债券或股票的发行是以投资银行或证券交易所为媒介来发行和承销的。

与传统金融相比,互联网金融的发展更多地呈现出去中介化的趋势。比如众筹等互联网金融模式推动了去中介化的进程。投资方与融资方借助互联网金融这一平台直接对接，基本不需要金融中介的介入及参与。从一般意义上说，互联网金融的去中介化提高了金融市场的运行效率，有效降低了金融市场的运行成本，促进了社会福利的最大化和帕累托最优。

5. 信息方面的差异

在现有的金融生态环境中，信息不对称是制约金融业发展以及更好地服务客户，尤其是中小微企业及中小客户的最大障碍之一。"融资难"一直是困扰我国中小微企业乃至整个经济发展的难点之一。究其原因，一是对于银行等金融机构来说，中小微企业的信用状况难以评估，偿付能力存在较大的不确定性，同时银行得到的收益又比较有限，因此金融机构的动力不足；二是这些中小微企业的融资渠道和方式非常狭窄、单一，它们不清楚以何种方式披露相关信息，同时也不了解哪些机构或者投资者愿意提供直接或者间接融资。在难以从银行贷款或者时间比较紧迫的情况下，它们只能转向处于灰色地带的民间借贷。

众筹等互联网金融模式在一定程度上可以降低信息不对称，使信息在融资方及投资方之间的分布变得更对称；而阿里小贷通过运用大数据等技术，就可以更科学、全面地提高信息的对称程度。因此互联网金融模式的出现及发展可以适当缓解中小微企业融资难的困境。

当然，互联网金融并不能完全解决信息不对称的问题，因为信息披露的全面、准确和及时既有客观原因，也可能存在主观原因甚至是恶意欺诈。

6. 监管体系不同

传统的金融机构的监管基本上可以更多地被纳入现有的金融监管体系和法律法规的框架内，由现在的"一行一会"来主导；而互联网金融则相对复杂，其创新性更突出，许多又是通过与金融机构合作、联盟等方式间接参与金融业务，既有类似阿里巴巴这样的互联网巨头，又有许多形形色色的"小树"和"小草"，那么谁来监管？怎么监管？面对监管方面的很多法律和法规的空白，如何维持既支持创新又规范发展之间的平衡是未来互联网金融监管一条任重而道远的路。

互联网金融的健康发展应遵循金融业的一些基本规律和内在要求，互联网金融和传统金融不是两个对立的阵营，除了看到互联网金融对传统金融分流的影响外，更应该看到互联网金融的快速发展对推进金融服务的创新和发展的重要作用。

第二节 互联网金融业态

根据《关于促进互联网金融健康发展的指导意见》和我国互联网金融的实际格局，本书将互联网金融的业务形态归结为两大类，分别为互联网企业的金融业务，即互联网+金融，以及传统金融机构互联网化，即金融+互联网。

互联网金融依托互联网技术，是互联网行业在金融领域的延伸。互联网金融主要包括传统金融网络化、众筹、第三方支付、互联网金融门户和互联网货币等模式。互联网金融依靠互联网的低成本、高效率、广覆盖等特点得到了迅速的发展。以下将分别简要介绍当前主流的几种互联网金融模式，并在之后的章节中对各个模式进行详细的描述和分析。

一、传统金融网络化

（一）互联网银行

互联网银行（internet bank or e-bank）是指借助现代互联网、数字移动通信、人脸识别技术和物联网技术，通过大数据及云计算等现代化方式在线上为客户提供存款、贷款、支付、结算、电子票证、汇转、货币互换、账户管理、电子信用、投资理财、金融信息等全方位、高效、快捷服务的互联网金融服务机构。从实际运营来看，互联网银行既包括无实体纯网络化运营的虚拟云端银行，也包括以传统银行为主体的网上银行。

传统商业银行利用网上银行将原有线下资产和负债业务转移到线上进行，这种模式下的经营将不受网点和时间的束缚，旨在维持本行当前客户的同时，拓展其他潜在客户。通过在资产端模仿基于互联网大数据分析的线上信用风险管理体系，开展线上融资；在负债端发行具有收益优势的金融产品，拓宽存款的吸收范围等业务来扩张经营规模。例如浙商银行专门设计了"增金财富池"手机互动AR游戏，设立了全国首家O2O服务体验银行；中国工商银行加快推动"融e购"电商平台、"融e联"即时通信平台和"融e行"直销银行平台建设；平安银行构建了"橙e网""平安口袋银行""平安橙子""行e通""金橙俱乐部"等面向公司、零售、同业、投行四大客户群体的互联网门户。可见，从互联网银行的内涵来说，互联网银行模式也是平台模式，没有营业网点和营业时间的限制，不需要办理实体银行卡，客户主要通过电脑、电话、移动终端等现代化方式获取银行的产品和服务。正是由于节约了实体经营的成本费用，互联网银行可以为客户提供更合理的存贷款利率以及更低的手续费。

纯虚拟网上银行模式是指线下没有物理网点和柜台服务，而是单纯依靠互联网发展起来的全新电子银行。1994年成立的SFNB就是世界上第一家网络银行。严格意义上讲，我国成立的首个互联网银行是于2014年7月获批筹建的深圳前海微众银行，其性质属于互联网民营银行。在李克强总理的见证下，腾讯旗下的深圳前海微众银行于2015年1月4日完成第一笔贷款业务。现如今，微众银行注重社交数据的信用化，将其作为征信主要标准，推出了"微粒贷""活期+""短期+""定期+"等理财产品。浙江网上银行构建了"自营+平台"的模式，推动芝麻信用体系建设，并将农村金融市场作为重要的战略布局。互联网银行模式的出现将颠覆传统商业银行的盈利模式和经营模式，也将会影响国民的金融活动和消费习惯。在互联网银行模式不断扩张下，传统商业银行的现金柜台将会大幅缩减，实体银行网点的业务量一定程度上也将减少。而面对这些挑战，传统商业银行应该积极"拥抱"互联网，制定独特的发展战略，打造核心竞争力，充分利用自身的优势实现成功转型。

（二）互联网证券

自2012年券商创新大会以来，我国的证券行业开始利用互联网及其相关技术对证业务进行积极的创新。2014年,中国证券业协会向银河证券、中信证券、国泰君安证券、长城证券、平安证券和华创证券等六家券商发放了统一开展互联网证券业务试点的函,这也标志着我国的证券行业正式加入互联网金融的大潮之中。

互联网证券并不是简单地将线下券商业务转移到线上,通过搭建自营网站,让用户可以使用网站和手机App买卖股票,而是借助互联网思维和互联网手段,采取新的运营模式和思路拓展业务的证券发展新模式,可以说互联网证券是互联网和证券的有机结合。

互联网证券的模式可分为自建网站模式以及与电商合作模式两种,其具体的概念、优缺点如表1.1所示。

表1.1　　　　　　　　　　　　　　互联网证券模式对比

方式	自建网站	与电商合作	
		移动终端	进驻平台
说明	券商自主开发网络商城,销售商品	券商进驻移动端资讯平台	券商与B2C商城进行合作,开设网店
优点	产品服务体系完整;网站功能设计更合理,用户体验好	网络基础设施完备;搜索数据处理等配套服务完善;用户流量大;业务调整不灵活	
缺点	流量少,宣传成本高;投入成本较大;平台建设期长	用户识别度低;产品内容单一,用户黏性低;服务不具个性化	
案例	国泰君安、华泰证券	国金与腾讯	齐鲁证券、长城证券

2016年互联网证券行业有两个明显的新方向:一是转型金融科技,包括智能投顾、区块链技术等。二是业务上更看好基于场景的消费金融,这对资源整合和风控能力要求更高。当前券商正以其雄厚的资金实力、完整的业务牌照以及熟练的资金运作管理加快进军互联网金融。比如平安证券与海外知名投资社交平台eToro达成战略合作,平安证券旗下投资在平台eToro实现跟单交易,eToro提供相关的技术、平台和经验方面的支持。很多券商已在微信端提供账户开立绑定、投资顾问、资产、行情、理财产品销售等服务。

(三) 互联网保险

2013年9月29日原保监会对众安在线财产保险股份有限公司(由腾讯、阿里和平安等合资成立)进行了开业批复,它获得了原保监会审批的国内第一家网络保险牌照,就此拉开了我国互联网保险发展的序幕。2015年7月底原保监会发布了《互联网保险业务监管暂行办法》,该文件对互联网保险进行了界定,认为互联网保险业务是指保险机构依托互联网和移动通信等技术,通过自营网络平台、第三方网络平台等订立保险合同、提供保险服务的业务。专业互联网保险公司是一种完全线上的保险模式,是在电子商务的大背景下产生的新型的保险模式。不同于传统保险方式,此类保险的所有流程均可在线上完成,不需要线下营业网点的支撑。我国目前的互联网保险主要是由保险机构通过互联网平台开展保险活动，也有一部分独立的第三方保险网站以及专业的互联网保险公司。

2016年上半年，互联网保险市场规模发展迅速，累计实现保费收入1431.1亿元，是上年同期的1.75倍，与2015年互联网人身保险全年保费水平接近，占行业总保费的比例上升至5.2%，中小寿险公司互联网保险业务增速位居前列。原保监会副主席周廷礼指出，当前正进入以商业模式创新为中心的互联网保险3.0阶段。

互联网保险不仅是互联网与传统保险简单结合的线下产品网络销售，而且是传统保险与互联网技术、互联网精神的结合。在互联网时代的大背景下，产品设计的场景化、营销方式的社交化成为互联网保险发展的新趋势。互联网保险与传统保险的经营差异较大，其营销方式引入社交功能，投保过程嵌入网络场景，产品开发迎合消费习惯，将更能体现消费者需求，从而提高用户的重复购买率。

此外，技术的革新使得海量数据的采集和处理成为可能。利用大数据技术，不仅计算的意外事件发生概率将会更接近实际概率，有利于保险公司精算师计算产品的收益率和产品定价，而且可以帮助保险业精准营销，按照客户需求设计、推荐个性化产品。在未来，互联网保险将结合互联网技术的优势，积极探索O2O、B2B、B2C、C2B各种模式创新，与现有的盈利模式形成互补。

二、资金筹集网络化

众筹，是指在一定的时间内借助于网络信息技术对特定的人群发起的筹资的新的筹资模式。众筹的回报方式可能是资金、实物产品、服务等其他形式，其目的是资助筹资者设计、创作、创新、生产经营等一切需要资金支持的活动。

融资方在众筹平台进行众筹主要有两个目的：第一，吸引关注，获得融资；第二，通过众筹平台对自己的创意或者产品进行宣传、推销。从功能方面来讲，众筹的作用体现在两个方面：一是筹集社会上的闲散资金，对初创企业或者初创项目进行融资方面的支持，为投资者提供投资渠道；二是相当于新产品的推广平台，可以通过众筹平台了解消费者对新产品感兴趣的程度，预测市场对新产品的反应，在一定程度上对新产品进行了宣传。

传统商业银行对贷款申请条件的门槛较高且放贷通过率较低，从而使得众多拥有项目但无启动资金的创业者无计可施，众筹融资的出现刚好弥补了传统放贷的劣势。2011年众筹融资模式首次在我国出现，投资项目涉及各个行业和领域，无论是农业、手工业、创新科技、影视、音乐、出版，还是公益、慈善行为的项目都可以在众筹网络平台上发布。目前众筹行业发展方兴未艾。根据零壹财经发布的数据，到2016年10月，中国互联网众筹平台至少有567家，其中仍在正常运营的众筹平台有348家，涉及股权众筹业务的有171家，占比49.1%；涉及产品众筹业务的有101家，占比29%；而新兴的汽车众筹平台达到99家，占比28.4%。

目前，国内主要的众筹平台大致可分为非股权众筹和股权众筹。非股权众筹网站包括点名时间、众筹网等，此类网站往往以文化影视及创意项目作为众筹的项目，而回报往往是观影权利或者创意产品的分享权利等。股权众筹网站包括天使汇、大家投等，鉴于国内对众筹领域的监管相对空白，股权众筹基本以私募形式展开。如京东金融的股权众筹平台

"东家"的运营模式为领投人（GP）+跟投人（LP）模式。领投人一般为风险投资、创投领域知名人物，并且有成功的投资和退出经验。领投人首先挑选想要投资的项目，挑选后的三天内可以随时弃投。如果确定投资，则以领投人身份对项目进行尽职调查，出具尽职调查报告或者投资理由，同时协助融资项目完善商业计划书，并给出相对合理的估值、投资的详细条款和此次融资的额度，协助项目公司进行路演，然后跟投人对项目进行跟投。目前，股权众筹的项目投入大，回报周期长，在没有见到收益前，投资人很难进行多次投资，缺少有效的投后退出机制。

三、第三方支付

第三方支付是我国相对较早出现的互联网金融类型，从广义上来说以非专业性的投融资中介机构为主导的电子化支付服务即可被称为第三方支付。狭义上来讲，第三方支付指的是具有较强公信力以及实力的非银行机构，依靠互联网革新技术以及移动终端等设备，通过与各大银行签署约定，在用户与传统支付中心之间架起中枢桥梁的一种电子支付模式。第三方支付的实质就是以新型支付机构为媒介，以互联网为平台，依托互联网、移动终端等设备，完成资金交易双方的资金交易服务。

起初，第三方支付平台是为了方便电子商务的交易而设立的。由于互联网交易过程中买卖双方并不是直接交易，在商品运输途中存在时间差，买卖双方不能按传统交易方式实现"一手交钱一手交货"。也就是说，在实际交易中买方已经付款之后并没有收到所购买的商品，或者货到付款，但是买方收到货后可能拒绝付款。为了解决买卖双方交易的信任问题，第三方支付平台为收、付款双方提供信用支持，作为第三方暂时保管买方支付的资金，待买方成功收到商品后再将该资金支付给卖方。这样在网络交易中虽然不能直接交易，但是人们完全可以信任第三方支付平台进行支付。在建立买家选购商品—拍下商品—付款到第三方支付平台—第三方支付平台通知卖家货款收到—卖家发货—买家检验商品确认收货—货款转入卖家账户的整个过程中，第三方支付平台监督了整个资金流向，解决了买卖双方在互联网中的支付问题。此时的第三方支付是"信用缺位"条件下的"补位产物"，此种类型的第三方支付代表有支付宝、微信支付。除此以外，还有电商网站内生型第三方支付模式：主要服务于 B2B、B2C 模式的电子商务网站自身用户，用户在网上购物，交易通过网站自身产品结算，比如苏宁易付宝以及云网支付等。第三种模式为独立的支付网关，一种通过与银行、消费者和商家签订合同来专门为用户提供服务和处理订单的平台，一般情况下仅仅涉及支付方案，是一种纯粹的中介服务，比如说首信易支付。

第三方支付平台利用其系统中积累的客户的采购、支付、结算等完整信息，能够以非常低的成本联合相关金融机构为其客户提供优质、便捷的信贷等金融服务，其主要收入来源有交易手续费、行业用户资金信贷利息及服务费和沉淀资金利息等。

随着电子商务的发展，利用第三方支付平台的用户越来越多，从最开始的 C2C 拓展到 B2C 及 B2B。第三方支付平台的优势逐渐体现出来，客户可以不再与银行进行支付清算，节省了交易时间和交易成本。艾瑞发布的《中国第三方支付互联网支付市场季度监测报告 2017 年第 1 季度》的数据显示，2017 年第一季度中国第三方互联网支付交易规模达6.4万亿元，同比增长56.1%，环比增长4.9%。报告显示，第三方互联网支付市场竞争格局略有调整，宝付支付市场份额排名从上一季度的第八位跃升至第七位。2017年第一季度互联网支付交易规模市场份额中，支付宝占比30.7%，财付通占比22.2%，银联商务占比16.2%，快钱占比7.2%，汇付天下占比6.4%，中金支付占比4.9%，宝付占比3.3%，京东支付占2.9%。互联网支付市场的强者格局已经形成。排名前八的机构中，前三家占据了市场份额的69.1%，但相较于上一季度，一家独大的市场局面正在悄然改变，其余的五家支付企业市场份额逐渐接近。目前，多家平台正在积极布局网络借贷、基金、保险等细分领域，而被称为"新蓝海"的消费金融也是支付公司的下一个争夺点。

四、虚拟货币

互联网货币，又称为虚拟货币或电子货币，是由计算机运算产生、采用一系列经过加密的数字，在全球网络上传输的可以脱离银行实体而进行的数字化交易媒介物。

随着网络平台的发展和扩张，传统货币在第三方支付下的交易体系已经无法满足互联网便利性的交易，美国eBay、Facebook和亚马逊等平台已率先提供虚拟货币以便在平台上实现支付交易。货币的发展从实物货币经过金属货币、纸币、存款货币到电子货币已经进入了一个新的阶段。目前，网络虚拟电子货币已经实现了与真实货币的相互兑换，在互联网环境下的使用范围也越来越广。所以，某种程度来说，虚拟电子货币本身已经具有一般等价物的货币属性，也能体现出作为货币的职能，即价值尺度、流通手段、贮藏手段、支付手段和世界货币，并得到越来越多的认可。

欧洲央行从虚拟货币和实体经济互动的角度出发，将虚拟货币分成三种。

第一种是封闭性虚拟货币，即与实体经济几乎无连接，通常用于游戏中。2009年，我国在《关于加强网络游戏虚拟货币管理工作的通知》中首次以书面形式对虚拟货币做出了界定：虚拟货币表现为网络游戏的预付充值卡、预付金额或点数等形式，但不包括游戏活动中获得的游戏道具，虚拟货币不得用于支付、购买实物产品或兑换其他企业的任何产品和服务。这部分虚拟货币的规定主要针对的是网络游戏币，在网络游戏中，可以通过充值而获得元宝、金币、点券或钻石等不同名称的虚拟货币，这些网络游戏币可以用于购买游戏中的装备和道具，其中的价格由玩家来决定，由此也就形成了一个虚拟的"金融市场"。比如暴雪娱乐公司的魔兽世界G币。随着广大玩家对网络游戏虚拟货币有了线下的交易需求，一些游戏币交易平台应运而生，实现了现实货币与虚拟货币之间的购买和兑换。

第二种为单向货币流（通常是指流入）的虚拟货币，即可用现金依照汇率兑换为虚拟货币后用于购买虚拟商品或服务，少数例外可用于购买实体商品或服务。例如新浪门户网站推出的微币，这种虚拟货币只能用于购买新浪网络平台上的各种虚拟产品和各类增值服务（包括第三方开发者提供的虚拟产品和服务），一旦充值成功，就不可退款，余额不能提现，也不能转账给他人。与新浪微币类似的充值虚拟货币还有腾讯Q点/Q币、百度文库下载券、起点中文网的起点币、纵横中文网的纵横币等。门户网站充值虚拟货币有一定的使用范围，只能在指定的门户网站使用。在充值过程中也只能做单向交易，一旦充值成功，就不能将充值虚拟货币提现，也不能转账给其他用户，不具备基本的货币职能，故不能称其为一般意义上的货币。

第三种是双向货币流的虚拟货币，即类似其他一般货币，具有买进卖出汇率，可支持虚拟以及实体商品、服务的买卖，比特币是其典型代表。2008年11月1日，中本聪在一个隐秘的密码学评论组上发表了一篇文章，初步设想创造出一种总量恒定且通过电脑运算来被开采的货币，即比特币（Bitcoin）。比特币通过预设的程序制造，随着比特币总量的增加，新币制造的速度减慢，直到2140年达到2100万个的总量上限。和法定货币相比，比特币不依赖于特定的中央发行机构，使用遍布整个网络节点的分布式数据库来记录货币的交易，并使用密码学的设计来确保货币流通各个环节的安全性。比特币理论上是创造了一种货币体系，其存在的信用基础是人们基于对恒定货币总量的预期。这种货币体系，创造了信用，理论上可以理解为发行了新的货币，规模如果足够大，会对货币体系产生冲击。在公众的认可下，比特币实现了既可以与现实货币兑换交易，又可以购买现实中的商品和服务，不再只限于虚拟互联网范围内的消费与流通，这使比特币具有了很强的现实意义。

2013年4月，比特币的价格出现大幅上升，随后又大幅度波动，成交价从120美元升至1000美元，而后又跌至350美元。比特币也一度成为热议的话题，吸引了大批的投机者参与其中，他们已经将比特币作为一种投机工具，而忽略了比特币的货币属性。也许是受到比特币启发，越来越多的虚拟电子货币被创造出来，如莱特币（Litecoin）、无限币（Infinitecoin）、狗币（Dogecoin），还有专门为中国人设计使用的元宝币（YBC）等。在虚拟电子货币中流行一句话："比特币是金币，莱特币是银币，无限币是铜币"，这表明相较于比特币，莱特币在电脑上的挖掘更加容易，而无限币更多是用于日常生活和商业的小额交易。

目前，我国虽然不承认比特币等虚拟货币的货币属性和合法性，但是仍有大量的比特币用户参与其中，他们通过国内火币网、比特币交易网等交易平台进行交易。这些交易者更多的是出于投机性需求来购买比特币，将比特币看作有升值预期的金融工具，而其最基本的货币属性并没有发挥出来。我们不能否认，这类去中心化虚拟货币的产生在货币进化过程中是里程碑式的一步，但是虚拟货币能否真正实现作为货币的功能，规避投机行为的发生是我们接下来应当关注的。

第三节　互联网金融发展现状

一、国外互联网金融发展现状

互联网金融产生于全球性金融的创新，随着互联网技术的出现和蓬勃发展，国外互联网金融应运而生。20世纪90年代开始，发达国家和地区的网络金融发展非常迅速，出现了从网络银行到网络保险，从网络个人理财到网络企业理财，从网络证券交易到网络金融信息服务的全方位、多元化的互联网金融服务。国外互联网金融的发展大致分为这样三个时期。

（一）20世纪90年代中期以前的起步发展时期

20世纪70年代，随着信息化的兴起，传统金融业务开始进入信息化体系和业务流程再造的过程，到90年代时，互联网已经和金融有机地融合起来，从而使美国甚至全球金融体系一体化进程大大加速，并形成了全球性的金融信息化和支付体系。1992年，美国第一家互联网经纪商E-Trade成立，因为佣金费率低，它成立之后发展十分迅速，并且推动了整个证券经纪行业的信息化和网络化。这个时期互联网金融的发展仍以传统金融行业的信息化为主。

（二）20世纪90年代中期至次贷危机爆发期的蓬勃发展时期

在金融电子化的基础上，此阶段出现了纯粹的、没有任何实体网点和柜台的"网络银行"等网络型企业，网上发行证券、网上销售保险、网上理财等业务模式也不断涌现。此时的互联网金融虽然一方面是基于传统业务的升级，但另一方面也呈现出相对独立的经营业态。

1995年美国安全第一网络银行（SFNB）成立，该银行是全球第一家没有任何分支机构的"只有一个站点的银行"，突破了实体网点时间空间的限制，客户可以在任何时间地点获得相应银行服务。SFNB银行依靠业务处理速度快、服务质量高、存款利率高和业务范围广的特点，在成立之后的2~3年里最高拥有1260亿美元资产，位列美国第六大银行。同年成立的INSWEB作为全球最大网络保险公司与全球50家著名保险公司签署战略协议，以吸收潜在客户。同时根据客户提出的需求信息，其网站根据诉求在各保险公司产品间进行在线匹配，为客户提供合适产品与建议。美国第三方支付巨头Paypal早在1999年就推出了美国版"余额宝"，与其产品挂钩的货币市场基金在2000年曾创下超过5%的年化收益率，并于2007年达到峰值，规模接近10亿美元。2001年，Artistshare作为全球最早建立的众筹网站开始运营，被称为"众筹金融的先锋"。日本乐天从电子商务起家，先发制人，大力拓展互联网金融业务。乐天凭借其电商平台上积累的大量交易数据，发展互联网金融具有得天独厚的优势，已经成为世界范围内互联网金融发展最为成熟的电商，被称作"一个开银行搞金融的电商"。目前乐天以信用卡为核心业务，同时涉及银行、证券、保险、预付卡等领域。

（三）次贷危机以后的稳步发展时期

2007年，美国次贷危机爆发，并进一步引发全球性金融危机，世界经济发展受到一定程度的冲击。但是基于现代信息技术推动的互联网金融并没有停滞不前，而是进入一个稳步发展时期。基于智能终端的普及，非传统支付发展较快，非金融企业利用互联网积极推进支付业务的网络化是其发展的基础动力。比如Facebook的Credits支付系统、Paypal的未支付系统、Square公司的读卡系统以及星巴克的移动支付程序等。在虚拟货币方面，作为"去中心化"的比特币的诞生带动了对数字货币的全球关注。

由于互联网金融在各个国家的发展路径略有不同，也就形成了各个国家不同的互联网金融发展模式。

美国传统金融体系经过长期发展，产品和服务较为完善，而且金融机构自互联网诞生之初就开始了自发的信息化升级，金融的互联网化整体上巩固了传统金融机构的地位，独立的互联网金融业态对市场的冲击有限。2016 年的 Wind 数据显示，美国人均持有 2.9 张信用卡，这是中国 2016 年一季度人均持有信用卡数量（0.3）的十倍左右。其方便快捷的特征抑制了第三方支付的发展。同时银行积极创新，信用卡的移动支付、手机银行等业务快速发展，这不但没有冲击银行的地位，反而提高了传统业务的覆盖率。因此，独立的互联网金融企业生存空间比较小，只能在传统企业没有涉及的新领域发展，比如货币市场基金、纯网络银行、网络券商、众筹。

日本是由网络企业主导互联网金融变革的典型，日本最大的电子商务平台乐天，是涵盖银行、保险、券商等全金融服务的互联网金融企业集团。2004 年 9 月，乐天以 74 亿日元收购信用卡贷款公司"AOZORA 卡"，2005 年 6 月又以 120 亿日元收购信用卡发卡公司"国内信贩"，开始发行信用卡"乐天卡"，消费者在乐天平台上的消费记录可以成为发行信用卡的授信依据，信用卡在线上线下都可以进行支付，消费获得的积分也可以通用，一张卡片打通了线上和线下的消费场景，成为乐天 O2O 部署的利器之一。2009 年 2 月，乐天收购网络银行 eBANK Corporation，并更名为乐天银行。目前乐天银行是日本最大的网络银行。2009 年 4 月，乐天银行推出面向个人的融资信贷产品"超级贷款"，申请人可以是消费者，也可以是个体商户，但不提供面向法人的融资贷款。

法国的互联网金融业以第三方支付、众筹、在线理财、网上交易所、小额信贷等服务类型为代表。

二、我国互联网金融发展现状

相对于国外互联网金融的发展情况来说，我国的互联网金融虽然起步略晚，但是发展速度却非常快，2015 年中国社会科学院金融研究所等发布的《金融监管蓝皮书：中国金融监管报告（2015）》指出，从中国互联网金融发展的现状和模式看，中国已经基本全面接近甚至超越了美国互联网金融发展的速度和规模，成为全球最为火爆的互联网金融市场，具有明显的后发优势。到 2015 年底，中国互联网金融总交易规模超过 12 万亿元，接近 GDP 总量的 20%，互联网金融用户人数超过 5 亿，为世界第一。数据显示，全球 27 家估值不低于 10 亿美元的金融科技独角兽中，中国企业占据了 8 家，融资额达 94 亿美元，中国企业在金融科技领域已走在世界前列。各细分领域从业务活动开展到信息披露监管均已规范化和细致化，预计行业未来仍将持续高速增长。

我国互联网金融的发展大约可以分为以下三个阶段。

（一）2005 年以前的传统金融行业互联网化阶段

互联网与金融的结合主要体现在互联网为金融机构提供技术支持，帮助金融机构"把业务搬到网上"，此时还没出现真正意义上的互联网金融形态。中国招商银行在 1997 年进行了互联网金融的初探。1999 年，招商银行全面启动了网上银行业务，推出全国联网的网上支付业务，通过互联网开展品牌宣传、产品推广、客户服务等。随后，中国工商银行、中国农业银行、中国建设银行等众多银行的总行及其部分分行也开始尝试提供网上银行服务，自此网上银行在中国各家商业银行开始普及并初具规模。1998年，国内网上证券交易起步，2000年证监会颁布《网上证券委托暂行管理办法》，投资者使用证券公司提供的交易软件，通过互联网就可以非常方便地进行证券交易。2002年，中国人保电子商务平台（e-PLCC）正式上线。1999年8月，易趣网和当当网上书店成立，同年9月，阿里巴巴在杭州开张。1999年，首信易支付在北京成立。2000年，卓越网作为综合电子商务网站正式上线。诞生之初的中国互联网金融主要以网络银行、网络证券和网络保险等网上金融形式存在，是随着电子商务的发展而发展起来的。此时的互联网金融还只是传统的金融机构或传统金融服务向互联网的缓慢延伸，电商企业从事的也只是网上销售业务，并未对作为内核的传统金融的媒介功能产生实质性的冲击。而且，一些第三方支付企业、众筹企业等互联网金融企业刚刚成立，还处于试水期，相关业务和服务还不够成熟，仍有较大的上升空间和发展潜力。

(二) 2006—2012年的第三方支付蓬勃发展阶段

这一阶段网络贷款开始在我国萌芽，第三方支付平台逐渐成长起来，互联网与金融的结合开始从技术领域深入金融业务领域。直到2010年网贷平台才被很多创业人士看中，开始陆续出现一些试水者。2011年网贷平台进入快速发展期，一批网贷平台踊跃上线。2012年我国网贷平台进入爆发期，网贷平台如雨后春笋般出现，比较活跃的平台在400家左右。

我国第三方支付机构最早成立于20世纪90年代末的1998年，但在2004年12月底支付宝平台正式上线之前，第三方支付多以企业用户为主，除了业内人士和相关机构外，还不为人们所广泛熟知。2005年开始，依赖于淘宝网生存的支付宝，依靠大量的B2C业务广泛进入人们的视线。紧随其后，腾讯公司于2005年9月正式推出专业在线支付平台财付通。2005年被称为中国电子商务的安全支付年，全面应用第三方支付平台成为开展电子商务、增加传统企业竞争力的新趋势，第三方支付进入迅速发展时期。

(三) 2012年以后的互联网实质性金融业务发展阶段

2012年之后，第三方支付被纳入监管，网络借贷平台快速发展，众筹融资平台开始起步加速，专业的网络保险、网络银行获批，一些银行、券商也以互联网为依托，对业务模式进行重组改造，加速建设线上创新型平台，互联网金融的发展进入新的阶段。2013年被称为中国互联网金融的元年。2013年6月13日，阿里巴巴公司与天弘基金联合推出了天弘增利宝货币基金即"余额宝"，用户量在18天内就高达251.56万人，累计转入66.01亿元资金。随后类似的互联网理财产品层出不穷，我国互联网金融彻底爆发，以百度、腾讯为代表的互联网企业纷纷进入金融领域，银行、证券、保险等传统金融机构也主动拥抱互联网。2013年7月6日，微信上线"微信支付功能"；2013年7月，广发银行推出"智能金业务"；2013年10月28日，"百度金融中心-理财"正式上线；2013年11月，我国第一家网络保险公司——"众安在线"正式成立；2014年1月，苏宁推出"零钱宝"；2014年2月，民生银行的"如意宝"问世；2015年4月全国首家互联网民营银行——微众银行正式对外营业。

这一阶段我国互联网金融发展呈现出以下特点。

①各种业态竞相绽放。以第三方支付和众筹平台为代表的新兴互联网金融模式异军突起，各种业态竞相发展，迅速改变了我国金融业的面貌和结构，成为金融创新的主力军。

②各层研究相继展开。在学术界，清华大学五道口金融学院、上海交通大学高级金融学院、中欧国际工商学院以及长江商学院等先后设立了专门的互联网金融研究机构。2013年11月，中国互联网金融行业协会正式成立。

③各业巨头纷纷涌入。在互联网与金融不断融合趋势的冲击下，互联网金融已成为各方利益争夺的新领域。以中国建设银行、交通银行、中国工商银行为代表的传统金融机构巨头纷纷建立电商平台渠道，加快了信息化金融机构的布局；以百度、阿里巴巴、腾讯等BAT三巨头为代表的互联网企业也纷纷加速了在金融领域的战略布局，支付宝、阿里小贷、支付钱包、财付通等做得风生水起。

随着近几年互联网金融的飞速发展，传统金融在创新的路上加快了脚步：传统金融注重创新互联网金融体验，互联网保险发展进入3.0版本，互联网基金创新"产品+平台"运作模式，资产证券化成为互联网金融的突破方向。新兴金融开始走向规范发展的道路：对网络借贷行业而言，2016年最重要的事情就是互联网金融专项整治；2016年3月25日，中国互联网金融协会在上海成立，并正式发布《中国互联网金融协会会员自律公约》；众筹行业发展方兴未艾，"领投人+跟投人"模式趋于成熟；互联网消费金融即将进入爆发期。

展望未来，互联网金融专项整治将加快行业洗牌和市场出清，但这并不是为了遏制金融创新，金融创新与规范发展将逐步成为统一体。金融科技将进一步发展，增强其在技术领域的应用能力，金融科技对实体经济的支持方式和融资机制将日益呈现大数据支撑、区块链构架和分布式网络三者融合的特点。在规范发展和综合整治的要求下，市场整合与自我出清的过程将明显加快，以更好地提高互联网金融服务的质量和安全性。

【本章小结】

互联网金融是传统金融机构与互联网企业利用互联网技术和信息通信技术实现资金融通、支付、投资和信息中介服务的新型金融业务模式。互联网金融的主要业态包括：互联网支付、网络借贷、股权众筹融资、互联网基金销售、互联网保险、互联网信托和互联网消费金融等。

互联网金融凭借其自身特点，能够快速聚集用户群，激活长期被忽视的数以亿计"长尾用户"。互联网金融对长尾市场的发掘意味着此前无法享受金融服务的"微不足道"的群体也开始拥有获取服务的潜在机会，在互联网金融模式里，没有所谓的客户等级，没有资金规模大小的限制，取而代之的是一体均沾的投资收益权和一视同仁的服务，用客观的数据集成和批量化运作实现了成本和效益之间的合理嫁接。对长尾市场的关注具有典型的普惠意义，是互联网平等、民主、普惠精神在金融领域的投射。

伴随利率市场化的推进和互联网金融产品的不断创新，广大用户越来越追求更高的存款利息，然而在当前利率管制的条件下，银行存款并不能满足广大用户的投资理财需求，互联网金融产品高收益、高流动性和低门槛的特点越来越受到普通投资者的欢迎。

互联网金融与传统的银行、保险、证券行业相比，在产品设计、导向、客户群、交易媒介、信息方面、监管体系等方面都存在明显的差异。

互联网金融的健康发展应遵循金融业的一些基本规律和内在要求，互联网金融和传统金融不是两个对立的阵营，除了看到互联网金融对传统金融分流的影响外，更应该看到互联网金融的快速发展对推进金融服务创新和发展的重要作用。

互联网金融的业态，可以分为两大类：传统金融机构互联网化和互联网企业开展金融业务。其中，传统金融机构的互联网化包括网络银行、网络证券、网络保险、网络基金等；互联网企业的金融业务包括网络借贷、众筹、第三方支付、虚拟货币等。

从中国互联网金融发展的现状和模式看，中国已经基本全面接近甚至超越了美国互联网金融发展的速度和规模，成为全球最为火爆的互联网金融市场，具有明显的后发优势。

金融科技将进一步发展，增强其在技术领域的应用能力，金融科技对实体经济的支持方式和融资机制将日益呈现大数据支撑、区块链构架和分布式网络三者融合的特点。

【关键术语】

互联网金融　平台金融　长尾理论　大数据　互联网银行　互联网证券　互联网保险　众筹　第三方支付　虚拟货币　比特币

【思考题】

1. 请分别从广义和狭义两个方面概述互联网金融的定义，并列举相关互联网金融产品。
2. 分析互联网金融兴起的必然性。
3. 互联网金融的发展给传统金融行业带来了哪些机遇和挑战？
4. 互联网金融的本质和特点是什么？
5. 哪些关键的互联网技术促进了互联网金融的诞生与发展？
6. 你使用过哪些互联网金融产品？请简述你在使用过程中的用户体验。

第二章　基于互联网的银行业务

【教学目标与要求】
1. 了解互联网银行的历史与发展脉络；
2. 了解国内外互联网征信的发展历程和现状；
3. 掌握互联网征信的定义、特征及其与传统征信的联系；
4. 掌握互联网消费金融的内涵、运营模式以及风险特征；
5. 了解互联网银行的发展对传统商业银行的影响。

【导入案例】

互联网银行的崛起

每座城市的中心，总有那么几幢美轮美奂的高楼是属于银行的。仿佛唯有坚如磐石、金碧辉煌的大厦矗立着，客户才会对银行产生信任感。

但这一切正在改变。不依赖实体网点和物理渠道的银行越来越多地改变着人们的生活。起初是电话银行，随后是网络银行和手机银行，接下来或许还有物联网银行。2015年，微众银行和网商银行在中国诞生，2016年四川新网银行正式营业，尽管它们主要在移动端开展业务，但人们习惯于将它们称作互联网银行。

除了表面上的渠道变革，受访的互联网银行从业者均强调，如果硬要把互联网银行与传统银行区隔开来，那就是FinTech与TechFin的差别，即是否真正靠数据和技术驱动业务。事实上，这并非互联网企业的"特权"，传统银行在渠道和组织架构上互联网化的趋势同样迅猛。

1. 扩展银行的边界

3794笔！这是在四川经营一家淘宝店的张女士5年来在网商银行的贷款总数，最小的一笔仅3块钱，最大的一笔也只有5600元，至今无一笔逾期。

"我们的风控模型发现这位客户后，主动联系了她，问她是不是搞错了，贷款是有利息的。"网商银行负责人黄浩对记者表示："她说，我知道是有利息的，但因为方便，我就是愿意用。"

按传统银行的作业模式，申请贷款采取的是纸质进件、人工审批。如此测算，即便1天做成1笔贷款，也需要近10年时间才能完成这近4000笔的贷款。

毫无疑问，互联网虽然没有"颠覆"银行业，但正在拓展银行的商业边界。2015年6月，网商银行成立，阿里巴巴董事局主席马云在开业仪式上说，网商银行不放500万元以上的贷款，希望能够服务1000万家企业。

马云给的数据也许有些保守了。到2016年底，网商银行服务的小微企业就接近250万户，户均贷款额为1.69万元，与500万元差了快两个数量级，不良率不到1%，2016年一年贷款余额同比增长311%。

腾讯旗下的微众银行是中国第一家互联网银行。到2017年5月15日（上线两周年之际），其累积发放贷款3600亿元，主动授信客户数约9800万人。一位大型互金机构的高管对记者表示："微粒贷还有潜力。试想，把'钱包'放在微信的第一屏，是怎样的效果？"

互联网银行，严格来说是直销银行的一种运作模式，直销银行不依赖实体网点和物理柜台来扩展业务。20世纪90年代，随着互联网的普及，一些纯网络银行诞生。1995年，安全第一网络银行（Security First Network Bank）在美国成立。之后，移动互联网兴起，手机银行出现了。

有业内人士指出，按照目前生物识别和人工智能技术的发展趋势，预计第四次银行渠道演变将会延伸到物联网。未来用户将通过语音指令等方式，让智能家居等硬件设备完成银行支付、转账等交易。

2. FinTech与TechFin的差别

互联网银行能降低银行的运营成本，这体现在多个方面。由于没有物理网点，互联网银行至少省去了房租。网商银行相关负责人表示："由于没有物理网点，互联网银行的成本主要为技术投入，技术投入是固定成本，随着规模越做越大，互联网银行在成本上的优势会越来越明显。我相信只要做到四五百亿元的规模，规模效应就会显现。"到2016年底，网商银行的总资产为616.13亿元，已经过了临界点。

移动互联网时代，获取数据比传统的KYC（know your customer，了解你的客户）和现场调查更为便捷。清华大学中国金融研究中心主任何平指出："民营银行的股东有一些客户，相关的客户信息和融资需求都可以为互联网银行所用。此外，由于不局限于一地经营，区域性金融风险对互联网银行影响较小，因为它的信用风险得到了充分分散。"

甚至数据的多寡已经不是问题的核心。新网银行行长赵卫星表示："大数据时代，数据的合理获取不再是个很难的问题，但如何更好地挖掘数据、利用数据更关键。"关于FinTech与TechFin，在赵卫星来看，这并不是简单的文字游戏，背后是靠什么来驱动业务，是不是真正靠数据、靠技术来驱动——这是互联网银行、直销银行甚至是谋求转型升级的主流金融机构必须想清楚的问题。

资料来源：搜狐财经，2017-03-20，https://finance.sina.com.cn/roll/2017-03-20/doc-ifyc-npvh4981000.shtml。

第一节 互联网银行

一、互联网银行的概念

目前对互联网银行并没有统一的定义，与互联网银行相近的法律概念是《电子银行业务管理办法》中所说的"网络银行",即银行利用计算机和互联网开展的银行业务。本书根据网络银行和传统银行的分离程度将网络银行分为两类:一类是建立在传统银行基础上的分支型网络银行,如传统银行建立的网上银行;另一类是完全同传统银行分离,不从属任何一个传统银行的、不存在实体网点的、只在互联网上运行的互联网银行。

1. 网上银行

网上银行是指银行在互联网上建立的通过互联网向客户提供支付、转账、信贷、投资理财等金融服务的网站。

2. 互联网银行

互联网银行指没有物理网点,借助于互联网、移动通信等技术,通过大数据、云计算等方式在线实现为客户存贷款、支付结算、汇款等金融服务的互联网金融机构。

虽然网上银行、互联网银行都属于网络银行的范畴,但两者的概念并不相同。网上银行的概念更倾向于"银行+互联网",是传统银行运用互联网技术将部分业务网络化的产物,从属于传统银行,是传统银行业务在网络上的延伸;而互联网银行的概念更倾向于"互联网+银行",它并不是传统银行的附属部门,其最大的特点是以互联网为交易媒介,所有业务均通过网络进行,没有实体网点或分支机构。表2.1对传统银行、网上银行和互联网进行了多维度的概念比较。

表2.1　　　　传统银行、网上银行及互联网银行三者的比较

	传统银行	网上银行	互联网银行
是否借助互联网	未借助互联网	传统银行+互联网	互联网+银行业务
是否有网点	有实体网点	有网点,但从属于传统银行	无网点,不从属于传统银行
经营成本	高	较高	低
运作效率	较低	较高	高
经营理念	以产品为中心	介于以产品为中心和以客户为中心的过渡阶段	以客户为中心

资料来源:浙江大学互联网金融研究院。

互联网银行的作用并不是利用互联网等技术改进传统银行提供产品和服务的渠道,而是重新设计互联网时代消费者所需要的金融产品和服务,与传统银行的网络化(网上银行)有着本质上的区别。这是其创新价值所在,也是本书即将展开论述的重点内容。

二、互联网银行的发展历程

(一)互联网银行1.0——直销银行

1. 直销银行的定义与特征

(1)直销银行的定义

互联网银行1.0一般指直销银行。直销银行(direct bank)根据国外的定义又被称为直

营银行，其不设立物理网点，通过 ATM 机、电话、邮件及网络等手段为客户提供金融服务。而在我国对直销银行的定义，没有严格限制物理网点的设立，主要指业务拓展不以柜台为基础，打破时间、地域、网点等限制，主要通过电子渠道提供金融产品和服务的银行经营模式和客户开发模式。目前，在我国的直销银行全部是基于传统银行所成立的，全都没有实现独立运营，但有部分银行已有独立于母行发展的意向，如北京银行直销银行和民生银行直销银行就已经在进行相关的筹备工作。

（2）直销银行的特征

①简单便捷，注重用户体验。客户在传统银行的营业网点获取金融服务时，一般都会排队等候较长时间，这降低了客户对该银行服务的满意度。而直销银行利用互联网的简单快捷，简化了烦琐的操作流程。直销银行提供的 7×24 小时全天候服务，可以让客户享受高效便利的金融服务。另外，客户不管以前是哪家银行的客户，只需要轻松绑定直销银行，就可以实现免费的存取汇功能，有的直销银行还可以利用如微信号、QQ 号等进行银行账号登录，大幅提升了用户体验。

②定位于中端客户群。直销银行将目标客户群定位于中端客户群。他们追求实惠，对存款利率的高低十分敏感；熟悉互联网，有网上消费的习惯；追求高效，不希望在实体网点浪费过多的时间；喜欢简单，不希望在传统银行提供的海量产品中无所适从，对定制化的产品和服务没有强烈需求。

③普惠大众，产品少而精。由于大多数直销银行没有实体门店，大大降低了运营成本，使得直销银行可以提供利率更高的理财产品和利率更低的贷款品种。另外，在金融产品方面，大多数直销银行提倡"少而精"的口号，主要产品有活期及定期存款、转账汇款、网上交易支付、按揭贷款和理财投资等，不提供个性化、定制化的产品和服务。

2. 国外直销银行的发展历程及典型案例

（1）国外直销银行的发展历程

互联网与银行的联姻在 20 世纪后期就已经悄然兴起。1989 年 10 月，英国的米兰特银行创办了全球第一家直销银行 First Direct 并取得了成功，它通过位于英国利兹市的呼叫中心为用户提供 24 小时服务。First Direct 在推出不到两年后便获得了 10 万用户，并于 1994 年开始赢利，今天已成为英国影响力最大的直销银行品牌。随着 First Direct 的成功，其他欧美国家也相继建立了自己的直销银行。1995 年 10 月，美国第一家直销银行——第一安全网络银行（Security First Network Bank，SFNB）宣布成立，成为世界上第一家完全通过互联网运营的直销银行。1997 年，ING 集团在加拿大设立了集团第一家直销银行 ING Direct Canada，并逐渐成为规模最大的全球性直销银行。德国的 DAB Bank 于 1994 年成立，后成为欧洲第一家推出网上股票经纪业务的金融机构。

2008 年发生的次贷危机对全球的银行业都带来了巨大的冲击，直销银行也难以幸免。根据统计，2009 年美国直销银行业的净资产收益率为 -4.34%，比当年银行业的平均水平低 3.64 个百分点。但总体上看，多数直销银行基本上经受住了危机的洗礼，次贷危机为纯线上直销银行模式在完善风险控制方面提供了宝贵的经验和教训。在度过 2008 年的次贷危机后，近年来直销银行的净资产收益率显著高于银行业平均水平：2012 年美国银行业的净资产收益率为 8.7%，而直销银行则达到 11.4%，说明美国直销银行业更快地从危机中复苏，体现了直销银行模式的活力。

直销银行业在银行业中的影响力不断增强，目前在欧美发达国家普遍占据7%~10%的市场份额，成为一支不可忽视的力量。与此同时，直销银行模式除了在美英德等金融产业发达国家持续推进，也开始在欧美的其他地区大量出现，如意大利的WeBank银行和Fineco银行、波兰的mBank银行、澳大利亚的UBank银行以及全球性的HSBC Direct等。

(2) 国外直销银行的典型案例——直销银行ING Direct

ING Direct最初是由荷兰国际集团于1997年在加拿大设立，在获得成功后迅速将其商业模式复制到美国、西班牙、法国、德国、英国等多个国家。其产品结构简单且费率低廉，最初，银行的主要产品只有储蓄存款账户和房地产抵押贷款业务以及几种简单的共同基金，而到现在增加的产品也极为有限，加上其主要通过网上自助服务和电话服务客户，这些都大幅降低了ING Direct的获客成本和管理成本，使得其能够向客户提供有竞争力的优惠利率，表2.2显示了2015年ING Direct（澳大利亚）与西太平洋银行的储蓄利率。ING Direct的盈利模式并不是欧美传统银行的非利差收入，而是利差收入，通过采取"高买低卖"的方式，即以较高利率吸纳存款，以较低利率发放贷款。这一业务模式尤其受到25~40岁的中高收入阶层的青睐，他们是有网络消费习惯、有储蓄的意愿，并不需要太复杂的金融服务，也不愿意在银行柜台排队的用户群体。为了维护这种客户的同质性，ING Direct甚至不惜每年"请退"3000~5000名顾客，包括那些频繁"骚扰"呼叫中心的人以及要求得到"贵族待遇"的大宗存款客户，以保证对其他客户的服务质量。

此外，ING Direct的"咖啡银行"是直销银行线上线下结合的完美案例。它通过线下的ING咖啡馆来支持线上业务，增强客户体验。咖啡馆开设以后成效显著，既可以使潜在客户相信ING Direct是一家合法经营且真实存在的银行，同时又提供了客户了解和办理银行业务的活动基地。

表2.2　　　　　ING Direct（澳大利亚）与西太平洋银行的储蓄利率（2015年）

期限	3—4月	6—7月	12—24月	24—36月	36—48月	注备
ING Direct（澳大利亚）	2.70%	2.30%	3.00%	3.20%	—	持有到期获得0.1%的额外利息
西太平洋银行	2.15%	2.20%	2.25%	2.45%	2.45%	

资料来源：两家银行官网。

3. 国内直销银行的发展历程、特点及典型案例

(1) 国内直销银行的发展历程

互联网银行在国外兴起已经将近三十年，但中国的互联网银行起步较晚。2013年9月，北京银行与荷兰ING集团在深度合作，充分吸收国际直销银行先进服务经验的基础上，合作推出了国内第一家直销银行——北京银行直销银行。与国外纯粹线上模式不同，北京银行直销银行更加灵活，采取线上和线下融合、互通的服务模式，通过"在线操作+远程人工服务支持"实现了客户全流程自助操作，从而达到效率和价值的最大化。线上渠道由互联网综合营销平台、网上银行、手机银行等多元化电子服务渠道构成，与APP、

视频对话等功能对接,提供更为复杂的金融产品和服务;线下渠道采取ATM、CRS、自助缴费终端等多种自助设备的便民直销门店作为渠道,从而满足客户全面、立体、多样化、不同应用场景下的金融服务需求。

从2014年开始,我国直销银行出现爆发式增长。2014年2月,民生银行推出直销银行平台,并建立了独立的团队、网站、App以及专属客户服务热线;2015年3月,工商银行推出直销银行"融e行",以此打造更智慧、更优惠、更开放、更安全的综合金融服务平台。到2017年11月,我国直销银行数量已达114家,其中以城商行为背景的居多,比例高达65%;其次是股份制商业银行和农商行,两者占比34%,而国有商业银行所占比重仅为1%。目前只有工商银行推出了直销银行"融e行",且仅将其定位于针对特定市场(如小微企业商友圈、大学生、农村等)的应用。出现这种现状的原因主要在于区域性银行和股份制银行受互联网金融和利率市场化的冲击更大,且物理网点相对缺乏,在此情况下直销银行成为其应对挑战、拓展客户的重要方式。表2.3为2017年中国直销银行业务排行榜。

表2.3　　　　　　　　　　2017年中国直销银行业务排行榜

排名	银行名称	直销银行名称	上线日期	主要产品
1	民生银行	民生银行直销银行	2014年2月	如意宝、定活宝、民生金、随心存、利多多、轻松汇
2	江苏银行	江苏银行直销银行	2014年8月	开途盈、银票宝、惠存多、放记汇
3	平安银行	橙子银行	2014年8月	平安盈、定活通、黄金账户
4	徽商银行	徽常有财	2015年1月	聚宝盆、摇钱树
5	兴业银行	兴业银行直销银行	2014年3月	兴业宝、现金宝、理财、基金、兴业红、智盈宝
6	广发银行	"有米"直销银行	2015年6月	慧存钱、慧存宝、慧易保、零零发
7	长沙银行	e钱庄	2015年8月	多元化的移动金融综合服务
8	杭州银行	杭银直销	2015年6月	幸福添利、幸福乐存
9	工商银行	融e行	2015年3月	节节高、汇利存、投资理财、交易、资金划转等
10	南京银行	你好银行	2014年6月	你好基金、你好存款、你好理财

资料来源:《互联网周刊》&eNet研究院。

(2)国内直销银行的特点

直销银行的品牌建设方面,我国直销银行发展初期主要以母银行名称加上"直销银行"的后缀作为品牌,其发展难以摆脱母银行的声誉影响;而如今,大部分直销银行选择与母银行不同的名称作为品牌名称,品牌意识日渐强烈,发展更具独立性。

发展模式方面,绝大多数的直销银行都是采用纯线上互联网平台作为业务渠道,这些互联网平台包括银行官网、手机APP、微信等。其中,有些直销银行拥有独立的网站及独立的APP,而有些直销银行只具其一,或者两者都与母银行共用,表现为母银行官网的子版块或母银行手机银行 APP 的子功能。

产品方面，我国直销银行主要以货币基金、票据理财、银行理财等理财产品为主，产品同质化严重；也有部分直销银行上线了基金、保险、黄金等产品；但在传统的存贷汇业务方面，现有的产品线则较为薄弱。

组织架构方面，国内直销银行目前仍作为传统商业银行的部门而存在，缺乏一定的独立性。而独立性的缺乏往往容易导致业务难以区分、创新动力不足、对存量客户和资源产生内部竞争等问题。2017 年 11 月，中信银行和百度公司发起设立的百信银行正式开业，是国内第一家采用独立子公司模式运营的直销银行。

（3）国内直销银行的典型案例——民生直销银行

随着利率市场化的推进及互联网金融的高速发展，为了应对客户消费习惯的转变，2013 年 9 月，民生银行与阿里巴巴签署战略合作协议，决定共同筹备直销银行。2014 年 2 月，民生银行直销银行正式上线。

民生银行与阿里巴巴选择彼此成为合作伙伴，是将双方的优势结合进而弥补各自短板的明智之举。一方面，民生银行具有丰富的金融产品设计经验，能够为直销银行提供符合市场及客户需求的金融产品。另一方面，阿里巴巴具有大数据优势，能够做到客户的精细化管理以及风险的系统化管理；同时利用其渠道优势与资源优势，能够大力促进直销银行的发展。

在渠道建设方面，民生银行直销银行通过专属网站、手机端 APP、微信、淘宝等线上渠道提供便捷的服务。同时，民生银行直销银行不配备销售人员，更多地依靠客户的自主选择来驱动销售。

民生银行直销银行的经营理念为"简单的银行"，不设立线下实体网点，"忙、潮、精"是其目标客户定位，这部分客户的特点是生活工作节奏快，习惯使用电子银行、追求新鲜事物、利息计算精明、容易被实惠高效所吸引。民生银行直销银行的产品数量与设计都力求精简，目前只有以下六款产品：如意宝、定活宝、民生金、随心存、利多多、轻松汇，六款产品的主要特点如表 2.4 所示。到 2017 年末，民生银行直销银行的客户数突破 1100 万、金融资产超越 1100 亿元。

表 2.4　　　　　　　　　　民生直销银行业务产品归纳表

产品类别	产品分类	预期年化收益率	起购金额	理财期限
如意宝	货币基金	4.91%	1 元	随用随取
定活宝	保险理财	5.13%	≥100 元 ≤100 万元	190 天（犹豫期 10 天）
民生金	黄金投资理财	随时变化	0.1 克	赎回金额不超过 500 万元
随心存	储蓄增值	按最大定存利率	1000 元	随用随取
利多多	储蓄增值	整存整取业务基准利率上浮 30%	1 元	随用随取

资料来源：民生直销银行官网，https：//www.mszxyh.com。

(二)互联网银行2.0——数字银行

1. 数字银行的内涵与特点

(1) 数字银行的内涵

互联网银行2.0是在1.0的基础上,在移动手机端纵深发展而来的一种互联网银行的新模式。互联网银行2.0在欧美等发达地区又被称为数字银行(digital bank)或者移动银行(mobile bank),这是一种基于移动手机应用(APP)远程实现银行服务、金融与科技结合的新型银行。值得注意的是,这类银行普遍没有独立的银行牌照,而是选择与传统银行合作开展业务,客户的存款享受与合作银行相同的存款保险保障。互联网银行2.0类似于业务完全与银行联通的、在银行体系之外提供创新技术服务、提高用户体验的外包金融科技公司。

数字银行以大数据、移动互联网等先进信息技术为支撑,全面强化了"以客户为中心"的理念,强调通过数字化的宽带网络和移动互联网等各种新兴渠道为客户提供便利化服务以增加客户黏性。通过"端到端"数据处理优化流程,对客户开展差异化经营以提升客户体验,通过客户行为数据捕捉和分析以引导创新,同时注重加强客户数据安全和隐私保护。

(2) 数字银行的特点

①无柜台网点。数字银行完全基于移动手机端,远程提供所有银行服务,开户、旧卡到期申请新卡、销卡等业务均可在手机APP上实现。开户时,客户只需在手机APP里上传身份证件或者驾照照片,并通过APP填写几项个人基本信息,系统后台审批通过后即完成远程开户;销户时,只需在APP中点击销户申请,客户自行剪卡即可(远程开户、识别身份)。

②金融科技企业+合作银行模式。互联网银行2.0绝大多数属于金融科技企业,自身没有银行牌照,但通过与传统银行合作,借助合作银行的银行牌照身份,其客户同样可以享受存款保险的保障,表2-5显示了全球代表性互联网银行2.0的合作伙伴。采用这样的合作模式,金融科技企业可以借用传统银行长期建立的品牌、客户基础和社会公信力,这对初创型的科技企业获得客户信任有巨大的支持作用。反过来,传统银行由于监管规定,其创新业务的开展并不像金融科技企业那样自由,所以传统银行与金融科技企业合作,也为传统银行的业务扩展提供了很大的空间。更重要的是,申请银行牌照在世界各国都面临严格的监管,对企业的资本金、流动性、风险控制、资本充足率、不良贷款率、拨备覆盖率等指标均有明确的规定。初创型的金融科技企业要想获得银行牌照,需要投入的资金成本以及未来面临的监管压力都太大,因而与传统银行合作实现优势互补,成为一种普遍的运营模式。

表2.5　　　　　　　全球代表性互联网银行2.0及其合作机构

国家	银行	合作机构	国家	银行	合作机构
美国	Simple Bank	Bancorp Bank	美国	Bankjoy	Credit Union 成员

续表

国家	银行	合作机构	国家	银行	合作机构
美国	Moven	CBW Bank	英国	Monese	European Banks
美国	Go Bank	Green Dot Bank	英国	Atom	拥有英格兰银行授予的牌照
美国	Bank Mobile	Customers Bank	英国	Mondo Bank	从属于信息管理公司 Focus FS
美国	Blue Bird	American Express	英国	Sterling	从属于 Possible FS Limited
美国	Qapital	Lincoin Savings Bank	英国	Ffrees	从属于 Ffrees Family Finance
美国	Wipit	Sutton Bank	英国	Dopay	Barclays Bank
美国	Card. com	Bancorp Bank	英国	Osper	IDT Financial Services
美国	AccountNow	Bancorp Bank Meta Bank	英国	Tandem	RNM Financial
美国	Green Dot	Green Dot Corporation	德国	Number26	Wirecard Bank
美国	Chime	Bancorp Bank	日本	Jibun Bank	三菱东京银行

资料来源：未央网，http://www.weiyangx.com/172443.html。

2. 数字银行的金融功能

现代金融功能理论认为，金融系统具有六项基本功能，即资源配置、支付结算、风险管理、价格信息提供、资金筹集和股份分割以及激励机制创造。数字银行不仅发挥了信用中介功能，还将以市场信用和信息中介功能为主朝综合化方向发展。

(1) 从信用中介到信息中介

信用是一种债权债务关系。长期以来，商业银行承担着信用中介、支付中介、风险管理和货币创造等金融中介功能。但是，以互联网为基础设施的新经济确立后，数字技术削弱了银行信用中介职能赖以生存的基础，拥有丰富账户数据的网络平台开始逐步替代这一职能。商业银行要巩固和发展中介功能，就需要从信用中介向信息中介升级。在数字银行发展的过程中，商业银行由信用中介转型为信息中介要经历三个阶段。

第一阶段：初创阶段。随着信息技术的发展，出现了主要依靠电子渠道和自助渠道提供投资理财服务的直销银行。直销银行是数字银行的初期形态，银行的资金端实现了从线下向线上的迁移，更加安全便捷地满足了长尾客户长期被压抑的投资需求。

第二阶段：发展阶段。在大数据、云计算和人工智能等技术的推动下，基于数据获取资产的数字银行产生了，银行的资产端实现了移动化、数字化转型，为客户提供消费金融、供应链金融等场景嵌入式金融服务，推动了融资成本的降低，业务流程的简化，以及风险的透明化，如我国的微众银行、美国的 Simple 都定位为平台中介，连接借贷双方，提供风险管理和贷款管理服务，这一形态具有了信息中介的雏形。

第三阶段：成熟阶段。当远程开户得以实现，区块链技术在金融领域广泛应用，法定数字货币在全社会被普遍推广时，数字银行就进入成熟发展阶段。在这一阶段，银行将突破信用中介模式下风险偏好、资本和运营模式等约束，主要作为信息中介连接资金端和资产端。数字银行将通过融合了各类金融账户和生活场景账户的统一综合账户，为客户提供资源配置、支付结算、风险管理(财富管理)等信息服务。

(2)从银行信用到市场信用

在现代金融市场上,银行信用通过存贷款机制延伸出货币创造功能,在我国的金融体系中几乎成为唯一的信用机制。但当前以数字银行、区块链金融等为代表的新金融在我国的迅猛发展突破了银行信用,展现了市场信用的巨大魅力。这是因为,互联网显著降低了交易成本和信息不对称程度,提高了风险定价和风险管理效率,拓展了交易可能性边界,改变了金融交易和组织形式,所以,新金融是资本市场对银行信用"脱媒"以来的第二次"脱媒",第一次脱媒主要体现在传统银行的资源配置即融资功能方面;第二次脱媒则体现在支付结算、风险管理和价格信息提供职能方面。一方面,数字银行突破了传统银行信用对财务报表的依赖,侧重于观测和计算在线交易行为数据,更加依赖于数据驱动的"市场"信用。另一方面,数字银行通过货币市场基金、资产证券化等传统影子银行模式开展货币转移型信用活动,通过交易资产、同业资产、投资资产等资产负债表中的"银行影子"模式开展货币创造型信用活动,这些在本质上都是市场信用。

3. 我国数字银行的发展

近年来,我国互联网金融发展如火如荼,作为互联网金融中重要分支的互联网银行也发展迅猛。2015年下半年以来,原银监会批准筹建的深圳前海微众银行、浙江网商银行和四川新网银行相继开业。表2.6列出了三家互联网银行的经营范围。从原银监会核准的经营范围来看,三家银行相差不大,仅存在细微差别:在存贷款业务方面,深圳前海微众银行主要针对个人和小微企业,另两家银行并没有限定;在其他业务方面,深圳前海微众银行和四川新网银行基本相同,而浙江网商银行则未被允许开展银行卡业务,且无法提供信用证服务和保管箱服务。

表2.6　　浙江网商银行、深圳前海微众银行和四川新网银行的经营范围

	传统银行
浙江网商银行	吸收公众存款;发放贷款;办理国内外结算;办理票据承兑与贴现;发行金融债券;代理发行、代理兑付、承销政府债券;买卖政府债券、金融债券;从事同业拆借;买卖、代理买卖外汇;提供担保;代理收付款项及代理保险业务;经国务院银行业监督管理机构批准的其他业务
深圳前海微众银行	吸收公众,主要是个人及小微企业存款;主要针对个人及小微企业发放短期、中期和长期贷款;办理国内外结算;办理票据承兑与贴现;发行金融债券;代理发行、代理兑付、承销政府债券;买卖政府债券、金融债券;从事同业拆借;买卖、代理买卖外汇;从事银行卡业务;提供信用证服务及担保;代理收付款项及代理保险业务;提供保管箱服务;经国务院银行业监督管理机构批准的其他业务
四川新网银行	吸收公众存款;发放短期、中期和长期贷款;办理国内外结算;办理票据承兑和贴现;发行金融债券;代理发行、代理兑付、承销政府债券;买卖政府债券、金融债券;从事同业拆借;买卖、代理买卖外汇;从事银行卡业务;提供信用证服务及担保;代理首付款及代理保险业务;提供保管箱服务;经国务院银行业监督管理机构批准的其他业务

（1）浙江网商银行

浙江网商银行在 2014 年 9 月 25 日获得原银监会批复筹建，注册资本 40 亿元人民币，由浙江蚂蚁小微金融服务集团、上海复星工业技术发展有限公司、万向三农集团有限公司、宁波市金润资产经营有限公司共同发起设立，分别持股 30%、25%、18%、16%，剩余 11% 股份的股东暂时未定，2015 年 6 月 25 日浙江网商银行正式开业，成为中国第一家将核心系统架构在金融云上的银行，并将自身定位为网商首选的金融服务商、互联网银行的探索者和普惠金融的实践者。

①浙江网商银行经营概况：业务聚焦小存小贷，拓宽原有融资渠道。浙江网商银行使用的是阿里巴巴的民营银行牌照，属于"阿里系"。在其成立之前，阿里巴巴主要采取和银行合作的方式服务商家和客户，由阿里巴巴提供数据和互联网技术，银行提供信贷资金，如 2007 年阿里巴巴与建设银行、工商银行合作为其会员提供贷款，然而由于合作效果不尽如人意，双方停止了合作，阿里巴巴单独运营阿里小额贷款和蚂蚁微贷。2014 年 3 月，阿里系的浙江蚂蚁小微金融服务集团（蚂蚁金服）正式获得了民营银行牌照，浙江网商银行由此成立，其 APP 与 2016 年 3 月 16 日正式上线。

浙江网商银行定位于"中介平台+自营业务"，采用"小存小贷"的业务模式，主要满足小微企业和个人消费者的投融资需求，提供 20 万元以下的存款产品和 500 万元以下的贷款产品。浙江网商银行的建立对于阿里巴巴意义重大，主要在于其为阿里巴巴拓宽了从事小额信贷的融资渠道，使其能够面向公众融资。在其成立之前，阿里小贷和蚂蚁微贷均从事小额信贷业务，其融资范围仅限于自有资金和从商业银行（不能超过两家）融入自身的信贷资金（不能超过自身资产净额的 50%），以及通过中国东方资产管理公司资产证券化产品融得的资金，融资来源受限。

②三大业务板块：小微企业、个人业务、农村金融。小微企业及个人业务贷款具有金额小、频率高的特征。浙江网商银行的贷款发放多以场景为基础，嵌入不同的平台之中，包含淘宝系以及大量外部商业平台；在转账服务上，支持用户绑定多张银行储蓄卡，进行同名银行卡转账管理。在理财方面，浙江网商银行推出了面向小微企业和小微经营者的现金管理产品"余利宝"，产品投向天弘云商宝货币市场基金，让小微企业的空闲资金产生增值。浙江网商银行的个人业务主要是基于个人信用评分体系提供个人消费性贷款。

农村金融是互联网金融的兵家必争之地，也是未来行业中极具中国特色的市场蓝海。由于浙江网商银行在农村金融领域缺乏经验，因此其农村金融部门选择与邮储银行、农行、农信社、村镇银行等在农村网点较多的金融机构开展广泛合作，一方面，为农村地区用户开展线上支付通道，满足其线上购买农资与生活用品的需求；另一方面，对接农户和金融机构，为农户提供消费信贷需求。除此之外，浙江网商银行也与农村生产资料、融资产品的供应商以及农民专业合作社合作，利用这些机构的数据、渠道和经验开展金融服务。

浙江网商银行成立 4 年来，共向 1746 万家小微企业提供纯信用贷款 3 万多亿元，户均贷款余额 2.6 万元，平均每笔贷款 1.1 万元，80% 的客户是首次获贷，平均贷款周期 90 天。2018 年浙江网商银行实现营业收入 62.8 亿元，同比增长 47%；净利润 6.71 亿元，同比增长 66.1%。

(2)深圳前海微众银行

①深圳前海微众银行背景概况。深圳前海微众银行是国内首家互联网银行，于2014年12月获得原银监会批准筹建，注册资本30亿元人民币，腾讯、百业源、立业作为发起人，分别持股30%、20%、20%，腾讯为其最大股东。

深圳前海微众银行在2015年8月14日上线，用户可以在手机客户端通过微信或者QQ号进行注册，并通过其APP办理存款、理财、转账等业务。与浙江网商银行类似，深圳前海微众银行的业务模式为"个存小贷"，主要服务于个人消费者和小微企业客户。深圳前海微众银行的定位是连接客户和传统金融机构的中介平台，其自身不提供传统银行的借贷服务，只将微信、QQ上的优秀个体借款人推荐给传统银行，并提供风控及贷后管理服务。

②三大业务板块：消费金融、财富管理和平台金融。深圳前海微众银行主要有消费金融、财富管理和平台金融三大业务。

消费金融主打产品是微粒贷，到2016年11月末，微粒贷累计发放规模超1600亿元，总笔数超2000万笔，笔均放款8000元，最高日贷款规模超10亿元，主动授信客户数超6000万人，覆盖了全国549个城市。

财富管理主要从事代销业务，产品主要涵盖货币市场基金、保险、股票基金等。到2015年12月末，深圳前海微众银行客户数累计逾32万人，产品代销规模近150亿元。

平台金融主要指深圳前海微众银行与多家O2O生活服务平台合作，将银行金融产品嵌入服务场景中，到2015年12月末，它共为平台完成商户资金清算94万笔，总交易金融19亿元，为近两万平台消费者提供小额贷款逾2亿元。

到2017年9月末，深圳前海微众银行资产规模近700亿元，累计发放贷款突破6000亿元，管理贷款余额超1200亿元，管理资产余额逾300亿元，有效客户近3800万户，覆盖全国31个省、市、自治区的567个城市，其中近400万客户在主流金融机构没有享受到任何融资服务，笔均贷款仅8100元，户均余额约1.2万元，近93%的客户贷款余额低于5万元。

(3)四川新网银行

四川新网银行是全国第三家、同时也是中西部首家互联网银行，其于2016年6月获得原银监会筹建批复，12月28日正式营业，注册资本为30亿元，由新希望集团、小米、红旗连锁等股东发起设立，它们分别占股30%、29.5%和15%。

开业一年来，四川新网银行从零出发，通过大数据、云计算、人工智能等多种科技手段，满足用户的碎片化金融需求。到2017年末，客户数突破800万，11月底在管信贷资产突破150亿，业务遍及全国31个省市，300多个城市。新网银行推出的"好人贷"业务，基于大数据、央行征信系统和政府信息等进行计算、判断，针对有信誉的"好人"提供贷款服务。此外，新网银行推出了专门解决创新创业企业融资难困境的"创客贷"，通过纯线上、秒申秒贷的纯信用贷款模式，为全成都的创客们提供更加灵活、便捷的融资服务。

第二节 互联网征信

金融的核心是跨时间、跨空间的价值配置与交换。金融活动的主要表现形式包括：货币的发行与回笼、存款的吸收和付出、贷款的发放与回收等，这些货币流转的过程与信用的发展是密不可分的。金融依赖信用，没有信用，金融体系便难以运转。在传统金融中，商业银行主要依据融资人的财务和信用状况对其进行评价。对于个人，主要审查其资金流入、信用记录等信息；对于企业主要审查其盈利能力、偿债能力、经营风险等。审查过程仍以线下为主，人力耗费巨大、成本较高、难以规模化。近年来，随着互联网金融的蓬勃发展，以及大数据、云计算等互联网技术的推进，互联网征信迎来了前所未有的机遇和挑战。

互联网征信是以开放式的互联网为载体，通过抓取、采集和整理个人以及企业在使用互联网时所留下的数据信息，同时辅以线下渠道或者其他渠道获取的数据信息，利用大数据、云计算等新兴高科技进行信用评估与服务的活动。互联网征信的信用信息主要包括两种类型：第一，个人金融信息，例如贷记卡的信用额度、借记卡的账单流水等；第二，用户在互联网上的"痕迹"，大致分为个人消费信息、日常工作生活信息、互联网检索行为信息等。互联网征信不仅为征信业的发展提供了丰富的数据信息来源，拓展了征信渠道，而且改变了征信产品的设计生产观念和传统的信用评分模式，成为我国征信业发展的重要推动力。

一、互联网征信的发展历程

长期以来，中国传统的征信体系建设面临着成本高、覆盖率低的问题，到2016年末，中国人民银行征信中心有效覆盖了8.6亿人信息，但仅有3.5亿人拥有信贷记录，而另外5亿人在央行征信系统中则只有基本信息，尚属征信的空白市场。对比美国92%的个人征信覆盖率，我国个人征信记录覆盖率只有38%。随着我国个人消费贷款、个人经营性贷款（小微贷款）、住房按揭贷款的快速增加，以及第三方支付网络银行、股权众筹等互联网金融业态的相继出现并成熟，利用互联网技术开展征信活动无疑具有广阔的市场空间。

2015年是我国互联网征信发展的元年。2015年1月5日，中国人民银行下发《关于做好个人征信业务准备工作的通知》，首批确定了做好互联网个人征信业务准备工作的8家机构，标志着互联网征信正在从网络经营中逐渐分离，作为独立的业态初露端倪；2015年6月1日，"信用中国"网站正式上线，目的是整合共享社会信用体系建设部级联席会议成员单位已经拥有的公开信息和数据；2015年7月4日，国务院下发《关于积极推进"互联网+"行动的指导意见》，指出希望各信用信息平台尽快建立联系，加强信息披露和共享，充分利用互联网资源，对现有征信体系和测评体系进行补充和完善，将互联网技术与征信深度结合，初步形成网络商务、互联网金融与互联网征信间的网络征信产业服务链；2015年8月19日，国务院审议通过《关于促进大数据发展的行动纲要》，再次强调要推动政府信息系统和公共数据互联共享，加快整合各类信息平台。2016年5月，央行征信管理局下发《征信业务管理办法(草稿)》,拟对征信机构的信息采集、整理、保存、加工、征信产品、异议和投诉及信息安全等征信业务环节做出规范。这一系列制度的出台,意味着我国互联网征信业拉开了快速发展的帷幕,同时对征信机构、征信产品及征信监管等方面都产生了深远的影响。

二、互联网征信与传统征信的主要区别

从表面上看,互联网征信和传统征信似乎只是数据的获取渠道不同,前者主要来自互联网,后者主要来自传统线下渠道,但是两者存在较大的区别,主要表现在以下四个方面:

第一,在数据范畴和内涵方面,传统征信数据来自借贷领域并主要应用于借贷领域,而互联网征信获取的主要是信息主体在线上的行为数据,包括网上的交易数据、社交数据以及其他互联网服务使用中产生的行为数据等,而互联网的行为轨迹和细节更多反映人的性格、心理等更加本质的信息,可以用来对信息主体的信用状况进行推断。传统征信与互联网征信的视角差异见图2.3。

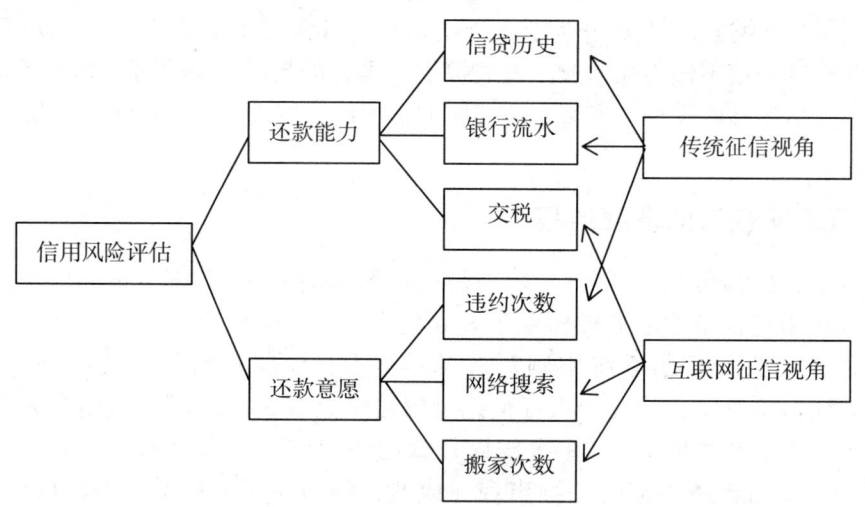

图2.3 传统征信与互联网征信的视角差异

第二,在信用评价思路方面,传统征信的思路是用昨天的信用记录来判断今天的信用。这就存在两个问题,一是昨天信用记录不好的人今天是否仍然是一个高风险者;二是对于过去没有发生过信用记录的人,如何判断其信用状况。对于第一个问题,互联网征信所获取的数据可以实时地反映个人的行为轨迹,并以此推断个人相对稳定的性格、心理状态和经济状况,进而推断其未来的履约能力。第二个问题则引出了两者的第三个区别。

第三,在覆盖人群方面,到2016年底,我国个人征信记录覆盖率只有38%,远低于美国征信体系92%的覆盖率。随着互联网的不断普及,征信数据范围和来源渠道日益广泛,同时互联网技术的使用极大地降低了数据采集成本。因此,互联网征信可以覆盖到过去没有信用记录的人,利用他们在互联网留下的信息数据作出信用判断。

第四，在应用领域方面，互联网征信因为数据来源、数据内涵、模型思路的不同，信用评价更趋于对人的一些本性的判断，可以运用于借贷以外更广的场景，生活化、日常化的程度更高，比如应用于租房、租车、预订酒店需要支付押金或预授权等现实中非常常见的各种履约场景。

在互联网时代，大数据技术使得对个体在网络上的微观行为进行整合分析成为可能。大数据主要应用的是网络和一些非金融征信的数据，既包括结构化数据，也包括非结构化数据，如社交数据、物流数据、支付数据、交易平台的数据、点评的数据等，都可以极大地丰富我们对于风险的准入、定价以及监控、效率等方面的评估。通过机器学习来不断总结这些数据的内在关系，设计变量可以多达几千个。收集数据的质量可以不准确，也可以千差万别。而当有成千上万个数据时，一个完整、精确的对客户的描述就会逐渐呈现出来。通过大数据技术，可以从互联网的虚拟技术中还原出一个人的身份特征，并对其进行信用评价。互联网金融的发展，使得除了从财务状况、信用记录的角度之外，还能从身份特征、行为偏好、人机网络等维度分析信用状况，为征信业带来了广阔的发展空间。

三、现行的互联网征信模式

随着大数据以及云计算等数据处理技术的不断进步，可以提供互联网金融征信服务的机构已不仅仅限于传统的征信中心或征信公司，一大批专门针对网络微贷的互联网金融专业征信机构或"准征信机构"开始出现并迅速发展。

1. 电商平台利用自身大数据资源的征信模式

该类型的征信模式主要以阿里巴巴、京东等电商平台为代表。以阿里巴巴为例，阿里巴巴集团利用其积累的海量用户交易数据，构建自己的信用数据库，并应用于其他金融机构或自身小贷业务中。旗下的诚信通是一款企业信用量化产品，为会员建立一份诚信档案，包括企业资质认证、证书与荣誉、资信参考以及交易记录等。芝麻信用是针对个人和企业的信用评分，利用常年累积的用户相关信息以及外部合作机构提供的数据，从信用历史、行为偏好、履约能力、身份特质、人脉关系五个角度对用户的信用状况进行评价。经过近两年的信用模型研发设计及相关系统建设工作，芝麻信用于2015年1月8日在杭州成立，成为中国人民银行允许开展个人征信业务的首批试点机构之一。目前，芝麻信用已经实现介入的公共数据源包括公安部户籍人口、教育部学历学籍、工商企业登记、法院失信被执行人(司法判决)、车辆驾驶员等。

阿里巴巴通过数据库有效信息与客户潜在融资需求的结合，依托海量的信用数据和长期建立起来的评分体系，从而打造出完善的征信体系。阿里巴巴征信模式大大节约了信贷成本，缩短了业务流程时间，成功地将2000元左右的银行单笔贷款成本降低到阿里小贷的2~3元。同时，针对个人的芝麻信用也极大地推动了消费金融的发展，较高芝麻信用分的个人可以免押金使用共享商品，在申请信用卡、获得小额贷款等方面发挥着重要作用。

2. 基于社交平台的征信模式

该类型的征信模式主要是针对个人用户在网上社交平台进行搜索、互动、交友和发言等行为，社交网站进行记录后，据此对个人的消费偏好、社交圈子层次等进行分析，可以大致构建出个人的信用画像。如腾讯征信通过腾讯庞大的社交客户群(8亿的QQ账户、5亿微信账户、3亿微信支付用户)构建了包含大量社交、消费、信用卡还款等信息的信用数据库，并于2015年4月12日上线。将腾讯独有的社交变量引入信用评分模型后，模型表现KS值提升至少14%以上。①

3. 网贷平台自主开发大数据征信模式

该类型的征信模式以宜信、陆金所、拍拍贷等较大型的网贷平台为代表，其特点是网贷平台基于用户数据自建客户信用系统，并将所收集的数据信息服务于自身平台业务中，目前比较有影响力的是拍拍贷自主研发的"魔镜风控系统"。在大数据建模环节上，除了传统的申请资料、信贷数据等审核资料外，该风控系统还增添了多渠道多维度的海量数据，包括用户信用行为、网络黑名单、相关认证、网上行为数据、社交关系数据以及各类第三方渠道和维度的数据。而基于大数据模型，该系统能够针对每一笔借款给出一个相应的风险评级，以反映对逾期率的预测，最后系统再依据风险评级形成风险定价，来保证收益和风险相匹配。风险评级分为A到F六个等级，风险依次上升，例如A级的目标逾期率小于0.5%，F级则大于8%。从A到F，风险越高，利率定价也越高。"魔镜风控系统"自2014年8月上线以来，从上千个维度对900多万借款人进行综合风险评估，从而严格控制借款的风险，有效降低了坏账率。2017年上半年，拍拍贷就完成了270亿元人民币的贷款发放，逾期30天以上的比例为4.2%，而逾期率如此低的重要原因是依靠多年用户信用数据的积累和拍拍贷魔镜风控系统。

4. 同业信息共享征信模式

该类型的征信模式主要是以网络金融信息共享系统(NFCS)、小额信贷行业信用信息共享服务平台为代表的同业信息数据库，通过采集平台借贷两端的客户信息，向加入该数据库的平台提供查询服务和相应的征信产品。信息共享平台的建立有助于整合借款人线上线下融资的完整债务历史，为网贷企业的风险管理提供支持，定制与传统征信服务不同的征信产品。

综上，互联网征信模式有着许多优点：第一，征信数据范畴更大且更为全面，易于通过这些数据判断征信对象的性格、心理等更为深刻的信息，以此来对其信用状况进行推断；第二，作为央行征信系统的有益补充，填补了企业之间、个人之间、企业与个人之间交易的信用状况空白。互联网企业建设的征信系统极大地降低了数据采集的成本，并主要运用于小额融资授信领域，其市场化特征和服务实体经济特征显著。表2.7列出了互联网征信机构的基本运作模式。

---

① KS值，即柯尔莫哥洛夫-斯米尔诺夫检验的统计量，该值越大，表示模型能够将正、负客户区分开的程度越大。通常来讲，KS>0.2即表示模型有较好的预测准确性。

表 2.7　　互联网征信机构的基本运作模式

分类	模式及说明
基于电商平台	芝麻信用模式： 依托于淘宝、天猫、支付宝等平台，以大数据分析为前提，对用户在网上的行为数据进行采集、整理、保存、加工，再经过第三方认证以及深度挖掘，形成对用户的信用评价
基于电商平台	京东金融模式： 基于京东电商平台和物流平台，通过分析消费者的消费记录等信息，来评定消费者的信用，为旗下金融产品提供决策依据
基于社交平台	腾讯征信： 基于腾讯集团，运用社交网络上的海量信息，为用户建立以线上行为为依据的信用评级产品，为合作伙伴的授信审批提供依据
基于社交平台	闪银模式： 基于微信，根据用户在社交网络发布的信息，分析用户的互联网行为，并结合其自主提交的身份信息等资料，对没有信用数据和借贷记录的用户进行信用评估，以便提供个人短期小额贷款
基于同业信息共享	上海资信的网络金融征信系统： 主要采集并整理平台借款人和贷款人的个人基本信息和贷款信息，通过共享数据，提供信息咨询服务给新加入该系统的机构，帮助其了解授信对象，规避借款人恶意欺诈等信用风险
基于网贷平台	宜信模式： 参照国外的思路，开发出信用借款平台，为借款者和贷款者提供服务。通过这一平台，加上用户自主提交的数据，将具有理财需求的客户手中的资金借给信用良好但缺少资金的工薪阶层、大学生、小微企业主等人群
基于网贷平台	拍拍贷模式： 利用用户提交的信息、互联网行为数据、社交平台数据、电商平台数据和行业协会等数据，根据多个信用评估模型，对客户的信用进行评估，提供在线服务，其最大特点是线上征信、线上授信和线上放贷

四、互联网征信存在的问题

尽管我国现有的征信实践活动为探索适合我国国情的征信模式发挥了重要的作用，但是要大力推进互联网金融背景下征信业的进步和发展，仍然面临着诸多挑战。

1. 互联网征信的法律法规缺乏

目前，我国开展征信业的法律依据是《征信业管理条例》，其对征信机构和征信业务作出了概括性规定，缺少具体配套落实的细则。并且，该管理条例没有对互联网背景下征信业的开展作出有针对性的规定，部分互联网征信机构在提供信用信息服务的同时，尚未得到征信业监督管理部门的批准或经过备案，其合规性存在一定的瑕疵。

2. 个人信息安全风险

基于互联网的征信行为难以保证个人信息安全。首先，在大数据征信模式下，互联网企业会自动记录个人通过其平台进行的交易和信用等信息，且可能在信息采集时并未预期到其后续的征信渠道运用，因此在大数据、云计算条件下，很难达到《征信业管理条例》关于采集个人信息应经过信息主体同意的要求。其次，个人信息采集可能超出限制范围。现行法规规定，禁止征信机构采集个人的宗教信仰、基因、指纹、血型、疾病和病史信息等个人信息；在未明确告知不良后果并取得书面同意的情况下，不得采集个人的收入、存款、有价证券、商业保险、不动产的信息和纳税数额信息。但互联网征信机构在与互联网企业数据共享时，可能会采集上述禁止或限制类的个人信息。

3. 缺乏统一的征信标准

就国家层面而言，我国尚无统一的信息分类和采集标准，也没有统一的行业、部门标准，这就导致了信息的良莠不齐。再加上不同行业、不同机构会采取各自的信用评价方法和标准，因此，对同一现象评价结果可能大相径庭，大大降低了互联网征信的公信力。具体表现为：第一，缺乏统一的信息统筹协调机构，信息的跨区域、跨系统调配与交流较为混乱；第二，征信业标准体系还不尽完善，特别是在具体操作层面上，还缺乏量化、标准化的要求与规范。例如，征信工作缺乏接口交换标准、征信服务标准等核心标准，这直接增加了征信机构信息采集、整合和利用的时间成本，降低了运作效率，同时也为传统金融与互联网金融、线上与线下之间信息的共享、传播制造了无形的壁垒。

4. 信息垄断现象严重

对互联网金融而言，由于各平台均是根据自身业务需求建立的征信模式，缺乏统一的行业征信标准，因此平台信息难以有效共享，制约了失信惩戒机制在互联网金融领域作用的发挥。这一方面加大了国家完善信息系统建设的成本；另一方面难以整合客户全方位的信用记录，直接影响到信用评估结果的精确性。

五、促进互联网征信发展的对策

1. 建立健全信息标准和共享机制

主要包括以下三个方面：第一，支持互联网金融龙头企业根据互联网征信的特征制定自身的信用信息标准，管理部门在参考、借鉴这些企业标准的基础上，制定行业标准，并对相关标准进行维护和扩展，以提高标准的适用性、科学性和有效性。第二，探索将符合条件的互联网金融企业征信数据接入人民银行征信系统，实现国家金融基础数据库信息在更大范围内的共享利用。第三，支持互联网金融征信平台建设，探索建立与金融信用信息基础数据库存在映射关系的互联网金融征信系统。

2. 加强信息安全监管和信息主体权益保护

互联网征信需要加强信息安全监管和信息主体权益保护：第一，明确互联网征信的数据采集方式、范围和使用原则，建立互联网企业信息采集、使用授权和个人不良信息告知制度。第二，大力推进身份认证、网站认证、电子签名及数字证书等安全认证，落实信息安全等级保护制度。第三，加强信息主体权益的保护，建立多渠道的个人信息保障与救济机制，受理并及时处理信息主体的投诉，完善异议处理和侵权责任追究制度。

3. 完善对互联网征信的监管

主要包括：第一，探索建立符合互联网征信特点的监管方式和手段，改进监管理念，由机构监管转向行为监管，逐步弱化对征信机构场地、办公环境的要求，代之以符合行为标准、完善行为要素等要求。第二，加大征信监管人才引进力度，尤其是具有技术和经济金融复合型专业背景的人才，不断充实监管队伍，同时在计算机、网络通信等方面加强对已有监管人员的知识培训，提高监管者的专业能力。第三，强化监管的技术支撑，重视大数据、云计算等互联网技术在征信监管中的应用，探索实施全流程监管。

4. 培育专业化数据公司

随着互联网时代来临，数据开始爆发式增长，催生了新兴的专业化数据公司。当前，我国还缺乏相应的公司及产品。为此，一方面要支持百度、阿里巴巴和腾讯等大型的拥有大数据和技术基础的互联网企业开展数据挖掘和信用评分服务；另一方面要鼓励和支持相关企业与国外先进公司开展业务合作，逐步培育我国的专业化数据公司。

六、互联网征信的典型案例——阿里巴巴芝麻信用

芝麻信用是阿里巴巴蚂蚁金服旗下的征信机构，其通过采集大量互联网信息，并运用大数据及云计算技术进行数据处理，客观表现个人信用状况，提供的信用产品主要有芝麻信用评分、芝麻认证、芝麻信用报告、风险名单库、芝麻评级等。

（一）数据搜集

芝麻信用拥有较为丰富的数据来源，主要可分为以下三种(见表2.8)。

表2.8　　　　　　　　　　　　芝麻信用数据来源

阿里巴巴体系内数据	• 电商平台：目前淘宝、天猫、聚划算等电商平台拥有3亿多用户信息 • 互联网金融：蚂蚁金服旗下的支付宝、余额宝、保险和理财以及阿里小贷 • 娱乐业务：影视、游戏、音乐等
外部数据	• 与阿里巴巴达成合作协议的公共机构所提供的数据，如公安网、酒店等 • 同意与芝麻信用交换信息的国内主流平台，其提供自身网络信贷信息
用户提交的数据	• 个人信息完善，包括实名认证、资产证明、工作证明、收入等

从表2.8中可知，芝麻信用的数据来源不仅包含用户的个人财务信息，还涵盖了海量的网络信息，例如电商数据、社交平台数据以及网贷平台的大量碎片化数据，有效解决了传统征信信息采集渠道单一的问题。通过对这些数据进行分析处理，能够预测用户的信用

交易风险和偿还能力，对个人的信用状况做出更加全面的评价。

（二）技术处理

芝麻信用的数据从采集到生成结果，使用的是阿里巴巴通用的大数据平台，该平台通过多维度的因子和数据分析，建立复杂模型进行综合计算，得出芝麻信用分。该平台主要由以下三个层次的业务组成：一是阿里云业务。阿里云是阿里巴巴的核心技术平台，提供数据采集、储存和处理的基础设施服务，它有着规模庞大的服务器。二是数据平台事业部，从事对搜集到的数据进行结构化处理的"数据清洗"工作，让搜集到的数据可以被用来分析。现在已有超过100PB[①]处理后的数据储存在数据平台事业部的服务器上。三是商业智能部，对清洗后的数据进行分析，供各个业务部门使用。

（三）评价模型

信用评价结果是以芝麻信用分（以下简称"芝麻分"）来直观呈现的，芝麻分是根据用户互联网行为信息进行加工、整理、计算后得出的信用评分。芝麻信用参考了国际通用的信用评级模式（如美国著名的FICO评分）[②]，将海量的个人用户征信数据经过模型的分析，计算得出芝麻分。芝麻分的区间是350~950分，分数由高至低共分为五个信用等级，具体信用等级划分见表2.9。分数越高，代表用户的信用风险越小。

表2.9　　　　　　　　　　　芝麻信用评级

评分区间（分）	信用等级
700~950	极好
650~700	优秀
600~650	良好
550~600	中等
350~550	极差

注：根据支付宝APP中芝麻信用内容整理。

基于互联网行为的"5C"模型（品质、能力、资本、社交、条件），芝麻信用结合自身信息采集渠道，将芝麻分的评分依据分为5大维度，分别为：信用历史、行为偏好、履约能力、身份特质和人脉关系，每个维度的权重和具体内容见表2.10。

---

① 高级储存单位，1PB = 1024TB = 1024×1024GB。
② FICO评分是由美国个人消费信用评估公司开发的个人信用评级法，其主要关注5个维度：偿还历史、信用账户的使用情况、建立信用年限、拥有信用账户类型和新开立的信用账户，FICO评分的分数范围在300~850分。

表 2.10 芝麻分评分维度分析

维度	权重	内容
信用历史	35%	过往的履约记录，用户在过往发生的债务活动中的表现，主要是过往信用卡的还款记录及信用账户历史
行为偏好	25%	用户消费、交款、转账、理财等活动中体现出的特点及偏好
履约能力	20%	综合考虑用户的资产信息和各类信用服务来判断用户履约能力，此信息包括社保公积金缴纳、动产及不动产、预订酒店后是否按时到店等
身份特质	15%	用户的年龄、性别、职业、家庭状况、收入水平等基本信息，以及用户实名消费行为(如：酒店、机票、保险等消费)
人脉关系	5%	综合考虑用户在人际往来中的影响力、好友的信用等级和用户与好友的互动度

注：根据支付宝 APP 中芝麻信用内容整理。

用户的芝麻信用分通常会作为阿里巴巴产品与合作伙伴对用户某种资质的审核参考，只有在用户芝麻信用分达到一定分数时，才能享受特定服务，所以用户可以通过坚持"芝麻习惯"、完成"芝麻任务"来进行信用提升。芝麻评分模型会根据用户的累计消费、信用情况每月更新一次，并给出提升芝麻评分的建议。

"芝麻习惯"包括：(1)与生活缴费息息相关，包括按时缴纳水、电、气、物业等费用，充分体现个人信用；(2)多交信用好的朋友，以用户的人脉圈作为参考，间接判断用户的信用；(3)量入为出，花钱有计划，从用户的花钱方式来判断其是否能及时还款。

芝麻任务包括：(1)提交学历学籍，包括学校所在地区、院校名称、当前状态、学历和入学时间，以此获取用户的基本信息；(2)绑定企业邮箱，绑定用户所在单位的个人邮箱，以此来评估用户是否有稳定的工作以及对用户收入进行估计，输入邮箱地址后系统会自动发一封校验码邮件，输入校验码才能完成绑定操作；(3)录入车辆信息，将个人用户车辆品牌、车型和车牌号信息输入系统，以此来粗略评估用户的消费水平和资产状况；(4)绑定职业信息，这项任务是将个人用户的芝麻分和部分商务社交软件进行绑定，以此来获取用户的职业和人脉信息，这类软件有领英、钉钉、名片全能王、脉脉和赤兔；(5)查看公积金，通过用户所缴纳公积金的情况，反映用户的履约能力。

综上所述可以看出，信用不可能一日之间迅速提升，需要一朝一夕的数据积累，所以芝麻信用的口号是"点滴珍贵，重在积累"。

(四)应用场景

芝麻信用作为我国首个基于互联网行为数据的个人信用产品，已逐渐走入人们的日常生活，为刺激消费、提供融资带来了极大的便利。目前芝麻信用的应用场景主要有：以光大信用卡为代表的芝麻在线申卡、以"蚂蚁借呗"为代表的现金借贷、以"蚂蚁花呗"为代表的消费分期、以"天猫网厅"为代表的信用套餐、以"永安公共自行车"为代表的绿色骑行、以"神州租车"为代表的信用租车、以"未来酒店"为代表的信用住宿、以"优客逸家"为代表的信用租房和以"珍爱网"为代表的信用社交。在这些应用场景之下，若用户的芝麻分达到一定分数就可享受信用优待，如当用户的芝麻分达到600分以上，可以享受在合作租房机构免费入住、免交押金，入住后一段时间内补交房租即可；可以享受在合作酒店先住后付免押金服务；可以享受免押租自行车服务；当用户芝麻分达到650分以上，可以享受免预授权、轻松租车服务等。具体应用场景如表2.11所示。

表2.11　　　　　　　　　　芝麻信用的应用场景

应用场景	合作商家	信用优待条件
信用卡在线申请	光大银行	急速办卡，终身免年费
	民生银行	急速办卡，终身免年费
	浦发银行	急速办卡，终身免年费
现金借贷	蚂蚁借呗	最高借30万元现金
	招联金融	芝麻分600分及以上，最高20万元
	来分期	芝麻分620分及以上，服务费5折
	广发好借钱	芝麻分670分及以上，随借随还
消费分期	蚂蚁花呗	当月消费，下月还款，零费用
	趣店	芝麻分620分及以上，分期购物
信用借还	我要借	芝麻分600分以上
信用套餐	中国联通合约机信用购	芝麻分650分及以上，0息0手续费
	天猫网厅	芝麻分650分及以上
绿色骑行	永安公共自行车	芝麻分600分及以上，免押租车
	破风骑行	芝麻分600分及以上，免押租车
轻松出行	神州租车	芝麻分650分及以上，免预授权
	一嗨租车	芝麻分650分及以上，免押租车
旅行住宿	未来酒店	免押金，在线选房
	途家	芝麻分600分及以上，免押住
	小猪短租	芝麻分600分及以上，免押住
	蚂蚁短租	芝麻分600分以上，免押金
信用租房	相寓	芝麻分600分及以上，押金减免，房租月付
	优客逸家	芝麻分650分及以上，押金减免，租金月付；芝麻分600分及以上可申请搬家福利

续表

应用场景	合作商家	信用优待条件
信用社交	珍爱网	完成芝麻信用认证
	百合网	完成芝麻信用认证
	世纪佳缘	完成芝麻信用认证
	空格	完成芝麻信用认证
	赤兔	完成芝麻信用认证
	网易花田	完成芝麻信用认证

注：根据支付宝 APP 中芝麻信用内容总结。

第三节 互联网消费金融

随着互联网技术的突飞猛进，传统的消费金融与互联网的结合催生了互联网消费金融。目前，我国互联网消费金融正处于高速发展阶段。一方面，商业银行、消费金融公司等部分传统金融机构纷纷建立自有的互联网消费金融平台，如工行的"融 e 购"、北银消费金融公司的"轻松 e 贷"等。另一方面，互联网电子商务公司开始涉足消费金融领域，2014 年 2 月京东率先推出"京东白条"，阿里巴巴集团随后推出"天猫分期""蚂蚁花呗"；各网贷平台等互联网金融企业也相继通过小额贷款、分期类产品，进入消费金融领域。大量的社会资本进入互联网消费金融领域，推动了互联网消费金融的蓬勃发展，2017 年，中国互联网消费金融放贷规模达 4.4 万亿元，同比增长 904.0%。[①]

一、互联网消费金融的定义

互联网消费金融是依托于互联网产生的新兴消费金融模式，指借助互联网进行线上申请、审核、放款及还款全流程的消费金融业务。广义的互联网消费金融包括传统消费金融的互联网化和互联网公司创办的消费金融平台，狭义的互联网消费金融仅指后者，本书以广义的互联网消费金融为研究对象。根据互联网消费金融业务是否依托于场景、放贷资金是否直接划入消费场景中，又可以将互联网消费金融业务分为消费贷和现金贷。由于消费金融机构不能完全覆盖各类生活场景，因此直接给用户资金的现金贷成为有场景依托的消费贷的有力补充，大多数消费金融机构同时具备这两种形式的消费金融产品。

二、互联网消费金融发展历程与现状

互联网消费金融是在互联网技术发展，以及居民消费结构升级的背景下发生的，共经

---

① 数据来源于《2017 年中国互联网消费金融行业报告》。

历了三个发展阶段。

①市场启动期(2012—2014年)：随着国家开始消费金融公司的试点，以及互联网技术的发展，分期乐、京东白条、趣分期、爱又米纷纷上线。这一时期的相关政策以鼓励业务发展为主，至2015年6月共批准成立了15家持牌互联网消费金融公司。

②市场增长期(2015—2017年)：这一时期互联网消费金融机构、产品大量涌现，包括2015年4月上线的花呗；政策方面，2016年3月，中国人民银行、原银监会提出"加快推进消费信贷管理模式和产品创新"。在行业创新、政策鼓励的共同作用下，互联网消费金融进入快速增长期。但是，在快速增长的背后，出现了过度授信、暴力催收等不合规经营方式。

③市场整顿期(2017年6月至今)：为了治理互联网消费金融领域出现的乱象，监管层出台各项资质、业务监管政策。2017年6月发布《关于进一步加强校园贷规范管理工作的通知》，暂停网贷机构开展校园贷业务；2017年11月发布《关于立即暂停批设网络小额贷款公司的通知》，要求监管部门不得新批设互联网小额贷款公司；2017年11月发布《关于规范整顿"现金贷"业务的通知》，对现金贷业务做了全面的规范，标志着行业进入整顿期。

三、互联网消费金融模式

互联网消费金融模式主要是与以下四种平台紧密关联：

1. 电商系消费金融平台

主要依托自身电子商务平台，面向自营商品及开放电子商务平台商户的商品，提供无现金分期购物和有现金小额消费贷款服务。电商平台消费金融凭借高流量、电商场景获得早期快速发展的优势，而后通过支付打通各消费场景，加之风控能力的优势从而实现领先地位，电商系消费金融平台的主要代表有京东白条、蚂蚁花呗。电商系消费金融平台运营模式见图2.4。

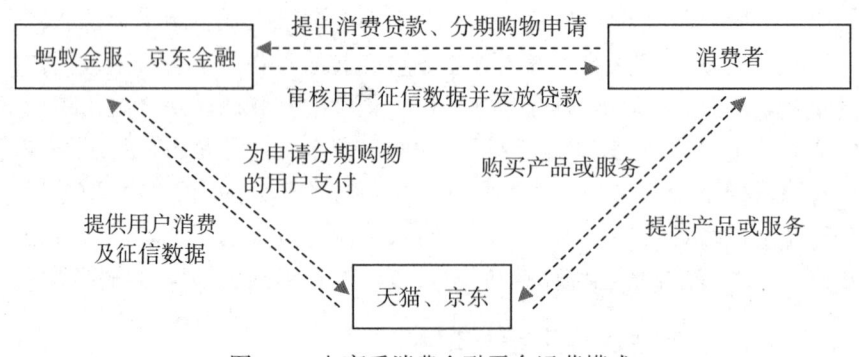

图2.4　电商系消费金融平台运营模式

2. 产业系消费金融平台

与电商平台不同的是，其拥有消费金融公司牌照，大多运用线上与线下相结合的模式,以金融带动主营业务,为消费者提供分期购物和小额消费贷款服务(见表 2.12)。到 2017 年 9 月,有四家消费金融公司已经开业,包括马上消费金融、海尔消费金融、苏宁消费金融和华融消费金融。

表 2.12 主要产业系消费金融平台情况

名称	成立时间和地点	注册资本	产业背景	主要产品
马上消费金融公司	2014 年,重庆	3 亿元	重庆百货,物美控股,浙江小商品城	马上贷
海尔消费金融公司	2014 年,青岛	5 亿元	海尔集团	0 元购,嗨客贷
苏宁消费金融公司	2015 年,南京	3 亿元	苏宁零售业务	任性付,零钱贷
华融消费金融公司	2016 年,合肥	6 亿元	合肥百货	极客贷、美丽贷、居家贷、教育贷、畅游贷、喜庆贷

资料来源:各消费金融公司网站获取。

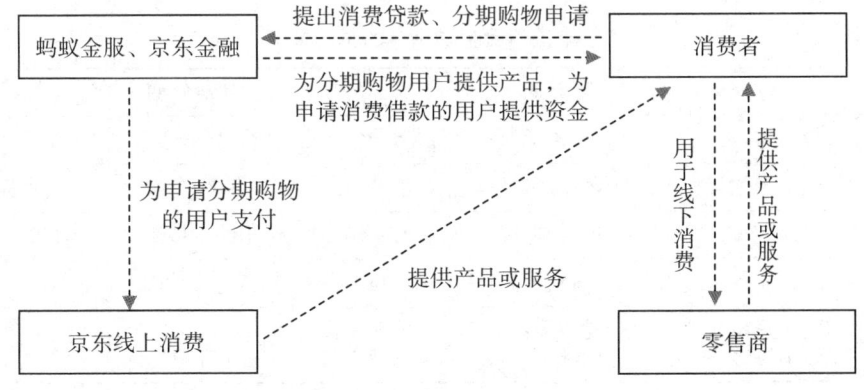

图 2.5 网贷系消费金融平台运营模式

3. 网贷系消费金融平台

网贷系消费金融平台依托第三方电子商务平台或供销平台,以网贷融资作为主要资金来源,为消费者提供分期购物和小额消费贷款服务(见图 2.5),主要代表有趣分期、分期乐、学好贷(见表 2.13)。值得注意的是,网贷系消费金融平台审核、监管的成本和难度较大,无法对借款人的真实身份以及借款意图进行完全掌控,因此风险较大。

表 2.13　　　　　　　　　主要网贷系消费金融平台情况

名称	典型产品	代表性模式
蓝领分期	赶集网、买单侠	为蓝领群体提供消费分期贷款服务
装修分期	装修宝、家分期、小窝金服、土巴兔	招联金融与土巴兔推出好期贷装修贷款服务，免抵押担保，最高可贷20万元，最长5年
大学生分期	分期乐、趣分期、贝多芬	分期乐为大学生在线上商城提供消费分期贷款服务，已经获得京东战略投资
旅游分期	去哪儿、易分期、京东旅游白条	去哪儿与闪白条合作，用户在去哪儿上消费达到一定额度，可以直接申请到高额消费贷款，先消费后付款
教育分期	学好贷、孩分期	孩分期为0~18岁孩子的父母提供孩子生活、教育消费分期金融服务，签约需准备工作证、收入证明等有效证件及资料
租房分期	住分期、自如白条	京东金融联手链家推出自如白条，租户在支付首期款后，按月份支付房租即可入住

资料来源：Wind数据库。

4. 支付、征信系消费金融平台

支付、征信系消费金融平台主要依托第三方电子商务平台或供销平台，运用大数据技术、信用评分模型，为消费者提供分期购物和小额消费贷款服务，主要代表有拉卡拉（见表2.14）。

表 2.14　　　　　　　　　拉卡拉消费金融平台的基本情况

名称	替你还	易分期	蘑菇分期	游学分期	北风分期
额度	最高1万元	最高10万元	最高15万元	最高10万元	最高3万元
还款方式	信用卡余款代偿	现金贷款	消费贷款	消费贷款	消费贷款
手续费	2%~6%	8%~18%	2.8%~6.5%	8%~14%	12%~13.2%
期限	1~4周	6、12、18、24个月	2~11个月	6、12个月	12、18个月
应用场景	信用卡账单代偿（拉卡拉客户）	现金贷款（拉卡拉客户）	蘑菇公寓（商户）	游学（客户）	教育（商户）

资料来源：拉卡拉官网，http://www.lakala.com/。

四、互联网消费金融面临的风险

互联网金融的本质仍是金融，存在着与传统金融业态相类似的流动性风险、信用风险、操作风险、技术风险等。同时，由于互联网金融的运行平台和运行结构发生了变化，业务形态与传统金融存在较大差异，因此其风险形式也有所不同。作为一种新兴金融业态，互联网消费金融在快速发展的过程中，也逐渐暴露出一些风险。按照直接承担风险的主体不同，可分为金融风险和社会风险两大类。

1. 金融风险

第一，信用风险。与传统的银行信贷一样，信用风险也是互联网消费金融面临的主要风险。由于扎根草根阶层，互联网消费金融的信用风险整体较高，加上主要依赖互联网信息和行为数据来判断借款人的资信状况和还款能力，加大了信息甄别和信用评价的难度，使得互联网消费金融的信用风险具有一些新的特点。最突出的特点是，互联网数据失真是导致信用风险的主要原因。互联网数据失真的原因很多，在实践中最常见的是数据造假。例如借款人账户只有 1 万元，他把这 1 万元从账户中多次转出又多次转入，造成交易频次和现金流量被人为放大的假象。另一个例子是，网络上有大量"如何提高芝麻信用分数"的"刷分秘籍"，按照这些"秘籍"，借款人可以在实际资信状况没有任何改善的情况下，利用制度漏洞大幅度提高芝麻信用分数。根据这个分数做出的贷款决策，其中的风险隐患可想而知。与商业银行相比，互联网金融企业在客户风险识别和风险评价体系方面还远未达标，往往重快速盈利而轻风险控制，缺乏对客户全面信用信息的搜集、掌握和分析。

特别需要警惕的是互联网消费金融平台通过"以贷还贷"方式转移信用风险，一个典型案例就是用银行信用卡偿还分期付款。目前，招商银行和交通银行已经关停了信用卡还京东白条的功能，但仍有一些商业银行信用卡能用于为京东白条还款。用信用卡归还分期付款，显然是一种以邻为壑的信用风险转嫁行为。金融创新应该鼓励，可是创新的前提是对金融风险有足够的认识和有效的管理。金融风险具有很强的隐蔽性、突发性和传染性，单纯的转移风险仅仅是延缓了风险暴露的时间。

第二，操作风险。操作风险指因不完善或存在问题的内部程序、人员及系统或外部事件所引发损失的风险。因此，交易系统的缺陷和交易人员的失误都被包含在操作风险中，与传统消费金融不同的是，互联网消费金融依赖信息系统的程度更高，因此对于其依托的平台的稳定性、可靠性有着极强的要求，要避免因平台系统的漏洞和缺陷导致信息拥堵或遗失最终带来财产损失的情况发生。与此同时，人员操作的失误带来的风险不亚于传统金融模式，因此互联网消费金融的操作风险会高于传统金融。此外，互联网消费金融还存在一定的外部事件可能带来的操作风险，如黑客攻击，由此可能引发系统崩溃、数据缺失或被篡改等一系列严重影响金融机构稳定的情况，因此，为避免操作风险，对于互联网金融平台的开发、维护也提出了更高要求。

2. 社会风险

2008 年全球金融危机之后，宽松货币政策推动了消费信贷的高速增长。但消费信贷是一把双刃剑，经常使用消费信贷的消费者往往拥有积极的信用态度，甚至透支消费"上瘾"；但随后的还款压力会带来很大的精神痛苦，对中产阶层的影响尤为明显。而且过度的消费信用会导致消费、生产和就业超过可持续发展的水平，产生极高的社会成本。近两年，我国互联网消费金融的增长率已经大幅超过正常水平，2017 年 12 月，中国社科院国家金融与发展实验室发布的《三季度中国去杠杆进程报告》指出，中国家庭杠杆率从二季度的 47.4% 上升到三季度的 48.6%，其带来的社会风险已经开始显现。

过度负债消费不仅能摧毁一个人的生活，还能吞噬一个人的尊严。更令人担忧的是，消费习惯一旦形成之后，便会产生一种不可逆的棘轮效用，即易于向上调整，难于向下调整。过度宽松的消费信贷鼓励消费者过分沉溺于物欲满足，不利于形成勤俭节约的社会风尚，有悖于绿色、可持续的发展理念。

五、互联网消费金融典型案例

1. 蚂蚁花呗

蚂蚁金服起步于2004年成立的支付宝，2014年10月蚂蚁金服正式成立，定位于为小微企业和个人消费者提供普惠金融服务，旗下有花呗、借呗等消费金融产品。2017年蚂蚁花呗放贷规模超过9000亿元，借呗放贷规模超5000亿元。① 花呗模式分为账单分期和交易分期，账单分期为虚拟信用卡模式。业务模式方面，花呗从支付宝、淘宝获取用户，利用芝麻信用为用户提供额度、计算费率。使用场景多是花呗在用户体验上的明显优势，借助支付宝打通的支付场景，花呗嵌入支付方式中，从而打通各类支付场景。蚂蚁金服的消费金融模式见图2.6。

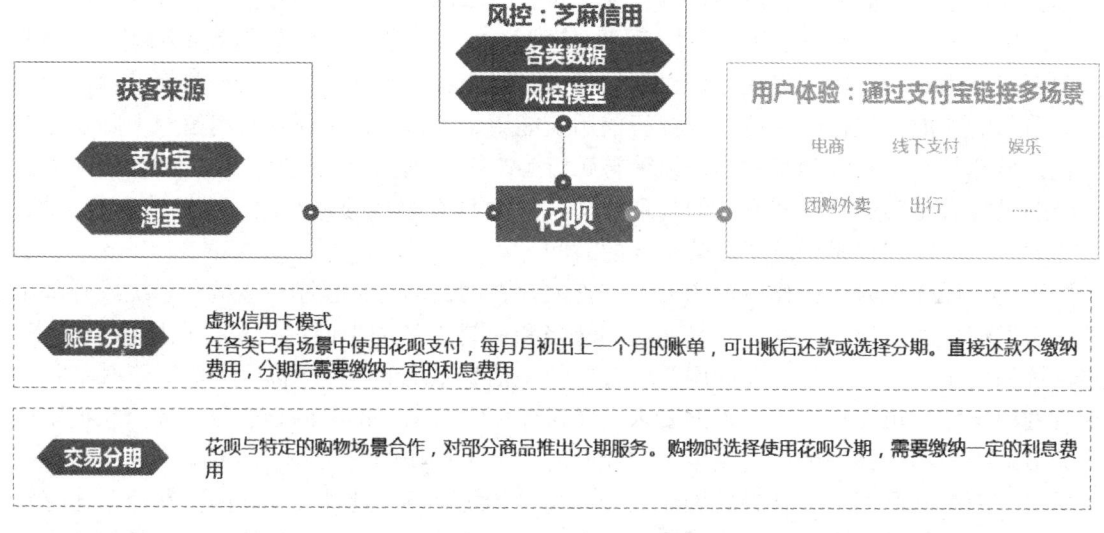

图2.6　蚂蚁金服的消费金融模式

2. 京东白条

京东白条是京东推出的一种"先消费，后付款"的全新支付方式，在京东网站使用白条进行付款，可以享有最长30天的延后付款期或最长24期的分期付款方式，是业内第一款互联网消费金融产品。狭义的京东白条服务于京东商城客户，依据持有京东白条卡客户的职业、历史消费、家庭住址等个人信息进行授信，提供赊销额度，类似内部信用卡。另外，参照央行二类账户规定，京东白条和浦发银行、上海银行合作，推出了手机闪付业务，在体外场景使用白条，借用银行的信用卡通道，但授信和资金由京东来提供。目前，京东白条的存贷余额逾150亿元，年交易流水为千亿元级别，其平均授信额度在几千元，上限为15000元。

---

① 资料来源：艾瑞咨询发布的《2017年中国互联网消费金融行业报告》。

广义上的京东白条与外部的应用场景进行合作，覆盖旅游、教育、租房等各种生活消费场景，存量在 20 亿元以上，每月的流水几亿元。京东白条用户画像为 35 岁以下年轻人，刚毕业，可能尚未办理信用卡，收入在上升阶段，根据第三方数据整合勾画出用户画像，判断其职业和收入情况。京东白条的风控会综合评价合作渠道的资质、客户信用评分和共享黑名单。

京东白条结构金融部主要负责资金来源，通过发行 ABS 产品进行资金循环，同时承担投资职能，其建立了资产证券化云平台，作为资金方，对接外部放贷机构，将外部信贷资产进行结构化处理，再发行产品进行融资。表 2.15 比较了蚂蚁花呗与京东白条的异同。

表 2.15　　　　　　　　京东白条与蚂蚁花呗的基本情况比较

	京东白条	蚂蚁花呗
贷款余额	150 亿元	超过 100 亿元
不良率	3% 以下	不良率(0.83%)；逾期率(2.62%)
额度	最高 1.5 万元	最高 5 万元
还款	借记卡还款(信用卡被叫停)	支付宝、借记卡
费率	0.5%～1%/月	3 期 0.8%/月、12 期 0.7%/月
期限	一般为 30 天账期，3～24 个月分期	3、6、9、12 个月
场景	京东商城、其他(主要为自营产品)	淘宝、天猫、口碑等其他合作方
活跃用户	1000 万用户(5000 万用户可用白条)	—
贷款审查时间	即时，或半天	即时，或半天
资金来源	自有资金、小额贷款公司贷款、资产证券化	自有资金、小额贷款公司贷款、资产证券化、银行贷款

资料来源：京东与蚂蚁金服官方网站。

第四节　互联网银行对传统银行的影响

一、互联网银行对传统银行业务的影响

互联网银行凭借其支付便捷、低交易成本、资源配置高效、高透明度等优势，将对商业银行产生全面性、持续性、系统性的冲击，互联网银行对商业银行的冲击是多方面的。不仅包括存贷款、支付结算等核心业务，而且包括经营模式、经营业绩的冲击。互联网银行对传统银行的影响主要有以下几个方面：

(一)互联网银行对传统银行支付业务的影响

受互联网金融第三方支付的影响，近年来传统银行的支付业务量明显降低。据艾瑞咨询统计：2017 年中国第三方互联网支付交易规模达到 28 万亿元，同比增长 40.8%；第三方移动支付市场交易规模接近 120.3 万亿元，同比增长 104.7%。由于第三方支付机构的

支付账户不仅可以用于网购支付,而且还具有生活服务和理财等功能,所以人们更愿意把闲余资金存放在第三方支付机构的支付账户中。这样,传统银行的存款逐渐减少,其金融中介地位也逐渐被削弱了。更值得注意的是,随着第三方移动支付系统的发展,手机NFC支付、扫码支付和声波支付等线下电子支付方式正在普及,它们会给传统银行的相关业务带来极大的冲击。下面以支付宝、财付通为例分析互联网金融是如何影响传统银行的支付业务的。

1. 支付宝平台对传统银行支付业务的影响

支付宝平台上的理财业务和生活服务是影响传统银行支付业务的两个主要业务。理财业务包括余额宝、招财宝、存金宝等。余额宝是支付宝打造的余额增值服务,把钱转入余额宝即购买了由天弘基金提供的余额宝货币基金,可获得收益。余额宝内的资金还能随时用于网购支付,灵活提取。招财宝是支付宝推出的定期理财产品,它具有比余额宝更高的收益率,而且安全可靠,同时还可以灵活变现。到2016年3月17日平台累计成交金额4674.31亿元。存金宝是蚂蚁金服旗下支付宝公司与博时基金共同打造的黄金存取服务,买入存金宝即购买了由博时基金直销的博时黄金ETF的I类份额。但是由于会受金价波动的影响,所以存金宝具有很高的风险性;生活服务包括了转账收款、生活便民、旅行票务等服务。其中转账收款服务提供资金转账到银行卡、转账到支付宝账户等服务,其亮点是它对资金跨行转账不收取手续费,因此受到大众的青睐。生活便民服务提供手机充值、信用卡还款和水电煤缴费等服务,为人们的生活缴费带来便捷性。旅行票务服务支持买汽车票、机票和火车票,还提供了订酒店、境外游等服务,极大地方便了人们的出行。支付宝平台提供的理财业务,满足了小微客户的理财需求,提供的生活服务给用户的生活带来了很大的方便,这些业务增加了用户对平台的黏性,从而减少了传统银行的存款及支付业务量。另外,支付宝还推出了手机支付宝应用即支付宝钱包APP。2015年7月,支付宝手机端新增了"朋友"功能,打造基于场景的关系链,满足用户在不同场景下的沟通需求。

随着智能移动设备的快速发展,人们的生活将越来越高效,支付场景也会越来越多元化,互联网支付机构的线下银行卡收单业务的进一步扩大,将对传统银行的支付业务产生更大的影响。

2. 财付通对传统银行支付业务的影响

财付通是仅次于支付宝的另一家第三方支付平台,它的主要业务包括理财通、生活服务和彩贝电子商务服务等。理财通服务根据风险的高低分为稳健型理财专区、保险理财专区和指数基金专区。理财通上的理财产品要比传统银行相应理财产品的收益高,且安全性也很好;财付通平台提供的生活服务与支付宝的基本相似,包括转账还款、缴费充值及其他应用;财付通平台提供了彩贝电子商务平台,为用户的网购提供了服务,这是对支付宝所做的功能完善。另外,财付通凭借QQ、微信等聊天软件积累了大量的用户,财付通也推出了手机应用,极大地方便了用户随时随地支付的需求,使其成为国内第二大第三方支付平台。这些业务给用户的生活带来便捷和实惠,减少了用户对现金的使用,增加了用户对平台的黏性,极大地影响了传统银行的存款量及支付业务。

(二)互联网银行对传统银行借贷业务的影响

传统银行主要收入来源是它们的借贷利息差收入,但这一业务收入正随着互联网金融的发展而受到侵蚀。据艾瑞咨询统计,2017年中国权益类众筹市场融资规模达到260亿元,同比增长26%。随着互联网金融的发展,这两种业务模式的成交量仍会保持高速增长。同时,随着大数据、云计算等技术的发展,电商平台纷纷推出了针对平台商户和消费者的贷款服务,如阿里微贷和京东贷等,解决了小微企业融资难的问题。下面以陆金所、京东众筹和蚂蚁微贷为例,分析互联网金融是如何影响传统银行的借贷业务的。

1. 平安陆金所对传统银行借贷业务的影响

上海陆家嘴国际金融资产交易市场股份有限公司(陆金所),于2011年9月在上海市政府的支持下注册成立,注册资金8.37亿元人民币。陆金所网上平台分类设置了投资频道、理财频道、基金频道、现金管理和信托理财共五个模块。其中投资频道提供的是个人投融资服务,是互联网金融典型的网络借贷业务,包括安盈-票据、稳盈-安e、稳盈-鑫保、稳盈-变现通、稳盈-安业和点金计划共六个不同的投资产品。这些产品具有高收益性,同时安全性也非常好,因此吸引了很多用户的投资;理财频道包括专享理财、富盈人生、珠江人寿和富盈增长服务。理财频道为用户增添了新的理财渠道,吸引了大量用户的投资;基金频道提供了各种基金的购买,且对基金进行了评级和投资标的的分类,方便用户的筛选;现金管理提供的是灵活宝的投资,相当于余额宝,可随存随取,收益率比余额宝的还要高;信托理财提供了安信委托理财和渤海委托理财服务系列。

陆金所网上平台为个人及团体的投融资提供了新的渠道,吸引了大量用户的投资,据其官网显示,到2017年末,平台注册用户突破3300万,资产管理规模达到4617亿元,并首次实现全年整体盈利。

2. 京东众筹对传统银行借贷业务的影响

目前,众筹行业主要分为产品众筹、公益众筹、股权众筹和债权众筹四大类。京东众筹于2014年7月1日正式诞生,京东众筹主打产品众筹,产品众筹就是指出资人对众筹项目进行投资,项目完成后获得产品或服务的回报。众筹项目设置了多个档次的投资金额,每个档位的投资金额,获得的产品回报也会不同。京东产品众筹包括智能硬件、流行美学、生活美学和爱心公益四类产品众筹。2017年,京东产品众筹累计融资额50亿元,单项最高金额7202万元,单项最高支持人数35.9万人。

在保护出资人的利益上,京东金融对筹资人背景及诚信度进行严格的审核和筛选,筹得的资金也会实行监控,做到专款专用。京东众筹为解决小微企业资金难题提供了有力的帮助,降低了企业的融资成本,对传统银行的借贷业务影响很大。

3. 蚂蚁小贷对传统银行借贷业务的影响

蚂蚁小贷是小额贷款业务的技术创新,公司基于客户在电子商务平台上大量的信用数据及行为数据,实现了向小微企业群体批量发放"金额小、期限短、随借随还"的纯信用小额贷款,从而解决了小微企业的资金周转难题。蚂蚁微贷开发出的小贷产品包括阿里信用贷款、网商贷、淘宝(天猫)信用贷款和淘宝(天猫)订单贷款等。到2015年3月底,蚂蚁小贷已经累计为超过140万家小微企业解决融资需求,累计投放贷款超过4000亿元。

它给投资人和融资者带来了新的投融资渠道，使借贷更加简便，对传统银行的借贷业务产生了很大的影响。

(三)互联网银行对传统银行中间业务的影响

传统银行的中间业务包括支付结算类中间业务、银行卡业务、代理类中间业务、担保及承诺类中间业务、交易类中间业务、投资银行业务、基金托管业务和咨询顾问类业务。互联网银行主要影响其中的支付结算类中间业务(前已述)和代理类中间业务。

传统银行的代理类中间业务包括代理政策性银行业务、代理中国人民银行业务、代收代付业务、代理证券业务和代理保险业务等。互联网银行主要对传统银行的代收代付业务、代理证券业务及代理保险业务产生影响。支付宝等第三方支付平台为客户提供的水电煤代扣服务、信用卡还款代扣服务等是影响传统银行代收代付业务的主要形式。随着第三方支付机构与行政事业单位合作的进一步加深，其对行政事业单位的代收代扣业务将进一步扩大。第三方支付机构与基金公司和保险公司合作推出的基金产品和保险产品，这些产品期限灵活、收益高，更符合普通大众的投资需求，很多客户转移到了这种投资品种，从而极大地影响了传统银行代理证券及代理保险业务。未来，随着股权众筹的发展，传统银行的代理证券业务会受到更大的影响。

二、银行应对互联网银行冲击的对策

1. 传统银行应加快完善网上金融服务

基于客户支付场景的多样性，为银行客户带来一站式的金融服务体验。传统银行应凭借自身的品牌信用、强大的风控技术和雄厚的资本优势，在金融产品和支付方式创新方面更加重视客户的需求，不断改善客户的金融服务体验。

考虑到电子商务平台对增加客户的黏性有非常大的帮助，所以传统银行应加快布局银行系的电子商城，打造自己的金融生态圈。

2. 完善对小微企业的扶持政策

互联网银行对传统银行影响大的一项业务是它的小额信用贷款业务。如蚂蚁小贷专注于小微企业贷款的小额贷款公司，它们解决了小微企业融资难的问题，给传统银行的贷款业务带来了很大的冲击。中国有很多的小微企业都面临资金难题，谁能解决它们的资金问题，谁就能分得这个市场最大的一块蛋糕。国家鼓励小微企业的发展，鼓励大众创业，万众创新。所以，传统银行要想不失去这个市场，就要完善对小微企业的扶持政策，让更多的小微企业可以在传统银行贷到款，并且降低它们的贷款成本。

3. 改善客户的支付体验

互联网金融机构网络支付服务最大的优势是它给用户带来了更大的便捷和优惠，如支付宝就是凭借它支付宝红包等增值服务功能吸引了广大的用户。支付宝公司不仅不断扩大其网上支付领域，而且还积极布局线下商户银行卡收单业务，商户只需扫一下客户的手机支付宝付款二维码就能轻松完成收款的功能，这项业务给传统银行的银行卡收单业务带来极大的冲击。面对互联网金融机构网络支付服务的强大攻势，传统银行应在客户支付体验方面下工夫，以期增加用户对传统银行网上银行和手机银行等平台的使用频率。

4. 加强与互联网金融机构的合作

第一，共同建立一个信息共享平台。互联网金融企业凭借大数据技术的运用，可以轻松地挖掘用户有价值的信息，从而做到精准营销和信用贷款等服务，但这些信息都是通过用户的网上行为收集的，互联网金融企业对用户的线下情况并不清楚。相反，传统银行凭借大量的营业网点，拥有用户许多线下行为的数据。所以，如果传统银行与互联网金融机构能建立一个信息共享平台，这会对双方全面评估客户的资产、信用等情况产生很大的帮助。

第二，传统银行需要互联网金融机构提供技术支持。互联网金融机构凭借多年的发展经验，已经掌握了先进的互联网技术，如云计算、大数据等互联网技术，这些技术在挖掘客户的信息和降低平台成本等方面提供了很大的帮助；传统银行的业务一直把安全性放在第一位，在互联网银行没有出现之前，传统银行的营业网点总是人满为患，客户的服务体验非常差，互联网银行出现后，银行业务变得更加高效和便捷，客户的满意度也提升了，传统银行意识到自己需要建立创新型的互联网平台，以提高用户的黏性，打造金融生态圈，但其互联网技术相对比较落后。所以，传统银行可以与互联网金融机构合作开发创新型互联网平台业务，解决技术上的问题，实现互利共赢。

第三，共同推进我国的普惠金融事业。互联网金融之所以能迅速发展，是因为它具有传统银行没有的便捷性、娱乐性和灵活的理财功能等。传统银行能够一直存续下去，是因为它具有不可替代的营业网点多、信用度高和安全稳健等特点；互联网金融与传统银行在服务对象的定位上是不一样的，互联网金融的业务重心在小微企业及个体工商户上，而传统银行的服务重点是大中型企业。两者有各自的优势，它们的共存丰富了社会金融体系，能够满足企业各个层级的金融需求。它们的竞争更多是错位竞争，但如果它们合作，就能达到优势互补，推进我国的普惠金融事业，有利于实体经济的发展。

【本章小结】

互联网银行指没有物理网点，借助于互联网、移动通信等技术，通过大数据、云计算等方式在线实现为客户存贷款、支付结算、汇款等金融服务的互联网金融机构。

网上银行、互联网银行都属于网络银行的范畴，但两者的概念并不相同。网上银行的概念更倾向于"银行+互联网"，是传统银行运用互联网技术将部分业务网络化的产物，从属于传统银行，是传统银行业务在网络上的延伸；而互联网银行的概念更倾向于"互联网+银行"，它并不是传统银行的附属部门，其最大的特点是以互联网为交易媒介，所有业务均通过网络进行，没有实体网点或分支机构。

互联网银行1.0一般指直销银行。直销银行，又被称为直营银行，其不设立物理网点，通过ATM机、电话、邮件及网络等手段为客户提供金融服务。互联网银行2.0，又被称为数字银行或者移动银行，这是一种基于移动手机应用(APP)远程实现银行服务、金融与科技结合的新型银行。

互联网征信是以开放式的互联网为载体，通过抓取、采集和整理个人以及企业在使用互联网时所留下的数据信息，同时辅以线下渠道或者其他渠道获取的数据信息，利用大数据、云计算等新兴高科技进行信用评估与服务的活动。

互联网消费金融是依托于互联网产生的新兴消费金融模式，指借助互联网进行线上申请、审核、放款及还款全流程的消费金融业务。互联网消费金融模式主要是与以下四种平台紧密关联：电商系消费金融平台、产业系消费金融平台、网贷系消费金融平台、支付、征信系消费金融平台。

互联网银行凭借其支付便捷、低交易成本、资源配置高效、高透明度等优势，将对商业银行产生全面性、持续性、系统性的冲击，互联网银行对商业银行的冲击是多方面的，不仅包括对存贷款、支付结算等核心业务的冲击，而且包括对经营模式、经营业绩的冲击。

【关键术语】

互联网银行　互联网消费金融　互联网征信　FICO 评分　京东白条　蚂蚁花呗　腾讯征信　芝麻信用　直销银行1.0　直销银行2.0

【思考题】

1. 简述网上银行和互联网银行的区别和联系。
2. 互联网银行的发展对传统商业银行带来了哪些冲击？
3. 你认为互联网征信应该如何与传统征信相结合？
4. 互联网消费金融的风险有哪些？如何应对这些风险？
5. 大数据技术在互联网银行业务中的用途有哪些？

第三章 互联网支付

【教学目标与要求】
1. 掌握互联网支付的概念、特点、流程和分类；
2. 了解我国互联网支付的现状与特征；
3. 掌握第三方支付的内涵、外延、功能、营运模式和主要业务方式；
4. 了解银行线上支付与第三方支付的关系；
5. 掌握互联网支付监管的必要性。

【导入案例】

第三方支付监管趋严 "千万元罚单"与"紧箍咒"齐飞

2018年是"断直连"与"备付金"的关键年，央行在强监管态度上更加强烈，支付清算等业务违规成为央行整顿重点。第三方支付机构处罚纪录屡次刷新，"千万元罚单"频现。在刚刚过去的2018年，第三方支付正在正本清源。

(一)6家支付机构领"千万元罚单"，8家机构多次被罚

近年来，央行加速整顿第三方支付行业。据不完全统计，2017年全年罚单总量为113张，2018年罚单总量为近140张，显然在罚单总量方面，2018年远超2017年。2018年罚单数量较2017年出现大幅增长。监管常态化趋势明显，合规发展成为支付行业的主旋律。

2019年处罚呈现"大额化"的特点，"千万元罚单"频繁出现。根据公开记录不完全统计，2018年已有包括杉德支付、国付宝、联动优势、卡友支付、银盛支付、智付支付在内的6家支付机构因违规等问题均领到了央行开出的"千万元罚单"。

"千万元罚单"的背后是监管进一步趋严，同时也折射出监管对消费者保护的重视。2018年对于支付行业监管，一方面是检查趋于常态，另一方面是对投诉量大的案件处罚力度加大。一方面，"千万元罚单"反映了监管部门整治支付机构违法、违规的决心；另一方面，代表着个别支付机构违法、违规的程度"史无前例"。

(二)"断直连"与"备付金"关键年，未来重点聚焦反洗钱

随着支付通道的"断直连"，央行也要求备付金在2019年1月14日完成100%集中交存。对许多支付机构来说，备付金利息收入相当于当年税后净利润，一旦备付金利息没了，公司盈亏很有可能发生逆转，甚至部分平台会被迫退出市场，大平台兼并小平台也将成为常态。

2018年6月30日，是央行209号文件要求的全行业"断直连"期限。但网联的

"断直连"之路并不顺畅,到 2018 年的"双十一",网联才宣布已有超过 90%的跨机构业务通过网联处理,"断直连"基本完成。

2018 年 10 月底,支付机构缴存到央行统一监管账户的客户备付金存款,自披露以来第一次达到了接近万亿元级别的程度,达 9956.91 亿元。而事实上,备付金上缴的增幅远超市场预想,最新数据显示,2018 年 11 月末央行手上的备付金就已经达到了 12446.46 亿元。

随着备付金 100%的缴存和"断直连"进程的加快,支付机构的利润空间进一步收窄。因而 2019 年支付机构的行业出清和转型将成为其面临的主要问题之一。

反洗钱是 2018 年央行监管除了断直连以外的另一个重点。自 2018 年 3 月份起,央行对非银行支付机构进行反洗钱现场检查。此后,多家支付公司由于反洗钱不力,遭到处罚。加强反洗钱监管,特别是提及加强跨境汇款业务的反洗钱工作,无疑为当下火热的跨境支付敲响了警钟。2019 年的监管重锤依然会落在支付机构的反洗钱上,要求越来越细,执行越来越严。

资料来源:证券日报,2019-01-04,http://www.zqrb.cn/jrjg/hlwjr/2019-01-04/A1546533074446.html。

第一节 互联网支付概述

支付体系的发展,对降低交易成本、提升经济发展效率有着极为重要的作用。随着 20 世纪后期互联网技术及计算机终端的发展,现代支付体系出现了大量的创新,产生了基于互联网技术的新支付工具、新支付体系的应用,催生了不同于传统交易的电子交易方式,这里统称为互联网支付。互联网支付是一种网上交易形式,主要表现形式为网银、第三方支付、移动支付等。

互联网支付被称为互联网金融的"先锋队",依靠互联网支付产生的大量支付数据,互联网金融企业将会选择从事附加值更大的金融服务,如:在线理财、小微信贷、供应链金融和消费金融等业务,互联网支付在发展的过程中逐渐成为互联网金融发展的基础。

一、互联网支付的界定

以现金、信用卡、支票、汇票等为主的传统银行金融机构的支付,在互联网的推动下,伴随电子商务的快速发展,衍生出以银行金融机构为主体的网银支付和以非银行金融机构为主体的第三方支付为代表的电子支付。电子支付(根据中国人民银行 2005 年 10 月发布的《电子支付指引(第一号)》),是指单位、个人直接或授权他人通过电子终端发出支付指令,实现货币支付与资金转移的行为。电子支付的类型按电子支付指令发起方式分为网上支付、电话支付、移动支付、销售点终端交易、自动柜员机交易和其他电子支付。

随着电子商务的大发展,资金流的处理成为电子商务不可或缺的环节,资金流动主要体现为交易参与者之间的支付结算行为。传统银行支付方式要么无法克服跨行、跨地区的支付结算技术障碍，要么无力、无心满足小额支付大量人力、物力需要，第三方非金融机构的网络支付应运而生，以其具有高效、及时、便捷、低成本、摆脱时间空间限制的优势，发展迅猛。

根据中国人民银行等十部委 2015 年 12 月发布的《关于促进互联网金融健康发展的指导意见》第七条："互联网支付，是指通过计算机、手机等设备，依托互联网发起支付指令、转移货币资金的服务。互联网支付应始终坚持服务电子商务发展和为社会提供小额、快捷、便民小微支付服务的宗旨。银行业金融机构和第三方支付机构从事互联网支付，应遵守现行法律法规和监管规定。第三方支付机构与其他机构开展合作的，应清晰界定各方的权利义务关系，建立有效的风险隔离机制和客户权益保障机制。要向客户充分披露服务信息，清晰地提示业务风险，不得夸大支付服务中介的性质和职能。互联网支付业务由人民银行负责监管。"

中国人民银行 2016 年 6 月 14 日颁布实施的《非金融机构支付服务管理办法》中指出，非金融机构支付服务是指非金融机构在收付款人之间作为中介机构提供下列部分或全部货币资金转移服务：网络支付；预付卡的发行与受理；银行卡收单；中国人民银行确定的其他支付服务。这里非金融机构支付服务指的就是第三方支付。

很多人将第三方支付与电子支付、互联网支付和网上银行混为一谈，很有必要将这些相关概念界定清楚。互联网支付主要包括：网上银行和第三方支付。作为电子支付的一种，互联网支付主要强调通过互联网将客户的银行账户资金转移到商户的银行账户中。而第三方支付侧重于平台中介，作为客户和商户之间的第三方，来解决"先货后款"和"先款后货"的双方互不信任问题，从而促进交易的顺利进行。互联网支付有利于第三方支付的快捷、低成本、随时随地进行。

二、互联网支付特点

与传统的支付方式相比，互联网支付具有以下特征：

(1)互联网支付是采用先进的技术通过数字流转来完成信息传输的，其各种支付方式都是采用数字化的方式进行款项支付的；而传统的支付方式则是通过现金的流转、票据的转让及银行的汇兑等物理实体的流转来完成款项支付的。

(2)互联网支付的工作环境是基于一个开放的系统平台(互联网)；而传统支付则是在较为封闭的系统中运作。

(3)互联网支付使用的是最先进的通信手段，如互联网、Extranet，而传统支付使用的则是传统的通信媒介。互联网支付对软、硬件设施的要求很高，一般要求有联网的计算机、相关的软件及其他一些配套设施，而传统支付则没有这么高的要求。

(4)互联网支付具有方便、快捷、高效、经济的优势。用户只要拥有一台上网的计算机或一部上网的手机，便可足不出户，在很短的时间内完成整个支付过程。互联网支付费用仅相当于传统支付的几十分之一，甚至几百分之一。互联网支付可以完全突破时间和空间的限制，可以满足 24/7(每周 7 天，每天 24 小时)的工作模式，其效率之高是传统支付望尘莫及的。

三、互联网支付流程(以第三方支付平台为例)

(一)第三方支付平台的基本流程

第一步,客户在电子商务网站或者网店上选购商品,最后决定购买,买卖双方在网上达成交易意向。

第二步,客户选择利用第三方作为交易中介,客户用信用卡,外币卡或者国内其他银联标志,将货款划到第三方账户;

第三步,第三方支付平台将客户已经付款的消息通知商家,并要求商家在规定时间内发货;

第四步,商家收到通知后按照订单发货;

第五步,客户收到货物并验证后通知第三方;

第六步,第三方将其账户上的货款划入商家账户中,网上支付交易完成。

(二)典型的互联网支付流程

1. 快捷支付流程(见图3.1)

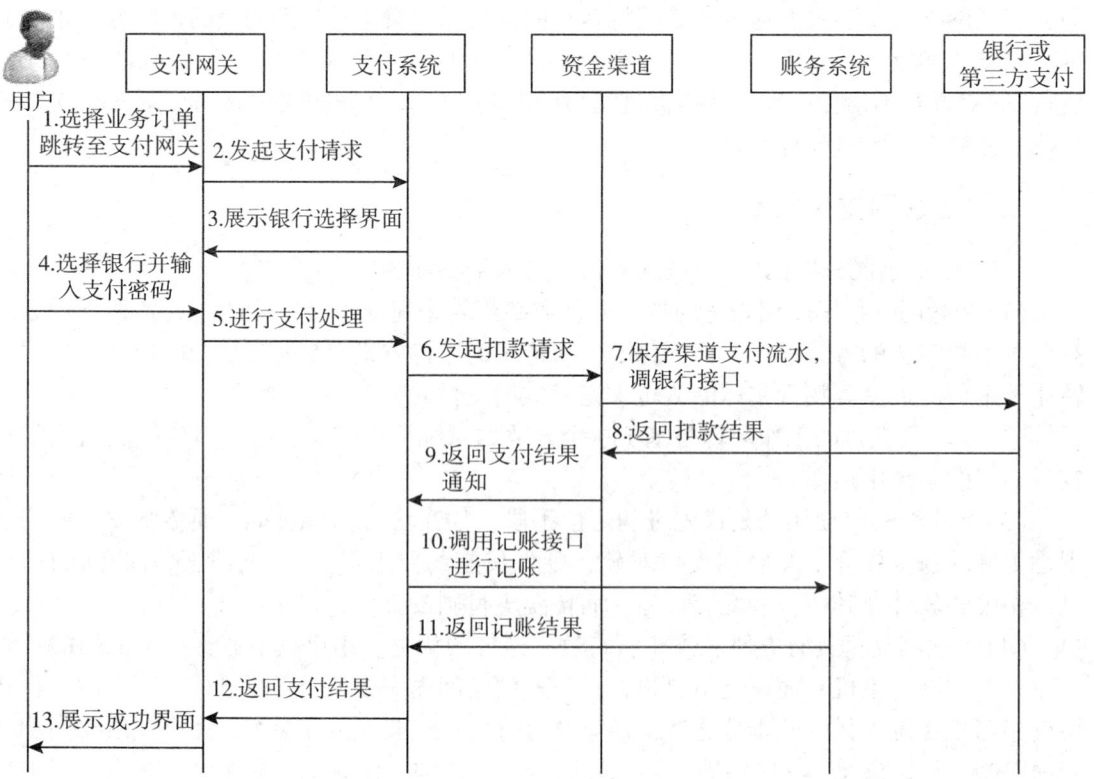

图3.1 快捷支付流程

2. 网关支付流程(见图3.2)

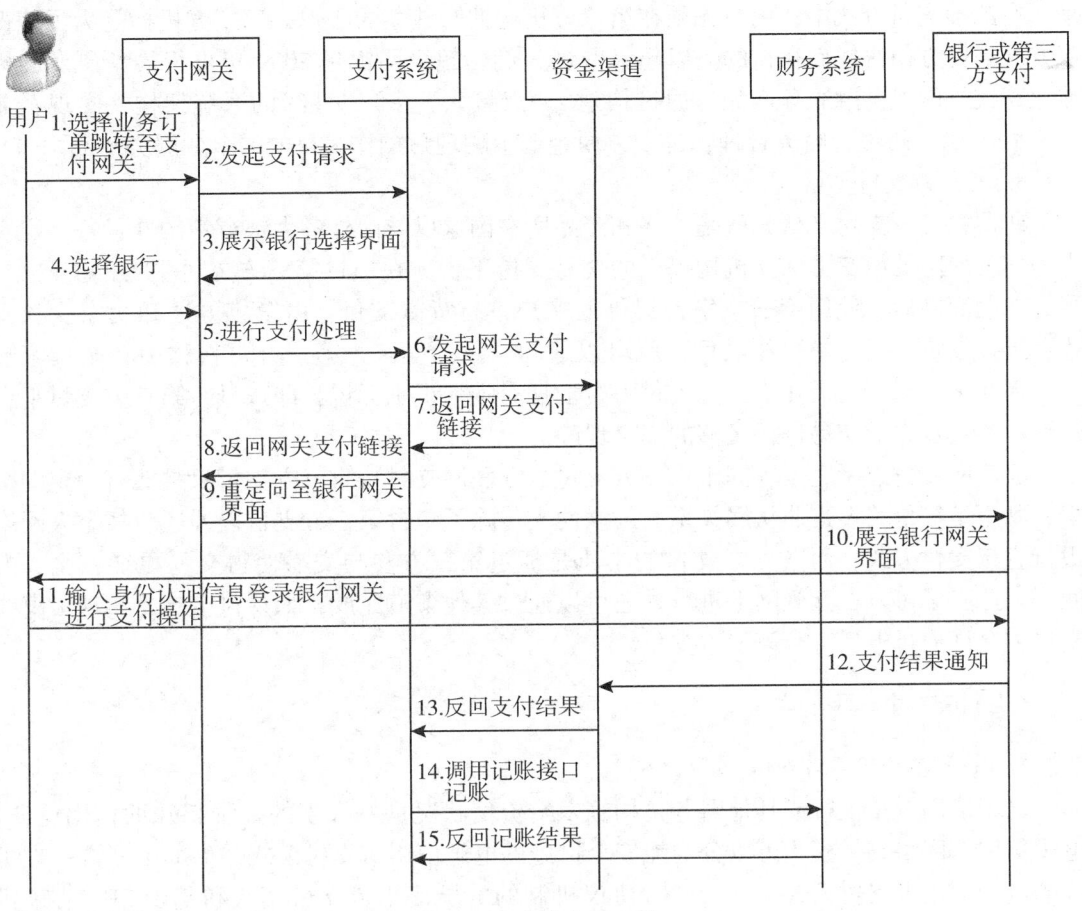

图 3.2 网关支付流程

四、互联网支付分类

(一)按支付方式分类

1. 网络银行直接支付

此种支付方式是最早被接受的互联网支付方式,由用户向网上银行发出申请,将银行里的金钱直接划到商家名下的账户并完成交易,可以说是将传统的"一手交钱一手交货"式的交易模式完全照搬到互联网上。早期的网络银行服务促进了电子商务的发展,随着电子商务市场的不断发展,在网络零售业中普通用户更加倾向邀请具有公信力的第三方参与交易从而起到监督的作用。但是在一些数额较大的B2B交易中,仍然普遍使用此种支付模式,主要原因是随着交易金额的增大,对第三方机构信誉的要求也越来越高,而且要求有很高的资金收付速度。

2. 第三方辅助支付

此种支付方式除了用户、商户外还会有第三方的参与，但是与第三方支付平台不同的是，在此种支付方式中，用户无须在第三方机构拥有独立的账户，第三方机构是为了使得双方交易更方便快捷而存在的。以超级网银为例，超级网银是2009年央行最新研发的标准化跨银行网上金融服务产品。通过构建"一点接入、多点对接"的系统架构，实现企业"一站式"网上跨银行财务管理，是以方便企业金融理财操作为目的的金融服务产品。

3. 第三方支付平台

所谓第三方支付平台，就是一些和产品所在国家以及国外各大银行签约并具备一定实力和信誉保障的第三方独立机构提供的交易支持平台。在通过第三方支付平台的交易中，买方选购商品后，使用第三方平台提供的账户进行货款支付，由第三方通知卖家货款到达、进行发货；买方检验物品后，就可以通知付款给卖家，第三方再将款项转至卖家账户。因此买卖双方均需在第三方支付平台上拥有唯一识别标识，即账号。第三方支付平台能够对买卖双方的交易进行足够的安全保障。

互联网支付并不完全等同于第三方支付，互联网支付与第三方支付只是拥有一定的交集，既不是等价关系也非从属关系。互联网支付除了包含第三方支付以外还包括个人网络银行直接支付方式，而第三方支付的本质是通过第三方参与交易使得交易更加安全、方便，因此除了可以在互联网上进行外还可以通过其他渠道完成，如易付宝就已实现了离线支付，允许通过电话进行第三方支付。

(二)按支付工具分类

1. 电子信用卡网络支付

电子信用卡是银行或其他财务机构签发给资信状况良好人士的一种特殊的信用凭证。电子信用卡网络支付模式可以分为无安全措施的电子信用卡支付模式、借助第三方代理机构的电子信用卡支付模式、基于SSL协议机制的电子信用卡支付模式和基于SET协议机制的电子信用卡支付模式。电子信用卡网络支付模式覆盖范围宽广，但对网络安全环境的要求较高。

2. 数字现金支付

数字现金是一种以数据形式流通的、能被客户和商家普遍接受的、通过Internet购买商品或服务时使用的货币。隐蔽签名技术的使用允许数字现金匿名，从而最大限度地保护了用户的隐私。无须银行中介的直接支付和转让使得这种支付模式十分经济。

3. 智能卡支付

智能卡是使用计算机集成电路芯片(微型CPU和存储器RAM)来存储用户的个人信息和电子货币信息，并具有支付与结算等功能的消费卡。智能卡的网络支付方式依据在线或离线可分为两类，前者更多地是将智能卡当做拥有中央处理器的信用卡使用，而后者的典型代表则是我们日常使用的公交IC卡。

4. 虚拟货币支付

货币是社会生产发展的自然产品，是一种作为一般等价物的特殊商品，主要有三种职能：价值度量、价值储藏和交换媒介。因此从理论上来讲，除去传统的金本位，任何一种商品只要拥有作为一般等价物的资格都可以被作为支付工具。虚拟货币就是应运而生的。但因为2009年6月原文化部、商务部联合下发的《关于加强网络游戏虚拟货币交易管理工作的通知》明确指出同一企业不能同时经营虚拟货币的发行与交易，并且虚拟货币不得支付购买实物。因此现在我们所说的虚拟货币并不包括网络游戏中的虚拟货币，主要指Q币、U币等。

5. 网上银行支付

网上银行又称网络银行、在线银行，是指银行利用Internet技术，通过Internet向客户提供开户、销户、查询、对账、行内转账、跨行转账、信贷、网上证券、投资理财等传统服务项目，使客户可以足不出户就能够安全便捷地管理活期和定期存款、支票、信用卡及个人投资等。可以说，网上银行是在Internet上的虚拟银行柜台。网上银行支付（又称网银支付）是银联最为成熟的在线支付功能之一，是网民在线支付的首选方式之一，也是电子商务企业提供在线交易服务不可或缺的功能之一。

6. 电子支票网络支付

电子支票是客户向收款人签发的、无条件的数字化支付指令。它可以通过因特网或无线接入设备来完成传统支票的所有功能。电子支票网络支付继承了纸质支票支付的优点的同时降低了交易的费用成本，而因为使用公用关键字加密签名或个人身份证号码（PIN）代替手写签名等方法确保了交易的安全性，因此，现在电子支票网络支付得到了B2B电子商务的认可。

7. 电子汇票系统支付

电子汇票系统是依托网络和计算机技术，接收、登记、存储、转发电子汇票数据电文，提供与电子汇票货币给付、资金清算行为相关的服务，并提供纸质汇票登记查询和汇票公开报价服务的综合性业务处理平台。该系统支持金融机构一点或多点接入。

(三) 按支付终端分类

1. 移动支付

移动支付是用户使用移动终端（通常是手机）对所消费的商品或服务进行账务支付的一种服务方式。目前移动支付业务主要由移动运营商、移动应用服务提供商（MASP）和金融机构共同推出。手机支付分为近场支付和远程支付两种。近场支付是指将手机作为IC卡承载平台以及与POS机通信工具从而进行支付。远程支付仅仅把手机作为支付用的简单信息通道，通过Web、SMS、语音等方式进行支付，又可分为手机话费支付方式、指定绑定银行支付和银联快捷支付三种。除手机外，使用平板电脑、上网本等其他移动终端也可以进行移动支付。

2. 电脑支付

电脑支付是最先兴起的互联网支付方式，从某种程度上来说，电脑支付的兴起推动了电子商务产业的发展。虽然近期随着移动支付的兴起，其地位受到挑战，但在目前仍然占据着互联网支付中最多的份额。

3. 互联网电视支付

主要分为两种，一是将类似POS机的装置植入遥控器中；二是将银行卡的支付功能植入数字电视机顶盒。

五、我国互联网支付的现状与特征

互联网支付的发展大致沿着两条发展脉络演进：一是银行支付互联网化，银行业机构运用互联网技术将线下支付行为转移至线上，通过网银、手机银行等平台完成支付，这也是最早被接受的互联网支付方式。另一条发展脉络则是非银行类第三方互联网支付机构快速发展，这一模式是依托于中国电子商务的发展而逐渐产生的，为解决电子商务交易双方信息不对称问题，具有一定公信力的第三方平台开始出现并充当保证中介的角色，由于其显著地降低了交易成本，这一模式迅速发展起来，支付宝是其中典型的例子。随着电子商务的蓬勃发展以及自身的发展壮大，第三方支付机构不再依托于单一商务平台，逐步发展为独立的支付平台，同时越来越多的普通大众开始接受并使用第三方支付平台进行支付。

(一)银行正着力推动自身互联网支付体系建设

银行作为现代经济中企业和个人的账户管理者，一直扮演着支付体系主体的角色。但在这一轮的互联网支付浪潮中，银行已经相对落后。由于支付接口往往对应着资金及客户接口，在第三方支付机构支付规模快速增加、业务范围不断扩展的压力之下，为了保持自身地位，改变在竞争中的相对被动局面，近两年银行也在大力推动自身互联网支付体系的建设。依托自身强大的技术优势、资金优势、网点优势、基础账户体系优势，尤其是其他机构难以获得的用户信任度优势，在优化流程、简化程序、提高便捷度以及降低收费之后，在互联网支付领域银行将快速迎头赶上。银行的强势回归，可能对第三方互联网支付机构形成挤压，如通过账户额度控制压缩第三方互联网支付机构大额支付的生存空间。

(二)第三方支付机构独立账户体系形成

发展初期，第三方互联网支付机构更多地是作为支付网关，为客户提供支付接口。随着平台技术的完善以及用户的积累，目前以支付宝为代表的第三方支付平台自身已形成相对独立、与银行功能类似的结算账户体系。以支付宝为例，一方面，平台功能日趋完善，能为客户提供大额收付款、多层级交易自动分账和一对多批量付、转账汇款、机票订购、火车票代购等一系列支付服务；另一方面，随着支付宝账户的日渐普及，其用户可在很大程度上通过支付宝内部账户体系实现资金的收付，而无须通过银行账户体系。

(三)第三方支付机构金融扩散性增加

在不断完善支付结算这一基础性功能的情况下，第三方支付机构逐步介入资金托管、金融产品销售、基金投资等金融领域，其金融属性不断增加。具体来说，表现为以下几个方面：一是利用用户体系优势搭建金融产品综合销售平台，对传统金融机构线下线上销售渠道形成冲击。二是对接金融产品截流客户资金，典型的例子为"余额宝"，通过对接基金开发碎片化理财产品，突破了传统理财产品在额度、期限等方面的限制，实现了账户余额理财；三是拥有庞大账户体系、具备供需双方市场平台优势的机构，通过搭建投融资平台，介入信贷领域，在这一领域，阿里巴巴、京东等电商，以及腾讯、电信运营商等大平台旗下的支付机构依托大数据优势，具备成为重要供应链投融资平台的潜力。

(四)移动支付发展迅猛

随着移动智能终端的普及，以及移动互联网的兴起，移动支付作为一个潜力巨大的市场，正在被逐渐打开，移动支付的创新也正在加速。移动支付具备传统互联网支付的所有功能，同时由于移动终端便于随身携带以及具备即时身份识别功能，加之互联网支付本身具备便捷、低成本等优势，其集合了转账汇款及线下实时支付的功能，因此移动支付不仅仅在很大程度上摆脱了银行网点的约束，也具备了替代现金支付的潜力。从发展路径上看，移动支付主要有两大代表方式，一是以NFC为代表的近场支付，二是远程支付。近场支付的网络相对封闭，账户介质与读写终端数据交互，地域特性和保护性强，通过蓝牙、红外、声波等短距离通信技术，让手机终端与收款终端实现交互。远程支付则通过远程通信技术完成支付，一点接入网络，数据集中处理，在技术解决方案方面条码支付、二维码支付、语音支付、指纹支付、声波支付等创新也层出不穷。移动支付已成为互联网支付领域发展最快的区块。

第二节　银联在线支付

一、银联在线支付基本情况

银联在线支付是中国银联为满足各方网上支付需求而联合各商业银行共同打造的银行卡网上交易转接清算平台，也是中国首个具有金融级预授权担保交易功能、全面支持所有类型银联卡的集成化、综合性网上支付平台。

银联在线支付作为银联互联网支付的集成化、综合性工具，涵盖认证支付、快捷支付、储值卡支付、网银支付等多种支付方式，广泛应用于购物缴费、还款转账、商旅服务、基金申购、企业代收付等诸多领域。其简单灵活的快捷支付模式，加快了交易进程，提升了用户体验。多重安全技术保障，实时风险监控，充分保证了支付安全。与其他担保交易提前划款给第三方账户不同，银联在线支付的金融级预授权担保交易，是在持卡人自有银行账户内冻结交易资金，避免了利息损失和资金挪用风险。

银联在线支付是中国银联重点创新业务，对于中国电子支付和电子商务产业的发展具有深远的意义，也将中国银行卡网上支付推进到一个崭新的时代。

二、银联在线支付业务特点

(1)方便快捷。简单灵活支付，无须烦琐程序，有助于银行、商户吸引更多客户，促进网上交易，所有银联卡普遍适用。

(2)安全可靠。多重安全防控技术保障，实时风险监控，完备的风险处置和化解机制，前中后台联动，充分保证交易安全。在银联在线支付页面密码输入框嵌入了安全控件，可以有效防止键盘信息被盗录，保护持卡人密码安全。采集到支付信息后，银联在线支付系统通过专线将密钥加密后的支付信息传至发卡银行进行信息验证；银联在线支付的快捷模式支持静态、动态和证书三种身份验证方式;风险管理监控系统可以进行卡片准实时监控,可以向发卡银行提示大额或可疑交易;系统也对商户进行监控,因此需要收单机构按银联风险管理要求,正确上送商户信息,例如反映商户经营范围的 MCC 码等。除此之外,系统还可以向机构通报风险指标或发送相关信息文档等。

(3)全球通用。银联跨境网上支付服务已经覆盖全球主要国家和地区,国内主要银行发行的银联卡均可使用,免收货币转换费,持卡人足不出户即可"轻点鼠标,网购全球"。

(4)金融级预授权担保交易。银联在线支付是国内首个支持金融级预授权担保交易的在线支付平台,与其他担保支付方式相比,银联在线支付完全按照金融规范和标准提供预授权担保交易,在交易最终确认前,交易资金在自有账户内被冻结,无须提前向第三方划转,避免了利息损失和挪用风险,解决了持卡人对支付资金安全问题的担心,最大化地保证了银行、商户和持卡人的利益。银联的互联网商户通过了严格的入网审核和实名认证,在商户规则和业务管理环节,银联/收单机构要求商户提供可信赖的保证,以确保商户本身拥有良好的纠纷处理能力。

(5)综合性商户服务。中国银联强大的资金清算体系和综合服务能力,不仅可为商户提供线下线上一体化的资金清算服务、便利的交易管理服务,提高资金管理效率,而且可为商户带来庞大客户资源和无限商机。

(6)无门槛网上支付。银联在线支付通过特殊的无卡支付通道,让无网银客户也能畅享网上支付服务,有助于银行减少对网银系统的资源投入,吸引更多客户进行网上交易。

中国银联作为经央行批准、国内唯一的银行卡组织,其在电子支付领域的一举一动,都将影响电子支付行业的整体发展。中国银联有责任积极支持主管部门规划电子支付的技术及业务规范,统一标准,同时,促进各类参与主体间的合作,有效地规避互联网交易风险,营造良好的市场环境和秩序,努力扩展电子支付结算体系的覆盖面,更好地满足多元化、个性化的网上支付需求,实现产业各方的"合作共赢"。

第三节 第三方支付机构互联网支付

一、第三方支付的内涵、外延与功能

非金融机构支付就是指第三方支付。所谓第三方支付,就是一些和产品所在国家以及国外各大银行签约并具备一定实力和信誉保障的第三方独立机构提供的交易支持平台。在通过第三方支付平台的交易中,买方选购商品后,使用第三方平台提供的账户进行货款支付,由第三方通知卖家货款到达、进行发货;买方检验物品后,就可以通知第三方付款给卖家,第三方再将款项转至卖家账户。

非金融机构支付服务是指非金融机构在收付款人之间作为中介机构提供下列部分或全部货币资金转移服务:网络支付;预付卡的发行与受理;银行卡收单;中国人民银行确定的其他支付服务。网络支付,是指依托公共网络或专用网络在收付款人之间转移货币资金的行为,包括货币汇兑、互联网支付、移动电话支付、固定电话支付、数字电视支付等;预付卡,是指以营利为目的发行的、在发行机构之外购买商品或服务的预付价值,包括采

取磁条、芯片等技术以卡片、密码等形式发行的预付卡；银行卡收单，是指通过销售点（POS）终端等为银行卡特约商户代收货币资金的行为。

第三方支付平台提供一系列的应用接口程序，将多种银行卡支付方式整合到一个界面上，负责交易结算中与银行的对接，使网上购物更加快捷、便利。消费者和商家不需要在不同的银行开设不同的账户，可以帮助消费者降低网上购物的成本，帮助商家降低运营成本；同时，还可以帮助银行节省网关开发费用，并为银行带来一定的潜在利润。

对商家而言，通过第三方支付平台可以规避无法收到客户货款的风险，同时能够为客户提供多样化的支付工具。尤其为无法与银行网关建立接口的中小企业提供了便捷的支付平台；对客户而言，不但可以规避无法收到货物的风险，而且货物质量在一定程度上也有了保障，增强了客户网上交易的信心；对银行而言，通过第三方支付平台银行可以扩展业务范畴，同时也节省了为大量中小企业提供网关接口的开发和维护费用。可见，第三方支付模式有效地保障了交易各方的利益，为整个交易的顺利进行提供了支持。

二、第三方支付的运营模式

（1）独立第三方支付模式，是指第三方支付平台完全独立于电子商务网站，不负有担保功能，仅仅为用户提供支付产品和支付系统解决方案，以快钱、易宝支付、汇付天下、拉卡拉等为典型代表。以易宝支付为例，其最初凭借网关模式立足，针对行业做垂直支付，而后以传统行业的信息化转型为契机，凭借自身对具体行业的深刻理解，量身定制全程电子支付解决方案。

（2）以支付宝、财付通为首的依托于自有 B2C、C2C 电子商务网站提供担保功能的第三方支付模式。货款暂由平台托管并由平台通知卖家货款到达、进行发货。在此类支付模式中，买方在电商网站选购商品后，使用第三方平台提供的账户进行货款支付，待买方检验物品并进行确认后，就可以通知平台付款给卖家，这时第三方支付平台再将款项转至卖方账户。

三、第三方支付主要业务方式

以持有网络支付牌照的第三方支付平台为例，线上支付主要有网关支付、代扣、快捷支付和协议支付四种方式。

（1）网关支付：第三方支付公司作为代理（网关），接入银行。用户在网关页面选择银行，页面跳转到第三方支付平台，然后重定向到对应的银行，用户在银行电子银行官网，采用网银完成支付。简单地说，网关支付就是第三方支付平台只起到跳转作用，跳转至银行网银支付页面，用户通过网银完成支付，比如早期的 12306 购票支付页面。

（2）代扣：一般指用户通过线上或线下柜台方式签署"用户—商户—银行"的三方协议，授权商户可以从其银行账户中扣钱。代扣的流程是：在用户授权后，第三方支付机构通过用户的四要素（姓名、身份证号、银行卡号、银行预留手机号）及相关交易信息，将用户银行卡中的钱划走。授权常用的方式是一纸代扣协议。

（3）快捷支付：指用户购买商品时，不需开通网银，只需提供银行卡卡号、户名、手机号码等信息，银行验证手机号码的正确性后，第三方支付发送手机动态口令到用户手机号上,用户输入正确的手机动态口令,即可完成支付。快捷支付针对小额支付的需求场景,简化了授权过程(比如只需要完成持卡人银行卡、身份证、手机号的实名认证即可),同时通过下行短信验证码的形式来完成消费确认。

(4)协议支付:指客户通过与银行签订协议,将客户银行账户与商户关联账户进行绑定,付款时可直接输入商户关联账户的支付密码即可完成付款。协议支付与代扣最大的区别是,在支付之前用户需要自己完成绑卡操作,以绑卡代替代扣协议。流程是这样的:用户向商户提供自己的四要素,并填写银行返回的验证码。完成绑卡后,第三方支付机构才有权利通过网联将用户在银行卡中的钱划走。

四、国内第三方支付行业的发展阶段

我国第三方支付行业的发展主要经历了四个阶段,目前处于成熟期。

1. 初创期(1999—2004年)

国内第三方支付从1999年开始,首信、环迅等第三方支付公司都是当年成立的。2004年底支付宝成立标志着行业初创期结束。其间,第三方支付主要做银行网关和一些便民增值业务,用户访问往往只能使用IE浏览器,支付体验很差。

2. 发展期(2005—2011年)

2005年之后,国内一系列支付平台建立起来,第三方支付在自己的优势领域不断尝试。这几年是第三方支付的黄金时期,监管部门对第三方支付的态度也变来变去,最终实施牌照制并在2011年5月发放第一批牌照。这个阶段最大的创新是支付宝发明快捷支付,支付体验比原来好很多。此时的支付平台架构模式被称为账户支付模式,就是买卖双方必须在第三方支付平台注册会员、建立新账户并充值,资金流从用户银行卡划转到第三方支付公司的银行账户,即现在的备付金账户,用户消费时从虚拟账户中进行扣除,并不涉及实体资金的划转。这实际上也是对第三方支付鼻祖PayPal的模仿和微创新。

3. 博弈期(2012—2016年)

在2012年到2016年的博弈期,支付公司跟监管方和传统金融的关系非常微妙。监管态度左右摇摆,最有代表性的就是叫停二维码支付,最终又放开,让二维码支付变成移动支付体系的有效补充,也让中国的移动支付誉满全球。

这个阶段最大的创新是2013年支付宝推出的余额宝。它将货币市场基金份额包装为账户余额进行支付,余额宝支付实际包含两个子交易:货币市场基金份额赎回交易和余额支付交易,而余额支付交易流程与账户支付的处理流程是一致的。

在这个阶段,支付系统架构变成金融账户的支付模式,除了支付渠道、余额账户和清结算体系,T+0货基、理财等金融属性的业务产品也被嵌入支付产品体系。

4. 成熟期(2017年以后)

现在,国家政策逐渐明确,相关条例不断完善。网联成立之后,所有线上支付全部要借助网联,同时第三方支付市场份额趋于固化,领头羊就是支付宝、微信、银联三大巨头,小型支付公司要么转让要么待价而沽。

2017年以后,原来一直在默默发展的跨境支付引起了大家注意,并开始布局海外,由于国内业务已经快到天花板,支付宝和微信支付都在积极进行海外布局,把中国领先的

移动支付复制到全球。

第四节　银行线上支付与第三方支付的关系

一、银行线上支付的短板原因分析及对策

(一)银行线上支付的短板原因分析

第三方支付机构从B端企业商户起家，通过良好的技术服务支持，实现商户的一点接入多银行收单，解决了商户原本需要和各家银行对联的短板，随后又从C端个人客户角度出发，不断优化产品体验，创新了快捷支付等便捷支付方式，弥补了个人客户使用银行网关支付单一烦琐流程的短板。第三方支付机构通过弥补企业商户和个人客户的短板，不断提升服务质量，提高客户黏性，抢占线上支付市场。

传统银行之所以不断丢失线上支付阵地，除了自身产品体验差，优化更新周期慢，另一个主要的短板就是跨行支付孱弱。传统银行的线上收单产品基本都是基于本行卡实现的，这对商户开展线上支付业务提出了很高的要求，需要其和不同的银行对接。随着电子商务的飞速发展，线上支付业务的需求急速增长。如何弥补跨行支付的短板，成为制约线上支付发展的关键点。然而最先抓住并解决它的是第三方支付机构。

虽然后来通过对接银联，很多银行实现了跨行支付，但是实际效果却不尽如人意，导致银行失去了关键发展时机。究其原因，主要在于利益驱动和监管力度两方面。

首先，在利益驱动方面，第三方支付机构是一个市场导向的群体，市场的需求引导其产品的改变和优化，因为这样才会产生收益。而银行和银联这样的机构还是习惯于被动等待政策和同业变化。跨行支付问题不是一家银行可以独自解决的，这更加助长了银行的惰性。

其次，在监管力度方面，对第三方支付机构的监管和银行无法相提并论。第三方支付机构早期都是在野蛮生长中度过的，而支付牌照的颁发，虽说是业务监管的开始，其实是让原本违规从事金融服务支付机构的合法化。而在这期间银行业务的开展却一直受到政策较为严格的监管。

(二)银行支付弥补短板的对策

目前银行对接银联的跨行支付实际效果不好，掉单率较高，商户投诉率高，无法让商户真正实现一点接入多银行收单。而反观支付机构通过在各个商业银行开立备付金账户变向跨行，不仅在业务流程上，而且在成本上也更具有优势。因此不少银行也开始思考同第三方支付机构的合作，以真正弥补目前这个"短板"。主要的方式就是通过反接第三方支付机构。既然银行无法直连其他银行，通过银联对接效果也不理想，那就借用现在效果良好的第三方支付机构实现跨行。即使用第三方支付机构替换银联，为银行做他行卡收单的业务。

二、商业银行和第三方支付机构的博弈

随着产品同质化，政策管理趋于平衡，商业银行和第三方支付机构的竞争将白热化。而目前国内线上支付市场趋于饱和，格局相对稳定，双方也在某些方面寻找持续合作的契机。因此未来线上支付市场上，双方的竞争合作将趋于常态化。

(一)银行和第三方支付机构在支付市场的竞争合作

第三方支付机构对商业银行来说，一直就是个悖论命题。第三方支付机构的出现确实带了一些好处：首先，第三方支付机构解决了商户接入银行的最后一步问题，促进了整个线上支付市场的繁荣和发展，市场的活跃对整个市场的参与者都有利。其次，相对于普通商户，第三方支付机构在银行存放的备付金体量较大，是一笔不小的数目。据估算，目前国内第三方支付的备付金体量约为几千亿元，这对于每个商业银行来说都是香饽饽。另外，第三方支付机构的平均交易量也不是普通商户可以比拟的，相应的手续费收入也是商业银行一笔不小的中间业务收入。总体来说，第三方支付机构本质上只是一个通道，资金的本源来自银行，因此第三方支付机构和商业银行的合作形态必定会继续存在下去。

但是，从某种意义上来说，商业银行过度依靠第三方支付机构无异于饮鸩止渴。表面上看是光鲜的利益却最终导致了整个支付市场份额的丢失。首先，个人客户和企业商户的流失是最为明显的，第三方支付机构以市场为导向，依托科技创新和良好的客户体验，占领了大部分的线上支付市场份额。其次，银行管道化和边缘化日益严重，慢慢沦为第三方支付机构的后台通道。支付是一切金融行为的根本和纽带，失去支付将失去与客户直接交互的机会。最后，随着互联网企业和第三方支付机构向金融的跨界延展，银行的理财、信贷等核心业务也在面临挑战。这已经不是单一领域的竞争，而是全方位的对抗。

(二)第三方支付机构内部的分化

虽然目前线上支付市场基本被第三方支付机构把控，但并不是200多家持牌的第三方支付机构都做得好。整体的第三方支付市场基本呈现寡头垄断态势。2015年第三方线上支付交易规模高达11.8万亿，其中支付宝占比47.5%，财付通占比20%，占据了主要市场份额。基于电商平台和社交场景两大流量入口，支付宝和财付通的市场规模效应日益显著。市场被支付宝和财付通等大型第三方支付机构把控，小型支付机构盈利能力低，几乎在温饱线上挣扎。很多小型的第三方支付机构开始频繁和商业银行进行合作模式探讨，例如前面提到的反接。早期第三方支付机构通过各种手段瓦解银行的合纵连横，而随着市场竞争的白热化，第三方支付机构内部也出现了分化。对于商业银行来说，通过和小型第三方支付机构合作，是重新强势回归线上支付市场的好时机。

(三)商业银行和第三方支付机构合作的多样化

随着市场的发展，商业银行和第三方支付机构的合作，已经不再局限于简单的支付联通、快捷支付等基础业务。双方的合作更加多样化和全面。例如前面提到的商业银行反接第三方支付机构，包装自己的全网通产品，这是之前没有出现过的。

随着支付宝和微信的 C 端客户群体越来越大,它们已经不再简单地只是作为一家第三方支付机构存在了。很多商户非常看重支付宝和微信的客户群体,因此才出现了反接第一种模式中,即银行作为第三方的二清公司,做 B 端商户的地推。同时,随着海淘兴起,在客户服务和技术上有优势的第三方支付机构必然投身其中,但是由于涉及外汇等国家政策控制领域,第三方支付机构又不得不和银行进行相应合作。另外,随着 2016 年 6 月《银行卡清算机构管理办法》的出台,类似支付宝这样的大型第三方支付机构,后续可能会在清算等更深入的领域和银行有进一步的合作。

因此,在目前在线支付市场上,商业银行和第三方支付机构,谁也无法消灭对方,而谁又无法离开对方。整个市场在未来一段时间还将充满竞争合作。

第五节 非银行支付机构的监管

一、互联网支付监管的必要性

1. 网络技术安全存在隐患

网上银行的电子支付是在无纸化环境下进行的,这就必须从技术上确保数据传输的安全,保证交易数据不被窃取篡改。于是人们就开始担心信息数字化后数据传输过程中信息丢失、重复、错序、篡改等安全性问题。

2. 虚拟交易风险

网上支付的工作环境是基于一个开放的系统平台,交易双方的身份置于虚拟世界中,这无疑增加了电子支付的风险。

3. 基础设施尚待发展

网上支付使用的是最先进的通信手段,对软硬件设施的要求很高,技术软件不成熟就为黑客等不法分子提供了可乘之机,所以,研制出一套无懈可击的互联网支付系统成为制约电子商务发展的瓶颈。

二、非银行支付机构的监管新规

2017 年 8 月中国人民银行发布《关于将非银行支付机构网络支付业务由直连模式迁移至网联平台处理的通知》,规定自 2018 年 6 月 30 日起,支付机构受理的涉及银行账户的网络支付业务全部通过网联平台处理。2018 年 4 月,中国人民银行主管的中国支付清算协会宣布,非银行支付机构网络支付清算平台(简称"网联")启动试运行,首批接入部分银行和支付机构,并完成首笔跨行清算交易。网联上线是我国支付行业的一个里程碑,深刻改变了行业格局。此前我国聚合支付主要是因市场需要兴起,现在推出网联则更多地受到了央行等监管机构的推动,这无疑会使行业发展更为规范。

2017 年 12 月中国人民银行发布《关于规范支付创新业务的通知》,要求加强支付业务系统接口管理,包括加大交易监测力度,确保接入单位将支付业务系统接口用于协议约定的范围和用途,并采取有效措施防止支付业务系统接口被用于违法违规用途。2018 年 6 月 30 日前,所有第三方支付机构与银行的直连都将被切断,银行不会再单独直接为第三方支付机构提供代扣通道。

三、中国人民银行针对非银行支付机构的整治

银行支付产品不断升级完善，同时监管政策也在缩短银行和第三方支付机构的差异。第三方支付机构，乃至整个互联网金融野蛮生长，无序管理的现象将要开始发生大的变化。

2016年4月12日，国务院办公厅完成了《互联网金融风险专项整治工作实施方案》，并于10月13日对外发布。其中针对第三方支付业务就祭出了两记重拳：第一，备付金管理将不再计息；第二，非银行支付机构直连银行变向跨行业务模式将终结。4月14日，中国人民银行据此下发了《非银行支付机构风险专项整治工作实施方案》，针对以上两点做了更加细致的说明和部署，确保方案落地实施，解决这两个重难点问题。

1. 客户备付金管理

2013年6月央行颁布的《支付机构客户备付金存管办法》定义备付金为"支付机构为办理客户委托的支付业务而实际收到的预收待付货币资金"。这笔钱其实应该属于客户，但是实际产生的利息却被第三方支付机构获取，相当于一个巨大的资金池。截至2015年底第三方支付沉淀资金总量逾2000亿元，比2014年底增长60%，相关资金风险隐患和问题也逐渐暴露。2014年下半年以来，陆续出现多家支付机构挪用客户备付金、造成资金链断裂的重大风险事件，严重损害消费者权益、破坏市场秩序。但是备付金管理牵扯的利益方众多，涉及流程复杂，一直没有实质的整治方案。

本次方案提出：首先要强化客户备付金监测管理，对支付机构备付金进行抽检；其次要建立支付机构客户备付金集中存管制度，要求支付机构将客户备付金统一缴存中国人民银行或符合要求的商业银行；同时要逐步取消对支付机构客户备付金的利息支出，降低客户备付金账户的沉淀资金，引导支付机构进行创新支付服务，而非变向吸储。另外还规定中国人民银行牵头于2016年8月底前制订备付金集中存管方案。

2. 第三方支付机构跨行清算业务

目前国内第三方支付机构在从事线上支付业务时，不通过银联清算，而通过直连各家银行变向进行跨行清算业务。2015年12月中国人民银行颁布了《非银行支付机构网络支付业务管理办法》，其中第四十条要求支付机构加入中国支付清算协会，接受行业自律组织管理。虽然多次提及并且要求整治，但是实际效果却不显著。

本次方案要求，支付机构开展跨行支付业务必须通过人民银行跨行清算系统或者具有合法资质的清算机构；加强对第三方支付机构跨行业务的管理规范，推动网络支付清算平台的建设。但是在方案中却并未提及最终整改的时间节点，因此后续的落实还有待进一步明确。

这两点整改可以说是伤及了支付机构的重要利益，必将引起第三方支付机构的重新洗牌。首先，关于备付金利息，之前《支付机构客户备付金存管办法》第二十九条规定，支付机构需要从所有备付金银行账户利息中计提10%的风险准备金，即支付机构可以获得90%的客户准备金利息。对于几千亿元的沉淀资金来说，利息金额收入非常可观，本次方案的管理要求相当于限制了一项支付机构的重要收入来源。其次，第三方支付机构的变向

跨行业务一直是其产品和成本方面较银行有较大优势的基础。产品方面，网联这个新平台的稳定性，以及在性能上能否承受住类似双十一的巨大交易量，都给第三方支付业务的未来增添了不确定性；成本方面，对接网联后支付机构的交易成本必然有所变化，而且初期的整体开发对接成本也是不小的投入。

四、支付业务向网联平台迁移

在网联出现之前，第三方支付机构与银行机构直连清算。一方面系统要重复开发，造成资源浪费，另一方面其封闭性强，交易过程的资金和信息不透明，存在监管死角，一些支付机构风控水平参差不齐，有可能被用于色情、赌博甚至洗钱等违法领域，风险也可能波及银行机构。

而第三方支付机构平台也普遍沉淀大量资金，许多支付机构缺少技术创新能力，靠备付金利息为生。此外备付金管理难度加大，多起备付金被挪用事件波及范围广，社会影响大，成为监管重点。

"网联"又被称为网络版银联，其将切断第三方支付机构与银行的直连模式，主要是为了防止第三方支付机构通过客户备付金分散存放变相开展跨行清算。

金融属于强监管的行业，而银行直连恰恰处于监管之外。直连模式下，信息流、资金流都被掌握在支付机构手中，在监管机构来看，便是信息不透明、标准不统一，容易滋生乱象。于是，关闭银行直连，便成为第三方支付监管整顿的重要一环。因此，中国人民银行发布通知：从 2018 年 6 月 30 日起，非银行支付机构网络支付业务需从直连模式转为通过网联清算有限公司(以下简称网联)支付平台处理。

网联即线上支付统一清算平台，是在央行指导下，由中国支付清算协会组织成立，用以处理由非银行支付机构发起的、与银行交互的支付业务。网联被推出以后，第三方支付机构的线上支付通道，不需要也不能再直接对接银行，而是通过网联平台直接与各家银行对接。而网联只是一个清算平台，并不直接开展支付业务，以保持中立性。

《关于非银行支付机构网络支付清算平台渠道接入工作情况通告的函》的文件中，网联介绍了自机构接入及业务迁移工作启动以来，截至 2018 年 4 月 13 日商业银行和非银行支付机构在协议支付开发方面、付款的开发方面、网关支付开发方面的接入进展。

快捷支付和代扣代付因何遭到整顿？缘起支付接口滥用，引发央行重拳整治。快捷支付过程中用户只需要输入第三方支付平台的支付密码即可交易；而代扣则是在不需要用户进行任何操作的情况下第三方支付公司直接从用户银行卡中扣除费用。

代扣业务发生时不必征求用户许可，具有一定的安全隐患，央行明确强化代扣业务管理，并禁止收款人滥用、出借、出租、出售代收付交易接口。2017 年 12 月央行发布的《关于规范支付创新业务的通知》要求，加强支付业务系统接口管理，包括加大交易监测力度，确保接入单位将支付业务系统接口用于协议约定的范围和用途，并采取有效措施防止支付业务系统接口被用于违法违规用途。

【本章小结】

互联网支付是一种网上交易形式，主要表现形式为网银、第三方支付、移动支付等。

互联网支付被称为互联网金融的"先锋队",依靠互联网支付产生的大量支付数据,互联网金融企业将会选择从事附加值更大的金融服务,如:在线理财、小微信贷、供应链金融和消费金融等业务,互联网支付在发展的过程中逐渐成为互联网金融发展的基础。

互联网支付主要包括:网上银行和第三方支付。作为电子支付的一种,互联网支付主要强调一种互联网途径,通过互联网将客户的银行账户资金转移到商户的银行账户中。而第三方支付侧重于平台中介,作为客户和商户之间的第三来解决"先货后款"和"先款后货"导致的双方互不信任问题,从而促进交易的顺利进行。互联网支付有利于第三方支付的快捷、低成本、随时随地进行。

传统银行金融机构的支付,在互联网的推动下,伴随电子商务的快速发展,衍生出以银行金融机构为主体的网银支付和以非银行金融机构为主体的第三方支付为代表的电子支付。

银联在线支付是中国银联为满足各方网上支付需求而打造的银行卡网上交易转接清算平台,也是中国首个具有金融级预授权担保交易功能、全面支持所有类型银联卡的集成化、综合性网上支付平台。

所谓第三方支付,就是一些和产品所在国家以及国外各大银行签约并具备一定实力和信誉保障的第三方独立机构提供的交易支持平台。在通过第三方支付平台的交易中,买方选购商品后,使用第三方平台提供的账户进行货款支付,由第三方通知卖家货款到达并发货;买方检验物品后,就可以通知第三方付款给卖家,第三方再将款项转至卖家账户。

传统银行之所以不断丢失线上支付阵地,除了自身产品体验差,优化更新周期慢,另一个主要的短板就是跨行支付羸弱。传统银行的线上收单产品基本都是基于本行卡实现的,这对于商户开展线上支付业务提出了很高的要求,它们需要和不同的银行对接。随着电子商务的飞速发展,线上支付业务的需求急速增长。如何弥补跨行支付的短板,成为制约线上支付发展的关键点。然而最先抓住并解决它的是第三方支付公司。

网联又被称为网络版银联,其将切断第三方支付机构与银行的直连模式,主要是为了防止第三方支付机构通过客户备付金分散存放变相开展跨行清算。

【关键术语】

互联网支付　电子支付　网银支付　第三方支付　网联

【思考题】

1. 试述第三方支付与电子支付、互联网支付、网上银行的区别与联系。
2. 试述银行线上支付与第三方支付的关系。
3. 我国互联网支付的现状与特征是什么?
4. 互联网支付有哪些类型?
5. 第三方支付的营运模式和主要业务方式分别有哪些?
6. 试述互联网支付监管的必要性和我国互联网支付监管的新举措。

第四章　互联网货币

【教学目标与要求】
1. 掌握互联网货币的定义、类型和特点；
2. 了解互联网货币的产生、发展与演变；
3. 理解互联网货币的设计思路；
4. 掌握互联网货币风险内容和监管的重难点；
5. 了解比特币的运行机制及比特币的特点；
6. 了解区块链目前存在的问题；
7. 理解区块链与比特币之间的关系。

【导入案例】

互联网时代，数字货币如何定调

科技水平的提升推动了生产力的进步和商品经济的发展，也直接促进了货币形态的变革。自货币产生以来，货币的表现形式从低级到高级不断演化，从贝壳、布帛、贵金属演化为纸币、电子货币，从实物货币、金属货币演化为信用货币。为了满足生产生活中交易活动的需要，人们对于货币形态的探索与改革从未止步。近年来，伴随区块链等数字技术引发的新一轮技术革命，货币形态也随之演进，逐步迈向数字货币时代。

中国人民银行对数字货币一直高度关注，2016年便首度召开数字货币研讨会，并于次年成立了数字货币研究所，开展相关基础工作。2019年2月召开的央行货币金银工作会议提出，要加大改革创新力度，深入推进央行数字货币研发，加强虚拟货币监测监管。商业银行有必要了解数字货币出现的背景与特征，关注数字货币的发展方向，以紧跟技术趋势，加快创新步伐，及时调整策略，应对可能出现的新局面、新问题。

谈及数字货币的同时，也经常会出现"虚拟货币"的概念。欧洲银行管理局将虚拟货币定义为"价值的一种数字表达，其并非由中央银行或公共权威机构发行，也不一定与某一法定货币挂钩，但被自然人或法人接受用于支付手段，可以进行电子化转移、储藏或交易"。中国人民银行则将私人组织发行的数字货币(如比特币、Q币等)称为虚拟货币，以和由货币当局发行的，具有法偿性与强制性的真正意义上的货币相区别。

相比传统货币，比特币的资产属性、商品属性远大于其货币属性，容易被少数人操控和炒作，币值波动剧烈，难以正常发挥货币的价值尺度、流通手段、支付手段等基本职能，而且因其快捷性、不可撤销性及匿名性，甚至沦为洗钱诈骗和恐怖主义分子融资的工具，不利于金融体系的稳定。从2009年单价不足1美分到2017年底接近

20000美元，再到2018年2月暴跌至6000美元，2019年2月进一步降至3000多美元，比特币价格如过山车般大起大落，众多投资者血本无归。还有许多不法之徒打着"数字货币"的招牌进行非法传销，一时间数字货币与骗局画上了等号，抵制币圈乱象的呼声不绝。2013年，中国人民银行、工业和信息化部、原银监会、证监会、原保监会等五部委印发了《关于防范比特币风险的通知》（银发〔2013〕289号），明确将比特币定性为一种特定的虚拟商品，不具有与货币等同的法律地位，不能且不应作为货币在市场上流通使用，禁止金融机构和支付机构开展与比特币相关的业务。2017年，中国人民银行等七部委又联合发布《关于防范代币发行融资风险的公告》，指出"向投资者筹集比特币、以太币等所谓'虚拟货币'，本质上是一种未经批准非法公开融资的行为"，存在多重风险隐患，要求立即停止这类融资活动。2018年3月央行货币金银工作会议提出"开展对各类虚拟货币的整顿清理"，2019年2月央行货币金银工作会议则要求"加强虚拟货币监测监管"，工作重点发生了变化。

尽管存在种种问题，但比特币的创新思路和技术架构确实开启了数字货币时代。

资料来源：新浪财经，2019-04-01，https://finance.sina.com.cn/stock/hkstock/hkstocknews/2019-04-01/doc-ihsxncvh7342159.shtml。

第一节　互联网货币概述

一、互联网货币的定义

互联网货币是指因计算机技术不断发展而衍生出的以虚拟数据为表现形式的非真实的货币（故而也被称为"数字货币""虚拟货币"）。数字货币是指纯数字化、不需要物理载体、可编程的货币。当前人们重点关注的数字货币，一般特指以密码学技术特征结构为基础、富含多种隐藏信息的加密数字串，也叫算法货币、加密货币，比特币就是其中的典型代表。谈及数字货币的同时，也经常会出现"虚拟货币"的概念，欧洲银行管理局将虚拟货币定义为"价值的一种数字表达，其并非由中央银行或公共权威机构发行，也不一定与某一法定货币挂钩，但被自然人或法人接受用于支付手段，可以进行电子化转移、储存和交易"。

目前共有数千种互联网货币在全网范围内进行交易。尽管像比特币和其他互联网货币都暴露出交易平台破产或者监管难的问题，但是全球仍有大量种类的互联网货币，其种类超过了世界范围内被认可的真实货币的数量。

尽管目前在人们的日常生活和部分交易市场中，互联网货币经常作为一种支付手段或理财产品出现，但互联网货币在学术界尚未获得统一解释。

二、互联网货币的种类

（一）根据互联网货币的产生方式、使用范围、社会属性不同分类

根据互联网货币的产生方式、使用范围、社会属性不同，互联网货币大致分为两类：

传统互联网货币和新型互联网货币。

传统互联网货币是指由特定企业发行的,仅用于内部网站支付使用的互联网货币,包括用于购买该公司旗下的软件或在使用软件时获得增值服务。这类互联网货币以特定网站或软件为限,仅支持内部业务,常用来购买特定网站的会员、进行游戏充值、购买游戏内道具、兑换电影票等,如腾讯公司的 Q 币、盛大公司的点券、网票网公司的电影点卡、掌趣阅读的书券。

新型互联网货币是不依靠特定企业发行,根据密码学原理及区块链技术,基于人为运算而形成的互联网货币。此类互联网货币以社会公众的认可及其自身产生的技术和制度为信用基础,发行者无须承担任何风险。该类互联网货币起源于 David Chaum 在 1982 年给出的无法追踪的密码学网络支付体系假设。1990 年,这种想法被拓展成最开始的密码学现金体系,该体系慢慢发展成 e-cash。近几年较为流行的比特币等就是这种新型互联网货币最为显著的代表,大众在购买这些货币的时候就是因为其具有附属价值,将其当作是一种理财产品。

(二)按照是否有发行中心分类

按照是否有发行中心分为两种:"去中心化"的互联网货币中,以比特币与莱特币为主要代表,"中心化"的互联网货币中最为典型的就是瑞波币(如表 4.1 所示)。

表 4.1　　　　　　　互联网货币的种类(按照是否有发行中心分类)

类型	发行机构	初次获得方式	品种
有发行中心的互联网货币	网络游戏中心	用法定货币购买	各种网络游戏币,如魔兽世界的"金币"等
	其他非金融机构	用法定货币购买或使用网络服务赚取	如腾讯 Q 币、百度币、林登币、Beenz、东方易贝的"贝"等
无发行中心的互联网货币	无发行机构	用计算机"挖掘"	如比特币、莱特币、便士币

1. 有发行中心的互联网货币

产生原因:随着互联网和虚拟产业的发展,人们需要大量即时、小额度的交易,非金融机构发行的网络货币克服了电子货币的持有壁垒以及交易过程中多方确认导致的烦琐手续等缺点,适应了人们对于便利的需求。

类型:有发行中心的网络货币主要有三种类型,第一类是基于虚对实交换的网络货币,如淘宝赠送的积分,只要在淘宝商城购物都会返积分,100 个积分能够当 1 元钱用,这类网络货币主要是用于促销。第二类是基于实对虚交换的网络货币,如魔兽世界的"金币"、腾讯发行的 Q 币,这类网络货币主要用于在虚拟商城中购买相关产品与服务。第三类是虚对虚交换,主要是存在于网络游戏中,通过使用网络服务或者产品赢得的网络货币购买装备等。

特点：有发行中心的网络货币，能够在特定的流通领域实现较快速的支付与流通，交易成本低，交易速度快。

2. 去中心化的互联网货币

产生原因：对于去中心化互联网货币的构想早已经产生，已故诺贝尔经济学家弗里德曼就曾提出"货币数量化理论"，他设想用一个自动化系统取代中央银行，废除美联储，以稳定的速度增加货币供应量而消除通货膨胀。20世纪初，哈耶克第一次完整论述了一种非主权货币的构想："政府不应该控制货币发行，允许私人自由竞争产生货币"。在1944年的布雷顿森林会议上，凯恩斯也曾提议发行一种超越国家主权的世界货币，以适应战后国际经济和贸易的发展。这些理论和提议为互联网货币的产生提供了理论支撑。2008年全球金融危机后，美联储推出了量化宽松货币政策，使全球范围内发生了通货膨胀，显示出了国际货币体系的内在缺陷，造成了大家对于以国家信誉发行的货币的怀疑，更加给去中心化的互联网货币的产生提供了条件。正是在这样的背景条件下，2009年中本聪(Satoshi Nakamoto)在一个隐秘的密码学评论组上陈述了他对电子货币的新设想，比特币(BTC)就此面世。

类型：比特币是一种虚拟货币，它通过特定的算法计算产生，没有特定的货币机构，总量有限，这是一种去中心化的支付系统。随后，2011年，莱特币(LTC)面世；2012年，Copping(PPC)发布；2013年，便士币(NMC)问世，互联网货币的类型呈现出了多元化。

特点：去中心化的互联网货币能够实现全球范围内的流通，流通的成本几乎为零，能够实现高效的交易，币值只取决于人们的信心，不会受特定国家经济水平波动的影响。

2013年11月，"比特币中国"这个比特币交易平台的日交易量已经超过了日本的Mt. Gox交易所和欧洲的Bitstamp交易所，并且火币网等大型比特币交易平台日交易量也在1亿元人民币以上，中国实际上已经成为比特币全球集中交易量最大和最为重要的市场之一。2015年，比特币兑换成现金取款已经可以在西班牙一万台额外的银行自动取款机上实现，比特币公司Coinplug和韩国领先的ATM生产商Nautilus Hyosung之间新确立的合作伙伴关系也将使韩国的比特币爱好者可以使用信用卡在自动取款机上购买互联网货币，而且两家公司共同开发的新的解决方案也将为韩国各地7000多台普通ATM机提供正规的比特币购买服务，大型通信公司T-mobile宣布将在波兰接受比特币交易的支付和充值，甚至为试用服务和摒弃一贯形式的支付，如现金、借记卡、信用卡的顾客提供奖金。

随着互联网技术的发展，互联网货币的种类也在日益增加。除了比特币、瑞波币、以太币、莱特币、极光币、点点币和狗狗币在数量和市值上有了稳定提升以外，市面上又新增加了茶币、外星币等各种各样的山寨币、二代币。而且这些互联网货币的价格之间表现出了高度相关性，这种高度相关性与互联网货币市场的不成熟应该是互为因果的。

以比特币为例，比特币是首个得到广泛推广的加密货币，在这些数字资产的市价总值中占有最大的份额，并且在大多数情况下，需要先购买比特币才能购买其他山寨币。但是，也已经有几种山寨币通过提供较比特币更吸引人的价值而崭露头角，以太坊通过为开发者提供可以打造各种智能合约应用的平台而受到了关注，以太坊的互联网货币以太币已经占据了约为十亿美元的市值。同样，门罗币，作为Coin Market Cap上市值排名第五的互联网货币，通过提供比比特币更高的隐私性而找到了自己的市场。

三、互联网货币的特点

（一）虚拟性

互联网货币是伴随着网络技术的进步而取得发展的，它以电子信息的形式存在，不同于纸币等传统货币，其制作成本低，不占用资源，具有信息化时代虚拟性的特征。

（二）匿名性

互联网货币的使用并不需要进行实名登记，进行交易时只需要传送电子信息即可，不会透露用户的私人信息，实现交易自由化，满足人们对于隐私的追求，具有现代社会匿名性的特征。

（三）价值属性

互联网货币的流通建立在人们对其价值认可的基础上，这种价值源于信任，所以互联网货币具有一般货币具有的价值属性的特征。

（四）便利性

互联网货币的盛行部分是因为交易双方不需要通过中间媒介，而直接通过网络进行交易，节省了时间和交易成本，因此互联网货币具有促进货币形式革新的便利性特征。

（五）自由流通性

互联网货币并不是主权货币，只要使用者愿意，就可以通过网络获得并进行交易，使用中没有国别的限制，具有未来世界货币自由流通性的特征。

四、互联网货币的功能

相比传统货币，互联网货币的资产属性、商品属性远大于其货币属性，容易被少数人操控和炒作，币值波动剧烈，难以正常发挥货币的价值尺度、流通手段、支付手段等基本职能。欧洲央行在2015年公布了一些有关互联网货币的研究报告，该报告认为只有少数的互联网货币被当作交易介质，同时因为其价格变化较大，也没有办法展现其存储价值与记账功能。因此该报告里只是将互联网货币解释为：展现价值的数字方式，其并不是由货币当局推出的，在一些状况下，其能够被看作是货币的取代品。

当前互联网货币中最为主要的还是"去中心化"的互联网货币，其源代码是公开的。下面以比特币为例说明互联网货币在功能上具有的特征。首先就是在支付形式上，比特币并不需要依靠第三方。其实质就是能够公开查询，由整个分布式网络保障的数字总账，该总账被称做"区块链"，该区块里存储了所有的资料，涵盖了交易时间等，网络里所有节点都有这个区块的整个副本，没有办法进行虚构与双重支付。同时，比特币使用当前的信息科技创建了分布式价值传递网络，有效提高了价值传递效率。其次就是在发行或生产上，人们将比特币的生产比作是"挖矿"，得到该货币的本质就是在一个互相检验的公开账簿上进行登记，该体系差不多每隔十分钟就会对这个账簿进行公开。何谓"挖矿"就是指争夺记账权，挖掘比特币的"矿工"就是借助于矿机的运算实力在十分钟内发现吻合要求的一串随机代码，然后将该代码和其他交易信息整合为一个区块，并将其登记在该账簿里，这样就得到了一些比特币。依据该设计轮廓，其总数必定是保持不变的，对矿机运算实力的要求也是在不断提升，"挖矿"难度必定会日益增强，这就代表着其供应量的上涨速度也会不断下降。

第二节 互联网货币的产生、发展与演变

一、互联网货币产生的背景

纵观货币演化历史，货币形态的演变是社会需求与技术供给共同作用的结果。从需求来看，货币形态的演化符合人们的交易需求，随着社会经济的发展，人们会对货币使用提出新的要求，以便提高市场交易效率。从供给方看，科学技术的发展使得货币形态演变有了新供给的可能，货币形态的选择由当时的技术水平决定，货币材质的选定和使用与某一时代的产业技术是密切相关的。

社会需求是互联网货币演变的基本动力。互联网货币通过不断演化来满足人们不同的需求层次，主要包括：一是满足人们交易快捷方便的需求，即互联网货币代替纸币；二是满足人们对货币币值稳定的需求，即利用区块链技术挖矿方式解决互联网货币滥发问题；三是满足人们对互联网货币跨界统一使用的需求，即世界范围内货币通用性等。

技术供给是互联网货币演化的重要支撑。社会的技术水平影响着货币形态的选择，移动通信、大数据等科技进步为互联网货币的发展提供了坚强的技术支撑。

互联网货币的探索研究适应了当今社会需求和信息技术发展相结合的现实状况。一是适应人们对互联网货币认识和应用的需要。对互联网货币体系理论的认识，有助于人们更好地适应互联网货币时代的经济生活，共享金融创新的普惠效应。二是引导金融机构合理利用金融科技手段和业务创新开展有序竞争的需要。由于虚拟货币的发行没有明确的标准，各大公司争相发行自己的虚拟货币，目前全世界发行的虚拟货币有几百种，如腾讯的Q币等。需要建立规范的互联网货币标准和机制，加深对金融机构在互联网货币体系中作用的认识，合理利用金融科技手段和资源开展金融业务的有序竞争。三是应对各国央行互联网货币研发实践的国际竞争和中国金融安全挑战的需要。针对互联网货币创新的探索实践，各国中央银行正在积极关注，2015年英国央行率先宣布支持基于区块链技术的互联网货币研发。对互联网货币信用理论的认识以及风险监管机制设计的探索，与央行互联网货币创新和监管的实践工作对接，有助于加快中国法定互联网货币的落实，率先在国际网络空间构建金融数字化基础，维护中国金融安全。

二、互联网货币的演化路径

实物（商品）货币是人类社会商品交换发展过程中产生的最初货币形式。有形铸币是

货币发展过程的重要形态。有形铸币主要分为金属铸币和纸币两大类。金属铸币又分为贵金属货币(足值)和普通金属货币(不足值),铸币最初的实际金属含量与名义金属含量是相等的,金属铸币的实际价值与名义价值逐渐分离,普通铸币的普及标志着进入信用货币形态的初级阶段。公元1000年后,世界上逐步过渡到使用纸币,中央银行等官方金融机构的出现使得法定纸币逐渐普遍化,法定纸币的普及标志着进入信用货币形态的高级阶段。无形互联网货币是未来货币的发展趋势。工业革命后,随着信息技术的革命和发展,电子技术和网络通信成为社会交流的重要工具,电子支付方式在经济生活中普及,纸质货币逐渐变为电子货币。2000年后虚拟货币的快速发展逐渐受到各国政府的关注,2013年基于区块链技术的新型互联网货币更是受到各国央行的重视。从电子货币到虚拟货币的发展,是适应互联网时代货币数字化规律的。

(一)由虚拟货币到"自发的"互联网货币

互联网货币源于虚拟货币的发展,虚拟货币是由网络运营商发行并在网络虚拟空间流通的一种货币。欧洲央行将虚拟货币定义为:"一种不受监管的互联网货币,其发行通常由其开发者控制,并在特定虚拟社区的成员中被使用和接受。"按照与实体经济和实际货币之间的关系,欧洲央行将虚拟货币分为三种。第一种是"封闭的虚拟货币方案",有时称为"仅在游戏中"的方案,通常与实体经济没有联系。用户一般需要支付订阅费,并根据其在线表现赚取虚拟货币。这种虚拟货币只能用于购买虚拟社区内的虚拟商品和服务,且至少在理论上不能在虚拟社区外交易。我国与此相对应的是各种网络游戏中用来交易的虚拟货币,其可用来购买游戏中的各种公用道具或特殊道具,一般通过参与游戏中的各种活动获得,或通过货币充值相应的游戏点卡。第二种是"具有单向流动的虚拟货币方案",可用现实货币以特定比率购买虚拟货币,但不能反向交换现实货币,而兑换条件由方案所有者确定。这种方案允许虚拟货币用于购买虚拟商品和服务,有时也允许用于购买现实的商品和服务。在我国,典型的例子是腾讯公司的Q币,它与人民币是1∶1的兑换比率,可用来购买腾讯公司提供的各种虚拟商品和服务及部分现实商品和服务。第三种是"具有双向流动的虚拟货币方案",用户可按一定兑换比率,以现实货币买卖虚拟货币,允许虚拟货币用于购买虚拟和现实的商品和服务,虚拟货币与现实货币间的互操作性类似于可兑换货币。其典型代表是网络游戏"第二人生"(Second Life)中的虚拟货币,以浮动汇率与美元实现双向兑换。

当一种虚拟货币的流通不再限于虚拟社区,还可用于现实商品和服务的支付后,就具有了现实货币的职能,它已不再仅仅是一种"虚拟化"货币。由于这种虚拟货币可与现实货币以一定比例进行兑换,那么它与现实货币则仅仅存在法律意义上的区别,而并不存在实质意义上的区别。于是,由私人发行的、基于加密数字技术、与实体经济和现实货币具有一定兑换性的虚拟货币,就发展成为自发的互联网货币。

(二)由"自发的"互联网货币到"法定的"互联网货币

目前,法定的互联网货币并未正式发行,不过已有多家央行表态,正积极研发推行法定的互联网货币。如2016年开始,我国央行正式对外发布启动互联网货币项目,表示研究团队正积极对互联网货币的关键技术进行攻关,研究互联网货币的多场景应用,争取早日推出央行发行的互联网货币,并在票据市场试水。

英国中央银行总出纳维多利亚·克里兰德在2016年1月也曾对BBC表示:"考虑作为一家央行,我们是否应当发行互联网货币。"各国正在积极研发法定的互联网货币,那么如何理解法定的互联网货币呢?布雷顿森林体系解体后,法定货币与黄金正式脱钩,国家信用支撑的纸币成为现代货币。随着信息技术的快速发展,纸币首先经历了电子化阶段,表现为电子货币的广泛使用。巴塞尔委员会认为,电子货币是通过销售终端、两个设备的直接传输,以类似互联网的公开网络执行支付功能的储值和预支付机制,包括"硬件"或"以卡为基础"的机制(也称"电子钱包")和"软件"或"以网络为基础"的机制(也称"数字现金")。我国的货币电子化主要表现为各种银行卡和充值卡的使用,其基本形态是存储在银行卡和充值卡中的电子货币,这些电子货币本身代表着真实资金,其支付方式有刷卡支付、移动支付和互联网支付等。充值卡中的电子货币除可用现金充值外,还可通过银行卡转账获得。2008年后,我国的货币电子化进入迅速发展阶段,货币电子化程度从2009年的20.13%上升至2013年的55.96%。近年来,随着支付宝、微信支付、京东钱包等互联网(移动互联)支付平台的兴起,我国的实际货币电子化程度发展很快。可见,货币电子化及其表现形式电子货币只是将信息技术作为一种存储和支付平台,传统货币仍然执行计价单位、流通手段、支付手段和贮藏手段等职能,货币电子化所产生的电子货币并不是一种新型货币,只是替代纸币形式并执行纸币的相关职能。目前,法定的互联网货币虽然没有正式推出,但从我国央行对互联网货币的设想看,法定的互联网货币首先是在技术上超越电子货币,可能是涉及区块链、移动支付、可信可控云计算、密码算法、安全芯片等技术的本位币。但其本质是以国家信用为基础,由中央银行发行和调控,这与纸币和电子货币的性质没有根本区别,只是技术的发展推动货币从纸质走向电子化、再向数字化发展。目前互联网货币市场存在的主要是自发的互联网货币。

三、互联网货币的发展

以区块链技术为基础的比特币是目前典型的自发的互联网货币,至2015年初,全球已经拥有超过320台比特币自动取款机,主要集中在北美和欧洲,大部分的比特币ATMs位于商店、酒店、咖啡店里。根据互联网货币统计网站Coinmar-ketcap.Com公布的数字,至2016年6月末,互联网货币多达706种,其中有市场价值的有580种,市场价值共计133.17亿美元,其中市值最大的是比特币共计108.59亿美元。同时互联网货币种类间的市值差异非常大,比特币市值占互联网货币总额的81.54%,而所有互联网货币种类中97.18%的互联网货币市值仅占总市值的1.38%;但其市值排名变化剧烈,近期以来名为Ethereum的互联网货币崭露头角,市值超过Litecoin(莱特币)和Ripple(瑞波币)成为市值第二大的互联网货币;而且互联网货币的价格波动也大,以比特币为例,2010年比特币价格不足14美分,2013年价格飙升至1242美元,2015年价格回落至66美元,而2017年价格又涨至693美元。市值排名前10的互联网货币见表4.2。

表 4.2 2016—2017 年间市值排名前 10 的互联网货币

序号	货币种类	市场价值(美元)	价格(美元)	流通数量(个)
1	BTC	10859342374	693.770000	15652700
2	ETH	1344059165	16.600000	80974737
3	LTC	253180798	5.480000	46204501
4	XRP	202724062	0.005814	34868679462
5	DAO	181422898	0.154686	1172775159
6	DASH	51731618	7.940000	6518856
7	LSK	42633700	0.426337	100000000
8	DOGE	29162534	0.000278	104901201439
9	DGD	24237800	12.120000	2000000
10	MAID	23945408	0.052912	452552412

至 2017 年 1 月，已有 710 种互联网货币，市值共计 173.2 亿美元，其中市值最大的比特币约为 148.13 亿美元，约占总市值的 85.53%。由于比特币的流通已超出虚拟社区，并具有一定的社会影响力，所以各国政府纷纷出台相关政策对其进行约束，但在法律上各国尚存在差异。一些国家和地区已在法律上承认比特币的货币地位，并将其纳入监管范围，如德国和加拿大等；一些国家和地区则禁止其流通，如中国和泰国等。

第三节 互联网货币的运行机制

一、互联网货币运行的基本问题

(一)互联网货币的价值属性问题

货币的商品属性和债务属性是货币的两面，随着货币的演进，这两种属性的重要性也会不断发生变化：债务属性会变得更加明显，而商品属性会变得更加模糊乃至消失。当处在实物货币或贵金属货币阶段时，货币的商品属性表现得相对强一点，而债务属性表现得相对弱一点。当进入信用货币阶段时，货币的商品属性逐渐消失，而债务属性增强。

互联网货币本身不具有价值，本质上是一种财富价值的序列符号。互联网货币的发展并没有脱离信用货币的范畴，作为一种信用货币，互联网货币本质上仍是货币符号。在信用货币阶段，金融机构发行的货币其实是提供金融信用。目前互联网货币主要有两种设计思路：一种是基于"中央银行—商业银行"发行的互联网货币，它本质上是组织机构信用，另一种是基于 P2P 的互联网货币，这种货币本质上是个人信用。

(二)互联网货币的发行主体问题

货币发行主体的属性可分为公有属性和私有属性，由此形成了货币国家化和货币非国家化理论。从历史上看,政府很早就掌握了货币发行的权力,铸币发行国家化逐渐成为共识,形成了货币国家化理论。在铸币流通时代,金属的稀缺性使得政府垄断货币发行权没有引起明显的祸患。然而,在纸币流通阶段,纸币的发行不受贵金属储备的限制,政府为了自身财政的需要很容易超发纸币,引发货币贬值,造成通货膨胀和财富分配不公,引发经济危机和社会不满。基于经济自由主义视角,人们提出了货币非国家化的设想,即废除中央银行制度,允许私人发行货币,自由竞争的过程将会发现最好的货币。

货币发行主体争议的深层次问题是信用保证问题。信用货币时代,货币本身不具有价值,其背后是发行者的信用问题。不同货币发行体系下,其信用保证存在着较大的差异。纯粹的政府发行法定信用货币体系,本质上是政府信用保证,由政府保证货币流通价值。以黄金等实物挂钩的信用货币体系,本质上是商品价值和政府信用的双重保证。以美元等强势货币挂钩的信用货币体系,本质上是不同主体信用的多重保证。从发行人的属性来看,主要分为公有发行和私有发行,本质上是法定货币(国家信用)与私人货币(私人信用)的区别。因此,由于互联网货币的发行主体不同,其背后的信用保证也不同,这是众多虚拟货币存在较大信用风险的原因。

因信息不对称,货币发行过程中存在委托代理问题。互联网货币体系将由双重委托代理逐步发展为一重委托代理问题。传统货币体系是两重信用的双重委托代理问题。传统货币流通体系是以银行为主导的间接融资过程,货币发行是国家信用在金融机构之间一次配置,即一级市场中存在着一次委托代理的问题。在个体融资中,个体凭借自身信用到金融机构进行二次融资获得资金,即二级市场上也存在着一次委托代理问题。互联网货币体系是一重信用的委托代理问题。个体融资相当于以个体信用为保证,简化为私人信用之间的问题,即一次委托代理问题。

(三)互联网货币发行的数量问题

互联网货币的数量该如何调节?货币具有派生能力,据此可以将货币分为基础货币和派生货币,互联网货币的数量问题由此可以分解为"基础货币发行量"和"货币信用创造能力"两个方面的问题。

1. 互联网货币的基础发行量

在实物货币或金属货币阶段,货币的发行量是以实物或金属存量为依据。鉴于存量限制和技术水平因素,货币发行量比较稳定,实物或金属货币发行有了比较好的锚定物。进入信用货币高级阶段,缺乏实际价值的纸币很容易超发,货币发行过程一直存在锚定与脱锚的争议。为了维持币值稳定人们希望纸币发行能与贵金属(或商品)挂钩而形成货币发行锚定,但政府为了自身财政需要希望纸币发行自由调控,从而实现货币发行脱锚。历史上,政府曾选择以商品存量为锚定,再逐步过渡到以贵金属存量为锚定,到以强势货币(如美元)为锚定。

纸币流通时代,为了刺激经济发展和减轻政府债务,各国政府总有超发货币的动机,特别是缺乏货币发行锚定物时这种动机更强。互联网货币发行更因其无形性、无价值、低成本等特性,使得锚定问题变得更重要也更困难。信息技术容量成为新时代互联网货币较好的锚定物。基于区块链技术的互联网货币设计以信息技术容量为限,采用技术锚定来解决互联网货币发行量问题。根据互联网货币的设计规则，互联网货币的获得需要通过网络"挖矿"实现，"挖矿"消耗的计算处理能量将转化为互联网货币的价值，即互联网货币的发行量与网络技术处理能力挂钩。科学技术是衡量一个社会生产力的重要标准，信息技术水平又是互联网时代发展的重要指标，互联网货币的发行能与信息技术容量挂钩，说明互联网货币发行找到了较优的锚定机制。

2. 互联网货币的信用创造机制（互联网货币的流通量）

除了货币的基础发行量，互联网货币流通量主要由信用创造能力决定。货币信用创造能力是影响货币数量调节的重要因素。基础货币发行量是显而易见的，为了应对舆论压力各国中央银行对基础货币发行比较慎重，但间接货币信用创造的影响却是较为隐蔽的。货币信用创造内生于金融交易过程，一般由中央银行发行货币，创造信用基础载体，商业银行吸收存款同时对贷款进行定价和配置，释放出新的信用，形成货币信用循环体系。在银行主导的传统信用创造机制中，银行不仅是借款人和贷款人的媒介者，更是信用创造者，影响着货币流通量，银行过度放贷扩大信用易造成金融危机。随着金融业的不断发展，信用创造的主体不再局限于银行，还包括证券公司等，形成了以金融市场为核心的现代信用创造机制。

现代金融理论体系中，影子银行等非正规金融机构对货币信用创造具有重要的影响，它们通过金融衍生产品的创新，发挥了更强的信用创造功能，影响了货币乘数模型，最终影响宏观货币政策调控。互联网金融等新兴金融机构也可能成为信用创造或者放大的力量之一。作为金融工具的创新，互联网货币一定程度上改变了传统货币的信用创造机制，其信用创造能力的衡量是后续研究的重点。

二、互联网货币运行机制分析

（一）互联网货币的设计思路

"去中心化"和金融脱媒是近年来金融发展的趋势。货币非国家化理论认为自由竞争是市场机制发挥作用的关键，政府垄断货币发行权容易对经济均衡造成破坏，并论证了私有银行发行竞争性货币制度的可行性和优越性。去中心化是互联网发展中信息传递效率提高而形成的扁平化社会关系形态，网络技术的进步使得其具有较高的可行性。区块链技术创新使"去中心化"的互联网货币发行机制得以实现，世界上众多知名银行组成了R3组织，也涌现出更多的此类互联网货币，这正是私有货币理论的践行。"去中心化"在现实中仍有许多问题，具体包括：一是市场垄断问题，目前货币市场状况不符合私有货币理论自由竞争的前提；二是风险监管问题，庞大的货币体系需要及时监管和调控以防范风险；三是公平和效率问题，即互联网货币如何才能公平有效地发行；四是币值的稳定性，技术革命对互联网货币币值将产生重大影响。完全"去中心化"的互联网货币的风险及监管问题值得进一步研究探讨。

传统货币体系是典型的三方模式，银行为中介方，一边连着借方，另一边连着贷方，借贷双方分别通过银行进行资金结算完成债权债务的转移，如电子货币系统。Nakamoto提出了一种完全通过点对点技术实现的电子现金系统，即两方模式。在区块链技术创新下互联网货币的探索实践中,其技术路线可分为基于账户和非基于账户两种。各国央行在具体设计中会考虑与现有金融机构的对接,一般有两种模型:一是中央银行直接面对客户,在央行系统上客户直接交易;二是保留商业银行的二元结构,在央行系统上由商业银行具体负责交易。这两种模式是"去中心化"和金融脱媒的争议焦点的现实反映。

(二)二元信用机制的探索

互联网货币的发展是从三方模式逐渐过渡到两方模式的,这是基于技术条件演化和改革渐近性的过程,但是从目前来看,互联网货币的二元信用机制发展条件还不够成熟。

私有互联网货币理论的条件不成熟。充分自由竞争和货币的商品准备本位制是私人发行货币的两个基本前提。第一,法定互联网货币的发行在特定区域内具有唯一性,不符合私有货币理论中的自由竞争条件,货币发行垄断所造成的问题依然无法解决。第二,私有货币需要以商品本位为基础,不是简单的机器算法就能解决,而且目前各国法定互联网货币的锚定问题没有明确标准。因此,法定互联网货币完全"去中心化"的理论条件不成熟,这是各国政府干预的主要原因。

改革具有渐近性,通常表现为双轨制并行。多年的市场化改革经验表明,为了保持市场的稳定性,改革很难一步到位,一般都是渐进式的。互联网货币的创新中,政府偏向于"中央银行—商业银行"的二元互联网货币体系,然后再逐步过渡到一元体系,以照顾各方利益维护金融市场稳定。货币改革创新过程中,政府偏向于互联网货币"中心化"发行机制,即由央行推出并发行被法律认可的互联网货币。由央行专门监测互联网货币的发行流通并适时调控,以保证健康的货币市场流动性,维护金融发展稳定。目前中国人民银行推出了基于区块链技术的数字票据试验平台,可以把数字票据看作互联网货币的一种载体。采用区块链技术的数字票据仍属于二元信用创造范畴,其可以通过减少信息不对称,实现票据价值传递的去中介化,提高票据交易的效率,是互联网货币"去中心化"和脱媒理念的逐步尝试。

二元信用创造机制是"中央银行—商业银行"互联网货币体系的关键。基于"中央银行—商业银行"的互联网货币,本质上是国家信用与私人信用并行,存在着双重委托代理问题。在中央银行的互联网货币体系中,存在着央行的互联网货币发行库、商业银行的互联网货币银行库和用户端的互联网货币钱包的三方关系。由央行根据货币发行总量要求统一生成互联网货币并存放在发行库中,再根据商业银行的需求申请将互联网货币发送到相应的银行数据库中,即一级市场上实现互联网货币从发行库到银行库。当用户使用互联网货币时,由商业银行负责银行库与用户的数字钱包结算,即实现二级市场上互联网货币从银行库到用户钱包之间的流通。基于"中央银行—商业银行"的二元互联网货币体系,本质上仍是传统的二元信用创造原理。

(三)一体信用机制的前景

"去中心化"是金融发展的趋势,一体化的信用创造机制具有较大的前景。金融发展经历了直接融资到间接融资再到直接融资的过程。从资金直接借贷到金融中间商的出现,间接融资媒介机制大大提高了金融效率。然而,随着信息网络的快速发展,人们获取和处理信息的能力极大提高，并且通过网络自动实现资金匹配，中间商的作用逐渐下降，网络直接融资机制反而有助于提高金融效率。因此，从以银行为主导的近代金融体系到以证券市场为核心的现代金融体系，再到以金融科技为核心的未来金融体系，去中心化的直接融资是社会发展趋势，从二元信用创造机制过渡到一元信用创造机制也是未来研究和发展的趋势。

第四节 互联网货币的风险与监管

一、互联网货币的风险

目前互联网货币风险主要有安全风险、投机风险、法律风险、信用风险、政策风险等。基于货币认识理论，互联网货币风险可分为不可预知风险和可预知风险，与金融的系统性风险和非系统性风险划分有别。互联网货币的不可预知风险主要是指超出人们正常预计范围由突发性事件带来的风险，包括技术风险、市场风险等。信息技术变革、网络安全等技术风险在互联网货币实际运用过程中非常重要，但却不是金融风险分析的重点。互联网货币的可预知风险主要是指在一段时间内人们通过一定手段能观察的潜在风险，包括法律风险、政策风险和信用风险等。互联网货币法律地位的承认，是一个逐渐发展的过程，一种新型的货币形态要成熟，需要有良好的机制设计、适度的市场规模、合理的法律制度，政策风险在一定程度上是可以预知的。

（一）安全风险

目前主流互联网货币多运用了一些较为严格的密码学系统，除非在某些数字领域中发生了很大改变，否则其安全性还是非常具有保障的。但是随着互联网货币的价格不断增长，有关交易网站也出现了很多账号被盗等事情。黑客并没有能力也没有必要去攻击互联网货币系统本身，黑客主要通过木马程序、软件和操作系统漏洞、交易平台系统漏洞等途径来盗取用户的互联网货币。而由于目前主流互联网货币多具有匿名性与去中心化的特点，警方就算是找到了被盗货币的动向，但是也没有对其使用者给予锁定。更为关键的就是，因为不具有对应的仲裁单位，受到伤害的使用者没有办法给予申诉。而就算是能够发起诉讼，因为犯罪人员已经具有私钥，造成受害人员没有其他办法能够证实其对账户的所有权，这样就会导致最后的判定较为艰难。新型互联网货币的操作风险：尽管新型互联网货币产生所基于的密码学原理及区块链技术不易被攻破，但交易的平台、账户却存在被盗的风险，平台如何保证密钥的安全性是目前该行业面临的严峻挑战。近年来多次发生的比特币被盗事件，让投资者逐渐意识到比特币并不如一直以来人们认为的那么安全，被盗的风险时刻存在，并且比特币的所有权一经变动就当然生效，且难以追回。2014 年 2 月 24 日，当时世界上最大的比特币交易所运营商 Mt. Gox 交易平台的 85 万个比特币被盗，该平台无奈下线并申请破产保护。此类案件往往涉及人员众多，金额也相对较大，产生了严重的不良社会影响。该风险主要取决于交易平台系统安全架构是否完善。

为了避免互联网货币的操作风险，平台应提高技术，防范账户信息泄露，保障消费者、投资者的账户信息安全。例如，增加电子证书或物理介质认证，以提升密钥的安全防护能力，若因为平台的技术设计不严谨或出现安全漏洞而导致客户账户被盗，平台应承担赔偿责任。对于盗窃账户的不法分子，应依据《刑法》中的盗窃罪定罪量刑。

（二）投机风险

互联网货币的投机风险主要发生在新型互联网货币的交易中。该类互联网货币所具有的稀缺性和无国界性等特点让其成为天然的投资品，但其给一部分投资者带来收益的同时，也给大量的投资者造成损失。而且，由于互联网货币的价格波动不受限制，恶意炒作，人为干预操纵价格常有发生。而随着互联网货币的交易量不断增大，过度投机、价格变化幅度过大可能影响社会经济秩序。互联网货币的价格由多重因素决定，例如：行业关注度，关注度提高、参与者增多，价格上涨的可能性越大；国家对该种互联网货币的态度，认可度提高则利好；互联网货币的获得成本，如"挖矿"所用的电费和"矿机"成本上升，比特币价格将上升；互联网货币的用途，用途越广，价格上涨的可能性越大。此外，互联网货币被盗引起投资者信心受挫也会影响其价格。Mt. Gox 被盗当日比特币价格暴跌 25%，10 天跌幅高达 50%。大量的比特币被盗不仅给平台和用户带来了极大的损失，更是引起投资者的恐慌，导致集中抛售，从而造成比特币价格暴跌。因此，投资者切忌一味追求有诱惑力的投资回报而过度投机。比特币平台被盗不完全来自黑客，其中很多涉及平台内部员工的监守自盗。例如 Mt. Gox 案件中负责调查的东京警察认为其中只有 7000 枚比特币的丢失可归罪到黑客，Mt. Gox 平台本身也存在大规模的欺诈性交易。

（三）法律风险

互联网货币的法律风险主要是不法分子利用互联网货币进行赌博、洗钱、贩毒、逃税，为恐怖活动融资等违法犯罪行为的风险。尤其是具有去中心化和匿名性质的新型互联网货币，可进行点对点交易，交易行为缺乏监管，不受地域限制，保密性及安全性极高，这种交易方式为用户提供交易安全保障的同时也为犯罪分子提供了便利。

（四）信用风险

信用风险一般都是源自给传统货币进行背书的发行厂家，因为其破产倒闭、并购或者其他企业因素造成互联网货币没有办法使用，这样就会给使用者带来伤害。

（五）政策风险

到目前为止，各个国家政府在互联网货币上使用了完全不同的做法。以美、德、日为典型的国家对互联网货币给予了肯定与认可，都是在积极地设定有关法律，并对有关条例给予修正，从而不断适应当前互联网货币的发展。以英国等为代表的国家都在观望，它们并未表示任何看法。泰国等国家是该货币的反对者，它们都表示要坚决反对与抵制该货币的使用。这些国家使用不同做法最为根本的因素就是它们对金融系统的管制能力有着差异。虽然互联网货币可以帮助当前国家经济发展，但是在促进经济发展中也增添了对应的管制难度并对当局的政策管制能力发出了新的挑战。

互联网货币政策会对经济活动产生较大影响（包括货币的数量效应和时间效应，其作用包括产出效应和价格效应），这是未来金融研究的重点。基于区块链技术的互联网货币发行过程中会产生诸多问题，蕴含着诸多潜在的风险。在互联网货币的各种风险中安全风险是首要风险，需要重视但不是金融研究的重点，法律风险随着相关法规的逐渐完善是可以防范的，法定互联网货币的信用风险相对较小，政策风险和市场风险将会成为互联网货币后续研究的主要内容。

二、互联网货币的监管

（一）互联网货币风险监管

构建有效的风险监管体系是互联网货币有序健康运行的重要保障。互联网货币风险分为不可预知风险和可预知风险。结合风险监管态度（积极监管和消极监管）、监管原则（放松监管、适当监管和加强监管）以及监管方法（事前审批、事中监测、事后调整等静态到动态的多种监管手段）等理论分析，互联网货币风险监管的重点在于可预知风险，从金融视角来看主要是政策调整的市场风险，可以采用审慎监管原则建立完善的互联网货币风险评估及反馈调整体系。

互联网货币体系稳健的关键是保证货币流通量与经济发展相适应。在数字信用货币体系下，也可能出现互联网货币发行泛滥的情形，其货币风险是通过金融体系（主要包括金融机构、工具）的信用缩放而产生的。第一，金融机构的反应对货币信用的影响。Borio & Zhu 提出了货币政策的银行风险承担渠道：通过"资本框架效应"影响银行风险态度和风险承担等审慎行为，进而影响其信贷决策。第二，金融工具的创新对货币信用创造的影响。金融监管往往落后于金融科技创新，金融货币机制的创新往往会扩大货币政策风险。因此，互联网货币风险监管重点在于其信用创造机制的监控和调整。

（二）互联网货币监管的关键机制

目前虽然有学者从监管态度、原则、方法等提出了互联网货币风险监管的一些认识和建议，但没有提出互联网货币风险监管的关键机制和思路。除去互联网货币技术安全问题，互联网货币风险监管体系设计的关键在于解决信息不对称性。金融科技的发展，日益使得信用人格化，在互联网货币风险监管机制中关键在于建立信用人格化的监测体系。在微观主体行为的监测和评估体系的构建与完善的基础上，宏观层货币信用张缩和市场流动性的监测反馈也就水到渠成。

采用金融科技手段，实现信用人格化动态监测的单维机制到多维机制设计，可以减少金融交易过程中的信息不对称。同时，人格信用化的立体互联网货币体系，有助于监管机构获得相应数据，适时调整政策，使得互联网货币有效运行。

第五节 比特币和区块链

一、比特币

(一) 比特币产生的背景

截至目前,比特币是互联网货币中应用最广、最被大家所熟知的典型代表。比特币最开始源自中本聪在2008年发表的论文《比特币:一种点对点的电子现金系统》。该文详细阐述了一个建立在点对点体系之上的体系,该体系能够实现双方直接交易,并且不需要依靠第三方,从而获得了一个较为崭新的货币系统。

最初比特币被当作密码学的一种创新,只在一些小规模人群中进行试验与使用。在后来的发展中,它逐渐被大众所知晓,并有很多商家接受与认可比特币。从2009年起,部分有关比特币的交易市场开始创建,其价格也获得了很大提升。到2017年2月份,其单价增长到1174.12美元。

比特币可以开展24小时全天交易,并且不会被涨跌所约束,其价格在一天之内就可以实现千元上下的波动。从这个角度来看比特币更多地是被当作一种投机产品,就此,国内银行颁布了《关于防范比特币风险的通知》,对其属性给予否定,不准其在市场中流动。

(二) 比特币的运行机制

1. 比特币的产生机制

比特币的产生是通过"挖矿"(mining)的行为来实现的,"挖矿"活动的过程见图4.1:①每个节点以本地区块链中最后一个区块的内容为输入,计算其哈希值(Hash);②比特币的挖掘者们将接收其他节点发布或转发的交易单,进行筛选与检测,剔除已经被包括在区块链中的旧交易单、余额不足的或是有其他错误的交易单;③随机选取一个数字,通过将这个数字与前面得到的哈希值、合法的交易单内容一起作为输入,得到一个新的哈希值;④检测这个新的哈希值是否小于当前的难度阈值,如果是,则挖矿成功,生成一个新的区块并向全网广播,如果哈希值不符合条件(大于阈值),则从第二步重新开始。⑤其他节点接收这个新计算出来的区块,并验证其是否符合规则。若有足够多的节点验证了该节点的区块是唯一有效的,其他节点将接受该区块并附加到其区块链上。完成这一过程的矿工将获得相应的比特币,每隔十分钟网络就会形成一个新的区块。⑥如果在挖矿中,收到了其他节点传来的新合法区块,则将这个区块加到本地区块链的末尾,从第一步开始重新挖矿。

为了能够有效地掌控比特币的生产速度,生成算法依据目前已经具有的总数不断调节算法的繁杂程度,产生的总数越多,那么参加挖矿的总数就会越多,算法相对就会更为繁杂,难度也是不断提升。挖矿难度和一段时间里投入生产的平均算法实力有着紧密关系。单一个体与其他使用者互相竞争,其运算实力要比整个网络的运算综合实力高,变成该网

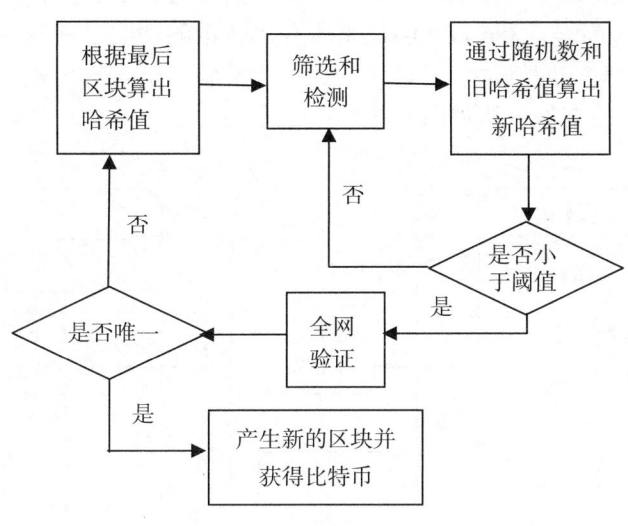

图 4.1 比特币产生过程

络最先建立新区块的第一人,并将其公布到网络中,被整个网络所接受与认可,那么就可以算作是挖矿成功。如果在十分钟以内有人超前挖矿,那么之前运算就失效,只可以再次创建一个区块。

和美元等信用货币有所差异,不具有央行推行的比特币,也不具有政府给其带来的信用背书。比特币发行都是借助于挖矿去实现的,所有有效挖矿都会形成新的比特币,一直到极限。比特币信用,主要是来自每一位参加挖矿与交易的使用者所提供的大量运算,还有花费的时间与电力等费用。大众投入的劳动越多代表着其对比特币的认可度就越大。比特币体系就是一个建立在网络之上的信用系统,其不光不用任何历史信息,也不用任何单位或个人带来的担保。简单来说,其就是依赖于理论与技术的双重保障去确保其信用:首先就是理论层面上的,在劳动中得到的回报要比欺骗获得的回报高很多,那么就不会有人去开展欺骗;其次,其自身特点决定了欺骗是存在很大难度的。要想获得成功,不光需要其他每一个使用者的验证,也要有着超出整个网络整体运算能力51%的运算设施,就当前比特币在网络中积累的运算实力而言,就算是整个世界最为领先的大型计算机也没有办法满足这样的要求。随着新的计算机不断加入,在比特币的世界中,欺骗难度就会不断增加。

2. 比特币的交易支付机制

比特币交易的基础就是账户,该账户就是一对公、私钥,借助于秘钥算法,使用电子签名完成整个交易。如果 A 想将比特币转到 B 的账户上,那么 A 就需要将钱的总数加上 B 的公钥,然后用自己的私钥签名,B 只要依据该签名,就能够知道是谁给他转钱。同时,在交易中需要网络当作担保方对其给予担保。A 在完成这笔交易时,将交易清单公布在网络里,那么该网络中所有的人都能够对其进行验证。B 从网络上获得超过 6 个人的验证以后,就可以确定 A 给出了该笔交易单,那么 B 就能够合法运用该货币。网络尚未对所有交易的双方给予登记,不过在公开日志里会使用列表的方式将比特币自从形成以后发生的所有交易清单给予记录。如果法律进行强制性实施时，监管机构能够借助于高端网络技术去追踪所有交易情况，这样就能够找到所有比特币的动向，并找到对应的使用者。不管是谁要确定交易单时，网络都会去对该列表进行检验并确定转出账户上是不是拥有充足的货币。比特币的交易支付机制见图4.2。

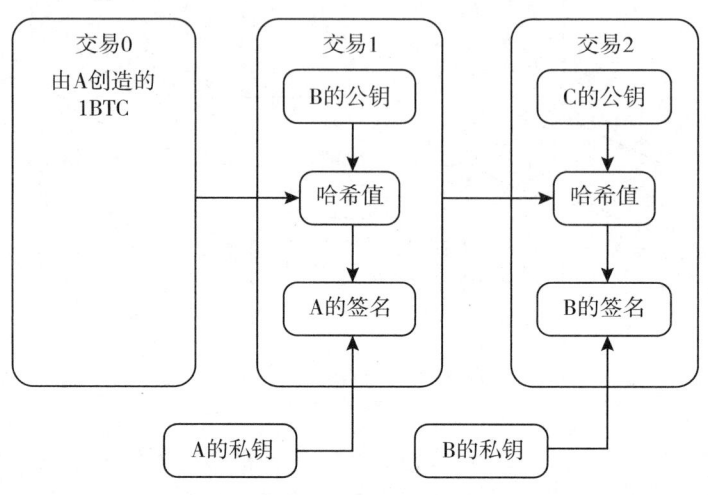

图4.2　比特币的交易支付机制图

借助于节点投票验证将所有交易都整合为一个交易链，让每一个节点都能够检验资金动向，运用分布式时间戳算法将由网络节点检验以后的新交易信息融入全网认可的交易链里，追踪该链中的交易去评判收款者获得资金以后是不是需要再次支付，这样就能够很好地处理比特币反复使用的问题。

（三）比特币的获取方式

获取比特币具有三个形式：首先是"挖矿"获得，生产一个区块并得到比特币。其次就是购买，借助于网络平台实现货币购买。最后就是捐赠，比特币可以借助于网络发送到全球的各个角落，一般状况下能够免费发送，但是在一些特殊状况下就需要给予一些手续费才可以实现。在新版Bitcoin钱包里需要承担0.0001比特币的转账手续费。该费用主要是奖赏给矿工的，用来激励矿工继续工作给比特币带来足够运算能力，这样就可以很好地保障其安全。当前矿工最为主要收入就是借助于创建新的区块去获得25比特币的奖励，但是该奖励会每隔四年进行减半，随着时间的延长其手续费奖励将会慢慢替代创建新块的奖励。

（四）比特币的特点

比特币具有以下特点。

1. 去中心化

比特币实现了去中心化的货币发行和管理。当前货币都是央行发出，然后由财政给予保障，该发行与管理形式具有下面一些不足：首先，货币类型比较多，各个货币间不断进行交换，就会提升交易费用；其次，只要某个国家出现了政治问题，那么该国的货币就会遭受严重的信任风险；另外，货币发行的中心化会形成特权，因为货币发行机构具有绝对的铸币税征收权力。这样就会出现一些自利与短视的问题，因此，比特币在设计中就会全力去实现去中心化。为处理该问题，首先其运用了密码学算法，让其在进行创建时所有的使用者都需要付出相同的努力才可以证实其信用；其次，比特币的形成需要获得整个网络的监督，所以要想能够欺骗所有使用者，就需要花费很大的运算实力。就技术上来说是不够现实的。简单来说，其成功使用了密码学方式，处理了去中心化问题，让其在发行时不会依靠任何政府单位，并且和当前的网络特征互相吻合。

2. 匿名化

比特币为一种匿名化货币。该特点主要展现在下面三个方面：首先，其账号只是一些简单的数字地址，借助于这些数字没有办法获得使用者的所有信息；其次，其账号的形成不需要获得任何的实名认证，使用者只可以借助于私钥证实其所有权；最后，相同的人具有不同的账号，那么这些账号间也是不具有任何联系，这就意味着其他人没有办法得出指定使用者的所有货币总量。然而，其匿名性也是一把双刃剑，其虽然可以借助于技术保障自身财产安全，但是也给一些不法交易活动带来了非常好的机会。另外，还有一个潜在危险就是会制约政府的征税能力。目前国际上的税收系统大多依靠对银行账户的监控预防逃税，该方式建立在实名制之上。如果资金实现匿名化，那么征税就会更为艰难。

3. 可追溯性

对所有的比特币来说，其从形成到所有的流通中，都是会被记录在整个区块里，所有账户的交易也是能够被追溯的，最为关键的就是在追溯中不用进行认证，不管是谁都能够去检查任意账号。这样就能够完成网络的互相监督从而确保市场交易正常开展。

4. 不可逆性

比特币在交易过程中具有不可逆性。所有交易只具有成功与失败这两个状态，不存在撤销这种状态。这种设计最开始是为了预防付款方借助于撤销去伤害收款方利益，还有预防在退款中要再次创建信任关系而需要反复提供个人资料。就这种特点具有两种不一样的看法。赞同者觉得该设计可以很好地预防信用风险，而反对者则觉得人都会出现错误，所以这种特点会影响比特币被接受的程度。

5. 总量固定与通缩倾向

比特币的总数和生产速度都是被事先明确的。其生产速度会不断下降，并最后实现2100万个。认同者觉得该发行形式能够很好地预防货币泛滥从而保障稳定。反对者觉得：首先，其发行速度在不断下降并且无法调节，将会不断造成通缩压力，导致最后压力增大。其次，上涨速度减缓会造成稳定的升值预期，这样就会造成人们更为偏向于存储该货币，并非是用作交易。这样就会造成交易总数不断减少，流通性继续减少。最后，价值的不断上涨会造成社会分配能力出现失衡。所以总量稳定与上涨速度减缓对货币来说既是优势也是致命的因素。

6. 天然的全球性货币

该货币不具有国界，也不用兑换，是一种全球性货币，能够很好地削减国际交易费用与流动费用,但是也会不断增强危机的传递,将风险不断放大。随着经济的发展以及生产力的提高,如果目前世界沿用以黄金为锚定物的布雷顿森林体系,那么物价肯定要不断降低,但是由于目前纸币的信用体系本身无法抑制政府超发货币的冲动,而货币总量的增加快于生产力增加的速度,从而造成了物品的价格不断提高也就是通货膨胀。哈耶克在《货币的非国家化》中彻底地突破了传统货币体制:既然在普通的产品与服务交易市场中有着较好的竞争效率,那么为何不能在货币领域里增加自由竞争?这些建议的提出对传统货币体制带来了很大冲击:去除央行制度,准许私人发行,并且自由竞争,该竞争中就会产生最好的货币。就经济学层面上来说,该货币实现了自由竞争的思想。所以从这个角度上说比特币是货币发展史上的一个进步。

(五)比特币的货币属性

货币是当商品交换发展到某个程度以后形成的产物。马克思觉得其实质就是一般等价物,具备了价值尺度、流通形式、支付方式、存储方式、世界货币的职能。当价值尺度与流通方式互相统一以后就变成了货币。下面将马克思的货币职能当作基础,探究比特币的货币特性。

价值尺度就是给交易对象提供价格形态,将货币当作计价依据,全面衡量与展现产品价值的社会尺度。比特币是人类发展史中首次使用技术在自身领域里对外界的产品进行计价,并且和美元构成了比价效应。其可以很好地模仿黄金的特征,有着稀缺性,实现了价值尺度的社会职能,变成国际上公认的互联网货币。

流通方式就是指货币被当作商品之间进行交换的载体,是一种实际存在的货币。比特币具有媒介功能,销售产品和服务得到了比特币,但是该货币不光可以在网络上购买虚拟商品、服务以及实际商品,还能够拥有较强的分割实力。一个比特币能够被划分成小数点后第八位,这样就能够实现微型支付。

支付方式就是指出现了赊销赊购,使用延期支付的形式交易商品的状况下,货币用作清还债务而使用的职能,是从交易媒介中形成的。比特币因其运用范畴不被约束,能够在线上线下给企业带来产品与服务,完成日后货币和财富的兑现。

存储方式就是指货币退出流通领域,被当作一种财富而进行存储的方式,展现了"蓄水池"的存储功能。比特币有着价值存储或购买实力存储的职能,拥有专属所有权,使用计算机与通信科技将网络里的比特币使用数字的方式(二进制数据)被隔离保存在网络或有关设施里,并且不会发生消耗。日后顾客如果想要去实现货币购买力,就能够依据交易平台的汇率将其转变成现实货币,这样就能够对财富进行保存。

世界货币就是指货币不受国界限制,在国际上能够展现一般等价物的功能,并可以有效实行该职能。世界货币被当作国际购买与支付的方式,能够完成国际财富的移动。比特币不受国界限制,可以被用作国际交易的支付形式。

比特币有上述着五大职能,特别是在交易中存在的媒介职能,展现了其运用价值。购买计算机的成本与挖矿时出现的电能损耗、时间损耗等都让其拥有了价值,就好比是在挖掘黄金中出现的消耗让其具有了价值一样,挖矿中出现的劳动消耗会全部转变为比特币价值。所以,其拥有货币与运用价值。

就表面上而言，比特币有着货币功能，但是其价值尚未获得大众认可与接受，所以其并不是真正意义上的货币，它其实就是一种产品。所有东西都可以被当作货币，只要所有人都将其当作主流货币，那么其就可以变成主流货币。比特币不光缺少了该有的商品职能，还缺少了信用货币的强制性保障，其价值主要是来自多少人、多少产品与服务想要去接受与认可该货币进行付款，即大众对货币的信任。如果其可以在很长时间里给投资方创建信心，那么对其认可度就会不断提升，交易范畴也会不断被拓展。增强影响力并且提高了社会的公信力，那么其货币属性就会相对不断增强，新的货币系统就会由此形成，并变成最后真正的货币。到2016年末，全球前十大接受比特币的企业情况如表4.3所示。

表 4.3　　　　　　　　　　接受比特币支付的企业列表

排名	公司名称	年收入（亿美元）
1	微软	868
2	戴尔	569
3	乐天	500
4	Dish Network	139
5	Expedia	50
6	财捷集团	45
7	Monprix	43
8	Time Inc	34
9	新蛋网	28
10	Overstock	13
合计		2289

（六）比特币的发展现状

自2016年9月份以后，比特币交易总数获得很大提升，依据网站Bitcoinity给出的统计信息，国际上比特币的交易平台从最开始的60万个增长到当前的600万个，其中还曾经达到了1300万个。而源自中国的比特币交易平台的成交总数就已经超过了全球的90%。但在央行约谈有关交易平台以后，各大交易平台先后宣布将对比特币交易收取0.2%的服务费。原本庞大的比特币交易量瞬间萎缩。在此之前中国的交易量占全球的90%以上，现在滑落到只有20%~30%。

曾经是比特币行业最大黑天鹅事件发源地的日本，面对比特币这一新兴事物的态度，也经历过大起大落。总部位于东京的Mt.Gox在公开其损失了480万美金的比特币以后，在2014年宣布破产倒闭。Mt.Gox巅峰时期，曾经处理大约80%的全球比特币交易。自比特币诞生以来,其在日本的法律地位始终不清晰。像很多国家一样,日本政府在比特币发展早期采取了观望策略。Mt. Gox 事件爆发后,日本媒体甚至全球媒体的指责则加重了日本政府对比特币的负面情绪。但事情很快发生了转折,2016 年 3 月,日本颁布了新的法案,第一次对比特币等互联网货币进行了一些较为全面的阐述,对当前已有的《支付服务法》与《预防犯罪收益转移法》进行了一些修正,并正式认可了其价值,将其当作一种新式的交易方式,从此该货币就具有了较为清楚的合法身份。

jpbitcoin 的数据显示,目前日本比特币的日均交易量在 15 万个至 20 万个之间。这个数据和中国交易平台的交易数据形成鲜明对比。正是由于中国日渐趋于严厉的监管压力,让全球比特币交易者不得不寻求阻力更小的交易场所,日本官方此刻的表态,招揽了部分对中国区政策持观望态度的交易者,日本交易所推行的零佣金策略也推动了交易量的上升。契合比特币身份的生存土壤,也是日本能够后来者居上的原因。作为"新型的支付方式",比特币在日本的实际应用场景越来越丰富,这使得比特币在日本不仅有投资、投机的价值,还具备流通交换的价值。美国《华尔街日报》报道称,目前,在日本有五千多个商家及网站接受比特币作为付款方式。

从 2014 年到 2017 年,比特币在日本的发展经历了观察期、冲撞期、合理监管期,现在正步入规范期,日本 FSA 规定交易所必须在 FSA 登记注册,这一清晰的监管制度增强了日本民众及全球比特币投资者对于比特币行业在日本发展前景的正面预期。

(七)世界各国(地区)对比特币的监管

1. 境外对比特币的接受与监管程度

2017 年 2 月,德国最大的金融新闻网络平台——Finanzen. net,将比特币与其他主要储备货币,如美元、日元和人民币一起列在公司"最重要的汇率"分栏中。该列表包含 Finanzen. net 经过审慎考量后选出的作为全球经济基础的 7 种主要储备货币的汇率。将比特币列于其中,意味着德国金融和媒体行业龙头 Finanzen. net 已经认为比特币是世界上最重要的货币之一。在其被广泛使用的货币转换器和费率报价平台,Finanzen. net 还对比特币提供本地支持,展示一年期的比特币价格图表,并将互联网货币列在公司列出的所有储备货币之中。在过去几个月里,Finanzen. net 一直在其国内为观众和读者广播并报道比特币相关消息。

除了德国主流媒体,欧洲其他主流媒体,包括瑞士最大的新闻网络 NeueZürcherZeitung 也提供了关于比特币的大量报告和报道。将比特币广泛地覆盖并且准确地描述为去中心化的互联网货币以及合法的价值存储方式,主流媒体的这类报道将显著增加人们对比特币的接受程度。至 2017 年 2 月,世界各国(地区)对于比特币的态度总体来看还是积极的,除了孟加拉国、玻利维亚、约旦、黎巴嫩等少数国家宣布比特币违法,甚至禁止本国一切互联网货币流通以外,大部分国家(地区)对于比特币等互联网货币保持观望态度,即不干预也不提倡(见表 4.4)。而比特币交易量最大的国家(地区),如中国、日本、美国、加拿大等国(地区)都出台了相应的监管措施,着力避免利用互联网货币进行洗钱、犯罪等非法活动。

表 4.4　　世界主要国家(地区)对互联网货币的接受程度

国家(地区)	目前态度	国家(地区)	目前态度	国家(地区)	目前态度
阿根廷	承认是货币	冰岛	限制	尼加拉瓜	不干预
澳大利亚	提倡	印度	不干预	巴基斯坦	不干预
孟加拉国	禁止	印度尼西亚	不干预	新加坡	不干预
比利时	不干预	爱尔兰	不干预	南非	不干预
玻利维亚	禁止	以色列	不干预	韩国	不干预
波黑	不违法	意大利	不干预	西班牙	监管
巴西	不违法	日本	承认是货币	瑞典	征税
保加利亚	提倡	约旦	禁止	瑞士	监管
加拿大	监管	黎巴嫩	禁止	中国台湾	提倡
智利	不干预	新西兰	不干预	泰国	禁止
中国	监管	荷兰	不干预	土耳其	不干预
哥伦比亚	不干预	挪威	征税	英国	不干预
克罗地亚	不违法	菲律宾	监管	美国	监管
芬兰	征税	波兰	不干预	越南	不干预
法国	征税	葡萄牙	不干预	阿联酋	监管
德国	提倡	俄罗斯	不干预	希腊	不干预

2. 我国对比特币的接受与监管程度

2013 年,比特币在我国的交易价格首次达到 8000 元的高位,引发大量国人盲目参与。央行当时紧急发布风险通知:比特币不具备法偿性,各大金融机构不得参与比特币投资,且不得为比特币交易提供金融服务支持。同时,央行将比特币定性为虚拟商品,普通民众在自担风险基础上可以参与投资交易。央行发布该通知仅仅是为了警示投资风险,防止造成大面积亏损而出现群体性事件。这次事件导致比特币长达三年沉寂。而在 2016 年的这轮审查之前,央行是对比特币有所认知的,对整个行业是有所掌握的。2013 年到 2016 年,随着互联网货币和区块链概念普及,越来越多的人认识到这种新生事物在未来会带来新的机遇。在 2016 年,央行表示要发布自己的互联网货币系统,并且招聘技术团队研究区块链技术。

进入 2017 年后,央行对比特币市场的监管明显提速,1 月初,央行入驻火币网、币行、比特币中国三家全国最大的比特币交易所进行现场调查。2017 年 2 月 9 日,央行管理部发布公告称,2 月 8 日对"中国比特币""比特币交易网""好比特币""云币网""元宝网""BTC100""聚币网""币贝网""大红火"等 9 家在京的比特币交易平台主要负责人进行了约谈。此次一次性约谈 9 家在京平台,是央行在短短一月时间内的又一次出手。央行此次对 9 家交易平台提出了较为确定的"四不准"要求:不可以违法从事筹资等活动,不可以参加洗钱，不可以违反国家有关反洗钱、外汇管理等法律条例，不可以违背国家税收等法律要求。如发现有比特币交易平台违背以上要求，较为严重的，需要按照有关机构的要求给予撤销与取缔。同时，央行也向9家平台通报了目前比特币交易平台存在的问题，提示交易平台可能存在的法律风险、政策风险及技术风险等。此次约谈后，火币网、币行、比特币中国、元宝网、好比特币、云币网、中国比特币、比特币交易网、币贝网等比特币交易所在火币网办公地举行行业会议，就行业自律问题给予探究。所有平台之后都公开了风险管理措施，并宣称将会不断控制比特币的投机活动，预防借助于该货币进行非法传销、洗钱等风险；同时增强对顾客的身份辨别，增强对资金来源与货币提现使用者的监督，如果出现不法活动，那么就会限制其提现并将有关可疑资本给予对应措施。

二、区块链

(一)区块链的概念

区块链(Blockchain)是以比特币为代表的数字加密货币体系的核心支撑技术。区块链本质上是分布式数据存储、点对点传输、共识机制(区块链系统中实现不同节点之间建立信任、获取权益的数学算法)、加密算法等计算机技术的新型应用模式。区块链技术的核心优势是去中心化，能够通过运用数据加密、时间戳、分布式共识和经济激励等手段，在节点无须互相信任的分布式系统中实现基于去中心化信用的点对点交易、协调与协作，从而为解决中心化机构普遍存在的高成本、低效率和数据存储不安全等问题提供了解决方案。

区块链技术起源于2008年由化名为"中本聪"的学者在密码学邮件组发表的奠基性论文《比特币：一种点对点的电子现金系统》，目前尚未形成行业公认的区块链定义。狭义来讲，区块链是一种按照时间顺序将数据区块以链条的方式组合成特定数据结构，并以密码学方式保证的不可篡改和不可伪造的去中心化共享总账(decentral-ized shared ledger)，能够安全存储简单的、有先后关系的、能在系统内验证的数据。广义的区块链技术则是利用加密链式区块结构来验证与存储数据，利用分布式节点共识算法来生成和更新数据，利用自动化脚本代码(智能合约)来编程和操作数据的一种全新的去中心化基础架构与分布式计算范式。

(二)区块链的应用场景

区块链系统具有分布式高冗余存储、时序数据且不可篡改和伪造、去中心化信用、自动执行的智能合约、安全和隐私保护等显著的特点，这使得区块链技术不仅可以成功应用于数字加密货币领域，同时在经济、金融和社会系统中也存在广泛的应用场景。根据区块链技术应用的现状，可以将目前区块链的主要应用笼统地归纳为互联网货币、数据存储、数据鉴证、金融交易、资产管理和选举投票共六个场景，由于前面已对区块链在互联网货币中的应用做过详细介绍，下面将主要概述除互联网货币外的五大应用场景。

1. 数据存储

区块链的高冗余存储(每个节点存储一份数据)、去中心化、高安全性和隐私保护等特点使其特别适合存储和保护重要隐私数据，以避免因中心化机构遭受攻击或权限管理不当而造成的大规模数据丢失或泄露。与比特币交易数据类似，任意数据均可通过哈希运算生成相应的 Merkle 树并打包记入区块链，通过系统内共识节点的算法和非对称加密技术来保证安全性。区块链的多重签名技术可以灵活配置数据访问的权限，例如必须获得指定 5 个人中 3 个人的私钥授权才可获得访问权限。目前，利用区块链来存储个人健康数据（如电子病历、基因数据等）是极具前景的应用领域，此外，存储各类重要电子文件（视频、图片、文本等）乃至人类思想和意识等也有一定应用空间。

2. 数据鉴证

区块链数据带有时间戳、由共识节点共同验证和记录、不可篡改和伪造，这些特点使得区块链可广泛应用于各类数据公证和审计场景。例如，区块链可以永久地安全存储由政府机构核发的各类许可证、登记表、执照、证明、认证和记录等，并可在任意时间点方便地证明某项数据的存在性和一定程度上的真实性。包括德勤在内的多家专业审计公司已经部署区块链技术来帮助其审计师实现低成本和高效的实时审计；Factom 公司则基于区块链设计了一套准确的、可核查的和不可更改的审计公证流程与方法。

3. 金融交易

区块链技术与金融市场应用有非常高的契合度。区块链可以在去中心化系统中自发地产生信用，能够建立无中心机构信用背书的金融市场，从而在很大程度上实现了"金融脱媒"，这对以第三方支付、资金托管等形式而存在中介机构的商业模式来说是颠覆性的变革；在互联网金融领域，区块链特别适合或者已经应用于股权众筹和互联网保险等商业模式；证券和银行业务也是区块链的重要应用领域，传统证券交易需要经过中央结算机构、银行、证券公司和交易所等中心机构的多重协调，而利用区块链自动化智能合约和可编程的特点，能够极大地降低成本和提高效率，避免烦琐的中心化清算交割过程，实现方便快捷的金融产品交易；同时，区块链和比特币即时到账的特点可使得银行实现比 SWIFT 代码体系更为快捷、经济和安全的跨境转账。这也是目前 R3CEV 和纳斯达克等各大银行、证券商和金融机构相继投入区块链技术研发的重要原因。

4. 资产管理

区块链在资产管理领域的应用也具有广泛前景，它能够实现有形和无形资产的确权、授权和实时监控。对于无形资产来说，基于时间戳技术和不可篡改等特点，可以将区块链技术应用于知识产权保护、域名管理、积分管理等领域；而对有形资产来说，通过结合物联网技术为资产设计唯一标识并部署到区块链上，能够形成"数字智能资产"，实现基于区块链的分布式资产授权和控制。例如，通过对房屋、车辆等实物资产的区块链密钥授权，可以基于特定权限来发放和回收资产的使用权，有助于 Airbnb 等房屋租赁或车辆租赁等商业模式实现自动化的资产交接；通过结合物联网的资产标记和识别技术，还可以利用区块链实现灵活的供应链管理和产品溯源等功能。

5. 选举投票

投票是区块链技术在政治事务中的代表性应用。基于区块链的分布式共识验证、不可篡改等特点，可以低成本高效地实现选举、企业股东投票等应用；同时，区块链也支持用户个体对特定议题的投票。例如，通过记录用户对特定事件是否发生的投票，可以将区块链应用于博彩和预测市场等场景;通过记录用户对特定产品的投票评分与建议,可以实现大规模用户众包设计产品的"社会制造"模式等。

得益于区块链技术的持续创新,以及中国庞大的互联网消费群体,区块链应用在中国也呈现出多元广泛、积极活跃的特点。2014—2017年7月,中国区块链领域私募股权投资共计投向挖矿、钱包、虚拟货币、基础设施、底层技术、交易所、相关服务、区块链应用8个领域,中国区块链产业链可谓基本成型。从占比最高的区块链应用来看,私募股权投资领域又可分为数据服务、金融、认证确权、文化娱乐等10个领域,其中数据服务、金融和认证确权三个领域占比较高,三项累计占比达79%。

(三)区块链存在的问题

作为近年来兴起并快速发展的新技术,区块链必然会面临各种制约其发展的问题和障碍。下面将从安全、效率、资源和博弈四方面概述区块链技术有待解决的问题。

1. 安全问题

安全性威胁是区块链迄今为止所面临的最重要的问题。其中,基于PoW共识过程的区块链主要面临的是51%攻击问题,即节点通过掌握全网超过51%的算力就有能力成功篡改和伪造区块链数据。以比特币为例,据统计中国大型矿池的算力已占全网总算力的60%以上,理论上这些矿池可以通过合作实施51%攻击,从而实现比特币的双重支付。虽然实际系统中为掌握全网51%的算力所需的成本投入远超成功实施攻击后的收益,但51%攻击的安全性威胁始终存在。基于POS共识过程在一定程度上解决了51%攻击问题,但同时也引入了区块分叉时的N@S(nothing at stake)攻击问题。研究者已经提出通过构造同时依赖高算力和高内存的POW共识算法来部分解决51%攻击问题,更为安全和有效的共识机制尚有待于更加深入的研究和设计。

区块链的非对称加密机制也将随着数学、密码学和计算技术的发展而变得越来越脆弱。据估计,以目前天河二号的算力来说,产生比特币SHA256哈希算法的一个哈希碰撞大约需要24年,但随着量子计算机等新计算技术的发展,未来非对称加密算法具有一定的破解可能性,这也是区块链技术面临的潜在安全威胁。

区块链的隐私保护也存在安全性风险。区块链系统内各节点并非完全匿名,而是通过类似电子邮件地址的地址标识来实现数据传输。虽然地址标识并未直接与真实世界的人物身份相关联,但区块链数据是完全公开透明的,随着各类反匿名身份甄别技术的发展,实现部分重点目标的定位和识别仍是有可能的。

2. 效率问题

区块链效率也是制约其应用的重要因素。首先是区块膨胀问题。区块链要求系统内每个节点保存一份数据备份,这对于日益增长的海量数据存储来说是极为困难的。以比特币为例,完全同步自创世至今的区块数据需要约60GB存储空间,虽然轻量级节点可部分解决此问题,但适用于更大规模的工业级解决方案仍有待研发。其次是交易效率问题。比特币区块链目前每秒仅能处理7笔交易,这极大地限制了区块链在大多数金融系统高频交易场景中的应用(例如VISA信用卡每秒最多可处理10000笔交易)。最后是交易确认时间问题。比特币区块生成时间为10分钟,因而交易确认时间一般为10分钟,这在一定程度上限制了比特币在小额交易和时间敏感交易中的应用。

3. 资源问题

PoW 共识过程高度依赖区块链网络节点贡献的算力，这些算力主要用于解决 SHA256 哈希和随机数搜索，除此之外并不产生任何实际社会价值，因而一般意义上认为这些算力资源是被"浪费"了，同时被浪费的还有大量的电力资源。随着比特币的日益普及和专业挖矿设备的出现，比特币生态圈已经在资本和设备方面呈现出明显的军备竞赛态势，逐渐成为高耗能的资本密集型行业，进一步凸显了资源消耗问题的重要性。因此，如何能有效汇集分布式节点的网络算力来解决实际问题，是区块链技术需要解决的重要问题。未来的潜在发展趋势是设计行之有效的交互机制来汇聚和利用分布式共识节点的群体智能，以辅助解决大规模的实际问题。

4. 博弈问题

区块链网络作为去中心化的分布式系统，其各节点在交互过程中不可避免地会存在相互竞争与合作的博弈关系，这在比特币挖矿过程中尤为明显。通常来说，比特币矿池间可以通过相互合作保持各自稳定的收益。然而，矿池可以通过被称为区块截留攻击（block withholding attacks）或伪装成对手矿池矿工的方式享受对手矿池的收益但不实际贡献完整工作量证明来攻击其他矿池，从而降低对手矿池的收益。如果矿池相互攻击，则双方获得的收益均少于不攻击对方的收益。当矿池收益函数满足特定条件时，这种攻击和竞争将会造成"囚徒困境"博弈结局。如何设计合理的惩罚函数来抑制非理性竞争、使得合作成为重复性矿池博弈的稳定均衡解尚需进一步深入研究。此外，正如前面提到的，区块链共识过程本质上是众包过程，如何设计激励相容的共识机制，使得去中心化系统中的自利节点能够自发地实施区块数据的验证和记账工作，并提高系统内非理性行为的成本以抑制安全性攻击和威胁是区块链有待解决的重要科学问题。

三、区块链与比特币

比特币是迄今为止最为成功的区块链应用产物。区块链实时监控网站 Blockchain.info 统计显示，平均每天有约 7500 万美元的 120000 笔交易被写入比特币区块链。目前已生成超过 40 万个区块。加密货币市值统计网站 coinmarketcap.com 统计显示，至 2016 年 2 月，全球共有 675 种加密货币，总市值超过 67 亿美元，其中比特币市值约占 86%，瑞波币和以太币分别居二、三位。目前比特币供应量（已经挖出的比特币数量）已经超过 1500 万枚，按照每枚比特币 389.50 美元的现行价格估算其总市值已超过 59 亿美元。在世界各国 2015 年 GDP 排名中占据第 144 位（略低于欧洲的摩尔多瓦）。换言之，在没有政府和中央银行信用背书的情况下，去中心化的比特币已经依靠算法信用创造出与欧洲小国体量相当的全球性经济体。预计到 2027 年，全球 10% 的 GDP 将会通过区块链技术存储。

比特币本质上是由分布式网络系统生成的互联网货币，其发行过程不依赖特定的中心化机构，而是依赖于分布式网络节点共同参与一种被称为工作量证明（proof of work, PoW）的共识过程以完成比特币交易的验证与记录。PoW 共识过程（俗称挖矿，每个节点称为矿工）通常是各节点贡献自己的计算资源来竞争解决一个难度可动态调整的数学问题，成功解决该数学问题的矿工将获得区块的记账权，并将当前时间段的所有比特币交易打包记入一个新的区块且按照时间顺序链接到比特币主链上。比特币系统同时会发行一定数量的比特币以奖励该矿工,并激励其他矿工继续贡献算力。比特币的流通过程依靠密码学方法保障安全。每一次比特币交易都会经过特殊算法处理和全体矿工验证后记入区块链,同时可以附带具有一定灵活性的脚本代码(智能合约)以实现可编程的自动化货币流通。由此可见,比特币和区块链系统一般具备如下五个关键要素:公共的区块链账本、分布式的点对点网络系统、去中心化的共识算法、适度的经济激励机制以及可编程的脚本代码。

区块链技术为比特币系统解决了数字加密货币领域长期以来所必须面对的两个重要问题:双重支付问题和拜占庭将军问题,双重支付问题又被称为"双花",即利用货币的数字特性两次或多次使用"同一笔钱"完成支付。传统金融和货币体系中,现金(法币)因是物理实体,能够自然地避免双重支付;其他数字形式的货币则需要可信的第三方中心机构(如银行)来保证。区块链技术的贡献是在没有第三方机构的情况下,通过分布式节点的验证和共识机制解决了去中心化系统的双重支付问题,在信息传输的过程同时完成了价值转移。拜占庭将军问题是分布式系统交互过程普遍面临的难题,即在缺少可信任的中央节点的情况下,分布式节点如何达成共识和建立互信。区块链通过数字加密技术和分布式共识算法,实现了在无须信任单个节点的情况下一个去中心化的可信任系统的构建。与传统中心机构(如中央银行)的信用背书机制不同的是,比特币区块链形成的是软件定义的信用,这标志着中心化的国家信用向去中心化的算法信用的根本性变革。

比特币是区块链技术赋予的第一个"杀手级"应用,迄今为止区块链的核心技术和人才资源仍大多在比特币研发领域。然而,区块链作为未来新一代的底层基础技术,其应用范畴势必会超越数字加密货币而延伸到金融、经济、科技和政治等其他领域。

【本章小结】

互联网货币是指因计算机技术不断发展而衍生出的以虚拟数据为表现形式的非真实的货币(故而也被称为"数字货币")。根据互联网货币的产生方式、使用范围、社会属性的不同,互联网货币大致分为两类:传统互联网货币和新型互联网货币。

传统互联网货币是指由特定企业发行的,仅用于内部网站支付使用的互联网货币;新型互联网货币是不依靠特定企业发行,根据密码学原理及区块链技术,基于人为运算而形成的互联网货币。

比特币是一种虚拟货币,它通过特定的算法计算产生,没有特定的货币机构,总量有限,这是一种去中心化的支付系统。

互联网货币本身不具有价值,本质上是一种财富价值的序列符号。互联网货币的发展并没有脱离信用货币的范畴,作为一种信用货币,互联网货币本质上仍是货币符号。

"去中心化"和金融脱媒是近年来金融发展的趋势。货币非国家化理论认为自由竞争是市场机制发挥作用的关键,政府垄断货币发行权容易对经济均衡造成破坏,并论证了私有银行发行竞争性货币制度的可行性和优越性。去中心化是互联网发展中信息传递效率提高而形成的扁平化社会关系形态,网络技术的进步使得其具有较高的可行性。区块链技术创新使"去中心化"的互联网货币发行机制得以实现。

目前互联网货币风险主要有安全风险、法律风险、信用风险、政策风险等。基于货币认识理论，互联网货币风险可分为不可预知风险和可预知风险，与金融的系统性风险和非系统性风险划分有别。

比特币是互联网货币中应用最广、最被大家所熟知的典型代表。获取比特币具有三个形式：首先是"挖矿"获得，生产一个区块并得到比特币。其次就是购买，借助于网络平台实现货币购买。最后就是捐赠。比特币在设计上想躲避当前货币具有的不足之处，但是其自身特征也引出了很多问题。

区块链是以比特币为代表的数字加密货币体系的核心支撑技术。区块链本质上是分布式数据存储、点对点传输、共识机制（区块链系统中实现不同节点之间建立信任、获取权益的数学算法）、加密算法等计算机技术的新型应用模式。

区块链系统具有分布式高冗余存储、时序数据且不可篡改和伪造、去中心化信用、自动执行的智能合约、安全和隐私保护等显著的特点，这使得区块链技术不仅可以成功应用于数字加密货币领域，同时在经济、金融和社会系统中也存在广泛的应用场景。

【关键术语】

互联网货币　比特币　区块链

【思考题】

1. 互联网货币按照是否有发行中心分为哪两种？各有何特点？
2. 试述互联网货币的设计思路。
3. 互联网货币风险主要有哪些？监管的重点与难点在哪？
4. 试述比特币的运行机制及比特币的特点。
5. 区块链目前存在的主要问题是什么？
6. 试述区块链与比特币之间的关系。

第五章 众　　筹

【教学目标与要求】
1. 掌握众筹的概念、特点和主要类型；
2. 了解众筹在国内外的发展现状；
3. 了解众筹运作的一般流程；
4. 掌握股权众筹、物权众筹和奖励式众筹的运作及其特点；
5. 掌握股权众筹投融资的优势与难点；
6. 了解众筹的主要风险类型及风险管理策略。

【导入案例】

乐童音乐众筹——专注于音乐项目发起和支持的众筹平台

据乐童音乐创始人马客介绍，近期完成了一个百万元级的音乐硬件类产品众筹，成为原始会众多成功融资经典案例之一。马客表示，目前乐童音乐的主要支出是人力成本，所得融资会更多地去做产品，内容上也会有变化，多去拓展音乐衍生品、艺人演出方面，突破现有音乐产业模式，探讨更多新的可能。

马客认为，众筹模式已经改变了很多的行业和产业链，这种方式很有价值，之前曾入驻众筹网开放平台，在资源整合，以及产品曝光方面对乐童音乐帮助不小。此次再次与网信金融旗下的原始会合作发起融资，他表示很受益，对股权众筹这种全新的融资方式抱有信心。

作为专注于做音乐的垂直类众筹网站，乐童音乐在音乐众筹，音乐周边的实物预售等方面已经取得了不小的成绩，在业内颇有名气。

当谈及乐童音乐能够成功融资的秘诀时，他认为，除了明确的商业目标和未来规划，对于一个初创企业来说，投资人很看重团队的执行力，因为这会直接影响到企业的运作。

据了解，除了乐童音乐，原始会还帮助过许多的企业成功融资。公开资料显示，截至2015年，原始会的合作创业项目已有2000多个，投资人（机构）超过1000位，成功融资的项目已有8个，融资额已经超过1亿元。

原始会CEO陶烨表示，基于互联网的优势，众筹最终也会把传统线下融资改为线上融资。投资人可以在这个平台上找到海量的融资信息，平台还可以帮助互联网投融资双方实现快速配对，找到买家和卖家。乐童音乐之所以能够快速在原始会融资成功，主要在于其项目足够优秀。互联网金融是新兴行业，股权众筹市场潜力非常大，把线下的传统投融资,逐渐转到线上投融资,它是一个变革性的东西,是一次革命。

资料来源:新浪新闻,2014-07-16,https://news.sina.com.cn/w/2014-07-16/134030529227.shtml。

第一节 众筹概述

一、众筹的概念与特点

(一)众筹的概念

关于众筹的来源,最早可以追溯到18世纪的欧洲,当时的很多文艺作品是通过预订购买的方式实现的,如早期的莫扎特、贝多芬等音乐家通过预购的方式筹集他们音乐创作的资金,等到作品创作成功,这批投资者将被邀请成为该音乐作品的首批听众,或者得到莫扎特、贝多芬等音乐家亲笔签名的作品副本,这种预购方式成为现代众筹的原始形式。众筹(crowdfunding)一词最早由美国学者迈克尔·萨利文在2006年8月的一篇博文中提出,他将众筹描述为人们通过互联网向他人募集资金以支持其完成特定活动的社会群体性合作事项。之后,众筹一词随着其实践的发展含义不断丰富,2011年,牛津词典将crowdfunding一词作为专业金融词汇收录其中,解释为依托互联网社交平台,向众人募集小额资金,用于支持某个项目或企业的融资活动。

中国人民银行在2014年的12月发布了《中国金融市场的发展报告(2014)》,报告中提及了众筹的官方解释和说明,报告将众筹界定为"通过网络平台为项目发起人募集从事某项创业活动的小额资金,并由项目发起人向投资人提供一定回报的融资模式"。这是金融市场中一种全新的融资方式。简单来说,众筹就是向社会各个阶层筹资,融资者通过众筹平台对项目进行展示和宣传,大众投资者通过浏览众筹平台上公布的项目信息,做出风险预估和投资判断,小额投资者的资金经过不断积累,最终达到融资者的融资需求,使项目得以进行。

(二)众筹的特点

1. 开放性

相对于传统的融资模式,众筹更为开放。具体表现为草根化、平民化,发起与资助都与年龄、职业、身份等无关,也不再把项目的商业价值作为能否获得资金的唯一标准。企业在平台网站上展示项目,让更多的媒体、消费者和投资人获取项目信息,只要是网友喜欢的项目,都可以通过众筹方式获得项目启动的第一笔资金,为更多的经营者或创作者提供了可能。

2. 低门槛

现在许多众筹网站的主打卖点都是"实现你的梦想",充分展示了创业门槛之低。从实际案例来看,众筹平台确实帮助过许多草根创业者融到资金,并推出了既定产品。众筹较之传统融资门槛较低,资金需求端主要是个人与初创企业。这样一种模式有效地补充了传统融资方式,弥补了传统金融生态中个人与初创企业融资渠道的缺失。

3. 良好的宣传效应

众筹的宣传效应体现在两个方面。一方面,项目融资成功意味着一次成功的广告宣传。项目发起人通过众筹平台进行筹资,将创新项目的早期产品公布到众筹平台,使潜在用户可以参与项目,那些愿意投资项目的用户大都相信公司的产品或者服务是可靠的,众筹成功公司也就相当于进行了一次成功的宣传。另一方面,无论融资成功与否,项目都获得了展示。

4. 形式多样性

众筹项目种类繁多,不仅包括新产品研发、新公司成立的商业项目,还包括科学研究项目、民生工程项目、赈灾项目、艺术设计等。这也催生了一大批垂直化网络众筹平台,各类众筹的回报类型也大不相同,典型的有产品奖励、股权奖励、无偿捐赠等。

二、众筹的发展现状

(一)众筹在国外的发展现状

世界上最早建立的众筹网站是 ArtistShare,它于 2001 年开始运行,被称为"众筹金融的先锋"。与西方众筹的历史渊源相吻合,这家最早的众筹平台主要面向音乐节的艺术家及其粉丝。

ArtistShare 公司的 CEO 创建这家公司时的想法是支持粉丝们资助唱片生产过程,以获得仅在互联网发行上的专辑;艺术家则可以获得更加合意的合同条款。艺术家通过该网站采用"粉丝众筹"的方式资助自己的项目,粉丝们把钱直接投给艺术家后可以观看唱片的录制过程。2005 年,ArtistShare"为富于创造力的艺术家服务的全新商业模式"受到广泛赞誉,它通过新颖的原创项目筹措资金同时惠及艺术家和粉丝,并创造了一个坚定、忠诚的粉丝基地。同年,美国作曲家玛利亚·施耐德(Maria Schneider)的 *Concert in the Garden* 成为格莱美历史上首张不通过零售店销售的获奖专辑。该专辑是 ArtistShare 的第一个粉丝筹资项目。施耐德因为该专辑获得 4 项格莱美提名,并最终荣获"最佳大爵士乐团专辑奖"。

2005 年之后,众筹平台如雨后春笋般出现,例如:Sellaband(2006)、SliceThePie(2007)、IndieGoGo(2008)、Spot.Us(2008)、PleageMusic(2009)和 Kickstarter(2009),这显然有 ArtistShare 的强大示范作用。或者说,ArtistShare 作为首家互联网众筹平台,不仅深刻地影响了美国音乐界,而且开启了互联网众筹时代。

过去,众筹模式没有成为完整的体系被人们研究,也没有形成成熟的商业模式特征。直到 2009 年,众筹融资模式才被看成融资模式的一种,近年在欧美国家迎来了黄金发展期。

目前,世界上最大的两个互联网众筹平台是 Kickstarter 和 Indiegogo。它们让那些企业家和发明家可在全美国、甚至是全球发掘新的想法和概念。这两个平台还运用新的技术大大推动了互联网众筹融资的发展。

(二)众筹在国内的发展现状

国内众筹的起步时间较晚,首家众筹平台是成立于2011年7月的点名时间,2011年11月上线的"天使汇"是国内首家股权众筹平台,之后众筹平台开始陆续出现。众筹在国内的发展时间较短,但发展迅猛。目前规模相对比较大的有"众筹网""大家投""淘梦网"以及"追梦网"等。

2011年到2013年我国众筹行业处于初步发展阶段,在经营模式和融资模式方面仍不成熟,而在2014年到2015年行业出现了高速增长,行业规模也在不断扩大,处于快速发展期。在快速发展的同时,2016年众筹行业遇到了很多困难和挑战。主要是由于以下两个原因:首先在2016年,涌入众筹行业的企业数目不断增长,各互联网公司、金融公司和其他企业都开展了众筹服务,并实现了与众筹业务的跨界融合;其次,伴随国家政策出台和行业发展问题,许多众筹机构因业务不够标准而被淘汰,行业内出现了大洗牌。2017年,众筹行业又迎来了新的发展期,虽然众筹机构数量在减少,但是剩余众筹平台运作不断标准化、规范化,众筹业务质量也在不断提高,众筹行业整体的运行能力增强。逐渐凸显创业融资、技术融资的特点,而不是把众筹平台仅仅作为撬动资金的杠杆。许多资质不足、能力不强的企业被市场淘汰,而优秀的企业则继续留在市场发挥作用。

三、众筹的类型

(一)按回报模式分类

按回报模式分类,众筹可分为股权众筹、债权众算、公益众筹、奖励式众筹、收益权众筹/物权众筹和综合型众筹等。

1. 股权众筹

股权众筹(equity crowd funding),是指投资者对公司进行投资,购买公司股权,可享受该公司的未来权益。股权众筹的回报通常以股份、分红或者利润等为主,很多公司会根据投资者的股份占比情况进行年底分红。目前国内的股权众筹平台有京东东家、京北众筹、36氪众筹、云投汇、众投邦等,而国外股权众筹平台有Angelist(美国)、Crowdcube(英国)、CircleUp(美国)等。

2. 债权众筹

债权众筹(debt-based crowd funding)指投资者对项目或公司进行融资获得其一定比例的债权,未来获取利息收益并收回本金。债权众筹对投资者的回报是按照约定的比例给予的利息,届时投资者可以收回本金并得到承诺的收益。目前国内债权众筹平台有拍拍贷、人人贷、人人聚财、团贷网、点融网等。国外债权平台有Lending Club等。

3. 公益众筹

公益(捐赠)众筹(donate-based crowd funding)指投资者对项目或公司进行无偿捐赠。公益众筹平台提供的是一个公开、透明的市场环境,公益项目的发起人需要通过自己对项目的设计能力和与投资人的沟通能力来吸引投资人,他们必须让外界相信资金投资于该项目会产生更大的社会效益。投资人的回报并非利润或利息,而是创造社会价值,并通过社会价值的创造获得更大的且无法用金钱衡量的精神满足感。比如国内的微公益、腾讯公益、轻松筹、水滴互助等，国外的 Microplace、33needs 等。

4. 奖励式众筹

奖励式（回报式）众筹（reward-based crowd funding）指投资者对项目或公司进行投资，获得相应的产品或服务奖励。这种回报方式是根据参与金额的多少，给众筹参与者超值的产品或服务，大多数以实物产品为主。目前国内奖励式众筹平台有：京东众筹、淘宝众筹、苏宁众筹、众筹网等。国外奖励式众筹平台有 Kickstarter、Indiegogo 等。

5. 收益权众筹/物权众筹

收益权众筹（royalty-based crowd funding）是指对企业进行投资活动而不持有企业的股权，但享有股份收益，通过企业经营而获得可能性的收益行为。收益权众筹不涉及企业股权，收益回报的标的是未来盈利分红。从 2016 年开始，收益权众筹演化出了物权众筹的新概念。物权众筹（real right crowd funding）指融资者筹集资金后通过收购实物资产进行合理经营、升值变现等，与投资人按比例进行利润分红。具体的应用场景非常广，比如二手车众筹、房地产众筹、农产品众筹等。2016 年，二手车众筹全面爆发，大量平台上线，使得物权型平台在各类型平台中占比升至最高。

6. 综合型众筹

综合型众筹包括上述众筹模式中的两类或以上，一般情况下包括股权众筹项目和奖励式众筹项目。

(二)接行业分类

众筹所覆盖的行业非常广，大致可分为出版、餐饮、房地产、法律、金融、教育、科技、旅游、农业、汽车服务、软件服务、生活服务、体育运动、文化创意、游戏、智能硬件及其他。国外似乎钟情于垂直行业众筹。例如，美国 Artistshare 平台的服务对象为音乐行业及各类艺术家、作家、摄影师、制片人等。国内的众筹网、爱合投、淘宝众筹、京东众筹等都属于混合型众筹平台。

四、众筹的运作流程

众筹融资模式的主要目标是实现资金供需的匹配，需要发起人、众筹平台、支持者共同完成。众筹一般运作流程如图 5.1 所示。整个运作流程可分为四个阶段：项目提交及筛选、项目推介及融资、项目投后管理以及项目投资收益分配。

(一)项目提交及筛选阶段

项目发起人将融资项目信息，包括项目介绍、拟筹资金额、筹资期限、项目的回报方式等信息上传至众筹平台。众筹平台通过约谈项目负责人、核对申请材料、尽职调查等手段对拟融资项目进行审核，审核的范围具体包括但不限于项目信息的真实性、完整性、拟融资项目的可执行性以及投资价值，经过众筹平台严格的审核评估之后，最终确定是否让该项目上线融资。

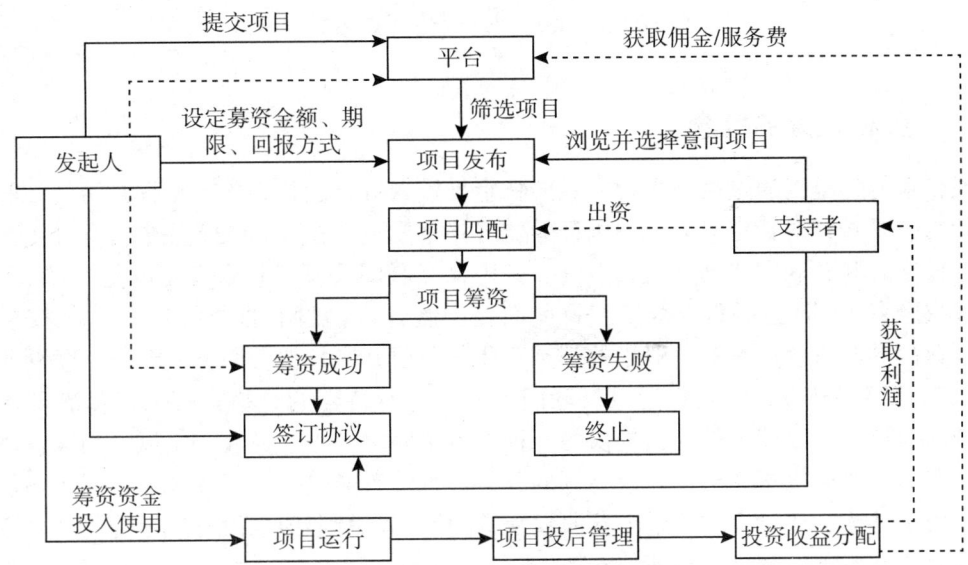

注：实线代表信息流，虚线代表资金流。

图 5.1 众筹一般运作流程图

资料来源：京北金融、上海交通大学互联网金融研究所。

(二)项目推介及融资阶段

拟融资项目通过审核后，众筹平台将项目的详细信息与融资需求对外发布，供支持者(投资人)网上阅览。用户在众筹平台上注册个人信息并申请成为投资人。投资人基于对众筹平台上的项目评估，并结合自身的投资经验、风险承受能力与期望收益水平，对合适的项目进行投资。在筹资日期内，如果募集资金达到拟融资金额，则筹资成功；如果募集资金未达到预定融资目标，则筹资失败，投资人已出资的投资资金由众筹平台返还给投资人。需要特别说明的是，如果募集资金未达到预期融资目标，经与发起人协商，如果发起人同意，也视为筹资成功。

(三)项目投后管理阶段

筹资成功后，发起人将众筹募集的资金用于项目运行。众筹平台负责监督项目企业按相关要求披露其经营状况、财务状况、公司治理结构等具体信息，并及时向项目投资人汇报企业信息。

(四)项目投资收益分配阶段

项目发起人分别支付佣金或服务费和投资收益给平台及投资人。

第二节 股权众筹

一、股权众筹的概念

股权众筹，是指通过网络平台方式向特定投资者进行股权融资。根据是否公开股权众筹等行为、是否针对特定对象，中国证券监督管理委员会在非正式文件中将其分为互联网公开股权众筹和互联网非公开股权融资。其中，互联网公开股权众筹指的是"互联网公开小额股权融资"，即公募股权众筹。目前而言，监管机构没有批复任何公募股权众筹牌照，行业内的股权众筹平台一般指的都是互联网非公开股权融资服务平台。互联网非公开股权融资（私募股权众筹）是指通过互联网的方式针对特定的合格投资人，在满足相关法律法规的前提下，以特定的项目提供的一种不承诺固定回报、具有一定风险的股权投资方式。公司面向普通投资者出让一定比例的股份，投资者通过投资入股公司，期望获得未来收益。由于证监会还没有发放过公募股权众筹牌照，而行业内也没有广泛传播私募股权众筹，因此在此不予区分，泛称股权众筹。

二、股权众筹平台

股权众筹平台最先起源于美国，2005年上线的Equity Net成为美国第一个涉及股权众筹业务的网站。成立于2011年的AngelList作为美国股权众筹平台的鼻祖，开创了"领投+跟投"的创新模式，成为众多股权众筹平台模仿的对象。之后，众多股权众筹网站的兴起，使得美国成为世界上股权众筹平台融资金额最多的国家。美国股权众筹之所以能够在数量以及规模上取得突破性进展，主要原因在于2012年年初美国颁布了JOBS法案。这一措施使得美国股权众筹得以合法化，并且为美国乃至全世界众筹行业注入了新的生机。

股权众筹作为投资领域的新兴类别，迅速由美国传播至中国。虽然股权众筹平台在国内发展只有几年，商业模式的成熟度较低，但随着国务院股权众筹试点政策的出台，股权众筹行业呈现出爆发式增长。特别是2015年行业平台数从65家上升至125家，更是凸显了股权众筹平台的蓬勃发展趋势。目前，各大股权众筹平台的基本运营情况如下：

1. 运营业务范围

股权众筹平台目前的主要业务是为初创企业早期融资提供平台，审核并向投资者推荐项目，使初创企业有机会直接接触到投资者，同时使投资者可以通过平台找到高质量的项目。除此之外，部分股权众筹平台还有直接为项目进行投资的业务。还有一些股权众筹平台在线上投融资协议达成后，提供线下的有限合伙企业设立甚至工商登记的服务，以及之后的入股协议的促成服务。股权众筹平台不仅致力于线上线下撮合投融资双方，也致力于投资协议达成之后的整个投融资过程的完成。

2. 运营流程

目前，国内股权众筹平台的运营流程大体相同，分为创业者和投资人两条线。创业者的基本流程包括：注册账号及填写个人信息；创建项目及提交商业计划书供众筹平台审核；合格项目上线挂牌；线上线下项目路演；线上筹资协议达成；线下注册或增资手续办理。

投资人的基本流程包括：注册账号及填写个人资料；众筹平台审核注册信息；合格投资人查阅上线项目；选择项目并约谈创业者；线上达成协议认投项目并向平台转入认投额；线下注册或增资手续办理。

3. 投资者资格

投资需要考虑风险，对创业者进行天使投资更是风险重重，因此，股权众筹平台需要设定投资者资格的门槛。股权众筹平台对于投资者资格的审核，一般从两个方面出发：

（1）对投资者持有的资产水平或收入水平进行审核。要求能够达到中产或以上水平，并且投入的资金只占其收入或资产的一部分。这种要求可以保证即使投资失败也不会使投资者的生活水平受到严重影响。

（2）对投资者的风险识别能力进行审核。要求投资者尤其是领投人对其投资领域有比较全面的了解。审核的主要依据是投资者的职业、专业知识及过往的投资经验、业绩等。

4. 盈利来源

众筹网站的收入源于自身所提供的服务。初期基本上所有的众筹平台都实行单向收费，只对发起人收费，不对投资人收费。京北众筹2015年6月6日上线时开创了中国业内双向收费的模式：对项目发起人收融资顾问费；对投资人收跟投管理费，这种设置可以使众筹平台更好地为投资人提供专业、优质的服务具有保障。

众筹平台收入来源一般可以分为三个部分：交易手续费、增值服务费、流量导入与营销费。目前主流众筹平台的主要盈利来源是交易手续费，即交易撮合费用。一般按照筹资金额的特定比例来收取，普遍是按成功融资总额的5%左右收费。增值服务收费主要指众筹平台为发起人提供合同、文书、法律、财务等方面的指导工作而收取的相应费用。流量导入与营销费，包括合作营销收费，广告分成等。相对前述两类收入，该部分收入较少。通常而言，股权众筹平台会更大程度地参与到资本的运作当中，从而专业化的增值服务收费可能会成为其主要收入来源。

5. 投后资金管理

对股权众筹平台而言，投后资金管理是非常重要的环节。一些众筹平台联合银行开发了一套投资款托管服务。投资人认投项目时需要把投资款转入托管账户，待投资协议达成，有限合伙企业成立后，众筹平台再按照投资人的意见分批次将有限合伙企业所有合伙人的投资款转入有限合伙企业的基本账户，然后有限合伙企业普通合伙人再将有限合伙企业基本账户的投资款转入目标项目公司基本账户。

三、股权众筹运作模式

在股权众筹模式中，主要参与主体包括发起人、平台和投资人三个组成部分。发起人将拟融资的项目信息上传至股权众筹平台，平台对拟融资项目进行筛选与审核，投资人通过浏览股权众筹平台上的项目信息并结合自身投资经验及风险承受能力对合适的项目进行投资。

股权众筹具体有如下两种运作模式："无领投"股权众筹模式和"领投+跟投"股权众筹

模式。无领投股权众筹模式主要包括以下七个步骤：①由发起人发起项目，并在平台上发布。②众筹平台审核、筛选项目。③审核通过后，项目正式上线，并向投资支持者展示。④支持人选择合意项目投资。在规定时间内，若项目筹资额没有达到预定的目标，则宣告融资失败，平台将资金退还给投资支持者；如果等于目标筹资额，则项目融资成功；如果想超额融资，发起人和支持者双方达成一致时则可以扩大融资。⑤融资成功后，平台将资金打给发起人。⑥发起人将资金投入项目运营。⑦发起人向平台支付佣金等服务费用，项目产生的收益支付给投资支持者。

"领投+跟投"的股权众筹模式主要包括以下七个步骤：①发起人发起项目。②众筹平台审核项目，项目通过审核后上线。③发起人约谈支持者，确定领投人。④领投人与跟投人设立合伙企业，领投人向项目投资，跟投人跟进投资。⑤项目成功融资后，平台将资金打给发起人，用于项目运营。⑥发起人向平台支付佣金或服务费，项目产生的收益支付给投资人。⑦由领投人进行投后管理并选择合适时机以公允合理的价格退出。

"领投+跟投"股权众筹模式与"无领投"股权众筹模式的区别在于，前者需要发起人确定领投人，并引进跟投人，而后者不需要领投人。在合投的过程中，领投人与跟投人入股融资企业通常有两种方式：一种是设立有限合伙企业以基金的形式入股，其中领投人作为一般合伙人（GP），跟投人作为有限合伙人（LP）；另一种则是通过签订代持协议的形式入股，领投人负责代持并担任创业企业董事。

是否有优秀的领投人是投资能否成功的关键。领投人通常为职业投资人，在某个领域具有丰富的专业经验、独立的判断力、丰富的行业资源和影响力以及很强的风险承受能力。领投人能够专业地协助项目完善商业计划并确定企业估值、投资条款和融资额，协助项目路演，完成本轮融资。

四、股权众筹投融资管理

（一）股权众筹投资的原则

1. 合理配置资产

股权众筹虽然投资门槛较低，投资项目广泛，但对于普通投资者而言，也不能任何项目都投资，合理的资产配置是投资前必须做足的功课。普通投资者应先确定自己的可投资金额、可投资期限，对自己的财产做合理的安排，以免造成家庭和个人的财产损失。由于投资者投资的众筹产品不同，投资周期也不一样，如中小企业股权投资，一般需要3~5年甚至更长的时间才有可能退出；影视众筹，投资期则与制作周期相关，一般需要1~2年。但无论怎样，投资者都必须做好打持久战的准备。

2. 分散投资

投资讲求"不要把鸡蛋都放在同一个篮子里"，在投资股权众筹前，分散资金用于投资多个项目来分散风险十分重要。投资者如果拿出几十万元进行股权众筹投资，则应该分别投向各类项目。每个项目分摊几万元，只要有一两个项目成功即可获得较高的投资回报率。但如果仅将几十万元用于投两三个项目，投资者将会面临很大的投资风险。因此普通投资者在投资高回报率项目时，应注意分散风险。

3. 风险估测

普通投资者应尽量选择经营风险小的平台投资。事实上，只要是股权投资，都会或多或少地存在一定的风险。为了吸引更多的投资者到平台来投资，股权众筹平台都会想尽一切办法降低平台的经营风险，而最有效的方式就是吸引更多的优质项目进驻平台。为了吸引众多的可投资项目入驻，越来越多的股权众筹平台开始向线下发展，通过搭建创业孵化生态园，为创业者提供各种免费的办公场地以及各类共享资源，积极与一些天使基金和风投基金合作，给予创业者更多的便利。

因此，投资者可以从以下三方面入手估测股权众筹平台投资风险的大小：一是有无自己的创业孵化生态园；二是有无天使基金或风投基金入驻；三是参考过往项目的成功率和成功募集所耗费的时间。

4. 充分调研

投资者应该做好充分调研工作，了解项目的状况与动态。在此过程中，自传播是至关重要的一环。自传播是指投资者应该尽可能地利用自己的资源进行自主传播，比如将项目分享到各个社交网站，邀请朋友帮助传播，让项目得到更多的曝光机会，获得更多投资者的支持和大众媒体的关注。此后加入的投资者也利用自己所有的资源进行传播。这样周而复始，就能让项目获得越来越多的投资者跟投。这不仅分散了单一投资者的风险，还给项目创造了更广的发展空间，投资回报也就更有保障。同时，一个新项目上线，在引发用户围观的同时，难免会有很多人对此进行评论。或以"资深用户"的心态直指项目的不足，或以"猎奇者"的心态由衷赞扬项目。但无论用户评论该项目是好是坏，投资者都必须关注所有用户的评论，要站在用户的角度，与他们加强沟通和交流。遇到反对者，要及时地帮助他们答疑解惑，并且要做到有则改之无则加勉；遇到支持者，就积极对待，引导他们投资项目。

综上所述，普通投资者在进行股权众筹投资前必须做足充分的准备。除了尽量选择优势项目和平台进行投资外，在投资以后必须以项目拥有者的身份借助自有资源进行投资，或与其他投资者进行沟通。这样不仅可降低项目的投资风险，还可促使项目获得更高的投资回报率，进而助推整个股权众筹行业更好更快地发展。

(二)股权众筹融资的优势

股权众筹不仅仅是"互联网+私募股权融资"的简单结合，股权众筹融资自身具有以下四个优势：

1. 股权众筹融资具有宣传优势

传统私募股权融资方式中，具体融资信息不对外披露，只有少数参与者知晓企业情况。而股权众筹融资依托网络平台作为融资信息发布的媒介，企业的基本资料被清晰明了地展示给众多潜在投资者，投资者可以了解企业的规模、产品以及未来发展方向，这是一种面向互联网用户的营销行为。在企业成立初期使用股权众筹融资方式，可以使企业提前进入宣传阶段，获得宣传先发优势。

2. 股权众筹融资使融资企业更容易得到合理估值

企业在进行传统私募股权融资时，估值难问题一直困扰着创业者。传统投资机构在交易过程中处于强势地位，往往会压低企业的估值，以相对低廉的价格获得创业企业的股权，创业者为了尽快获得融通资金只能被迫妥协。通过股权众筹模式融资，融资信息会被清楚地展示在众筹平台上，创业者可以参考对比相似企业股权出让比例、募资规模，从而对自身企业进行合理估值。此外，出让股权的比例、拟融资金额完全由创业者自主决定，这大大提高了创业者在融资过程中的主动权。

3. 股权众筹融资速度快、效率高

项目企业将筹资信息展示在股权众筹平台上，可以直接收到投资者的反馈，大幅降低中间环节的时间成本。有些股权众筹平台对项目设置融资期限，如果得到投资人青睐，可以迅速达成交易，完成项目企业资金融通。传统私募股权融资过程复杂，投资决策烦琐，中间环节的时间成本较高。

4. 股权众筹融资具备潜在客户调研功能

在创业初始阶段，通过股权众筹融资可以完成对客户的调研。如果市场反应欠佳，说明融资项目无法获得广大潜在投资者的认可，创业者可以及时调整经营思路，降低失败成本。相较于传统私募股权融资仅仅依靠投资机构的反馈，缺乏市场调研功能，股权众筹融资具有明显优势。

(三)股权众筹融资的适用性

股权众筹作为一种新型融资方式，与传统风险投资、私募股权投资等一样可以实现项目的早期资金融通，但由于其自身模式的特点对融资企业也有一定的适用性要求。

一是股权众筹融资一般要求融资项目处于较早的融资阶段，且融资额度普遍较低，大多处于10万美元至100万美元之间。在众筹平台上进行线上融资的大多是早期项目。这种较低的融资规模可以满足一部分小型初创企业的短期资金需求，但对于许多初期资金投入较高的高科技类企业、制造类企业来说，这显然无法满足它们的资金需求。

二是股权众筹比较适合以往从未进行过融资，或者只进行过少量对外融资的初创企业。股权众筹模式决定了企业在通过众筹融资之前必须建立清晰的股权结构，如果初创公司在此之前已经获得过风险投资，则股权结构相对复杂，往往会对后续股权扩充和转让附加一定的约束。因此，很多众筹平台明确规定不接受已接受风险投资的公司进行股权众筹融资。

基于以上两点，股权众筹融资的应用范围局限于处于种子期、尚未获得投资的企业，或者已经获得天使投资，但还需要进一步融资的创业企业。事实上，很多公司是通过天使投资获得启动资金(通常这部分资金也不会很多)后，再去众筹平台进行下一轮的宣传和融资。

五、股权众筹的五大难题

股权众筹主要指通过互联网的方式进行的私募股权众筹，它是在满足相关法律法规前提下，通过互联网的方式针对特定投资人和特定项目完成的一种不承诺固定回报具有一定风险的股权投资活动。因此，股权众筹也具有传统股权融资所具有的难题，例如优质项目缺乏、估值定价难、信任成本高和退出周期长等难题。此外，由于融资少而分散、大众参与等特点,股权众筹还存在沟通成本高等难题。

(一)优质项目缺乏

为了提高平台项目的吸引力,项目管理团队会大量搜集项目,并按照规定进行逐步严格筛选,在经过大量的行业调查和对创业团队、项目的严格审核后挑选出真正满意的项目。由于优质项目有限,这一过程会耗费大量的时间、人力、物力资源。从投资界公开的数据来看,能获得投资机构投资的商业计划书的比例是 1%~5%。因此,优质项目成为各大平台间争夺的宝贵资源。

在优质项目的界定上,平台的筛选标准与债权融资差异较大。股权投资,尤其是早期的股权投资注重项目的发展和未来,如果没有可靠的市场前景、值得信任的创业团队、足够优秀的商业模式,就难以获得投资者的青睐。唯有真正优秀的项目,才有资格成为股权投资的对象,这无形中加大了平台项目筛选的难度。

(二)估值定价难

股权众筹的估值定价难题表现为两方面:一是股权投资需要经过深入的行业调研,在掌握企业所处行业的发展现状、市场竞争情况、未来发展趋势和收入盈利分析等关键信息的情况下,才可对当前项目形成一定的价值判断。股权投资注重行业分析,不同行业间存在很大的差异性,在不熟悉的领域进行投资,风险难以掌控,更无法合理地对项目进行估值定价。二是股权投资估值方式各不相同。目前存在的股权估值方式多达十余种,多种评估方法得出的结论难以达成一致,行业内仍没有一种通用、准确、标准化的价值评估方法。股权众筹项目的估值定价往往取决于创业者自己的主观决定及一些平台的简单评估。在此情况下,估值定价是否科学及公平值得商榷。这为股权众筹平台的项目融资定价带来了潜在的挑战。

(三)信任成本高

传统的天使投资需要由投资者对投资项目和团队进行全方位的考察,从创始人、核心团队的学历背景、工作经历,到项目的行业背景、市场分析、商业模式,多角度辨别投资对象的优劣。股权众筹平台也会在调研阶段全面挖掘投资对象的信息,分析企业投资价值,以求形成初步判断,给予投资人参考信息。鉴于投资人不熟悉投资对象,项目的融资需要建立在一定的信任基础上,为使投资方对项目产生信任,首先要对项目进行尽职调查。

就项目投资者而言,其能获得的信息多来源于平台对项目的介绍、项目推介会、项目路演活动,这些间接信息无法保证投资者对项目的信心以及建立对创业团队的信任。解决投资者的信任问题,成为困扰股权众筹平台吸引投资者的难点之一。长久信任的建立不仅仅依赖于项目本身,平台以往的成功融资经验、领投人的号召力、实实在在的项目投资收益等条件都成为影响信任建立的关键。

(四)退出周期长

股权众筹关注的是创业项目的将来发展。不同于债权借贷拥有协定的期限与利率水平,可以进行事先约定,且风险相对较小,股权投资不但无法保证收益,资金回笼期限更是极不固定。股权投资,一般来说,短则二三年,长则可能需要五年、八年,甚至十余年。

在此情况下,如何保证投资者的信心,同时建立起资金流动和投资退出的高效渠道,成为投资者关注的焦点。

(五)沟通成本高

股权众筹的典型特点有融资少而分散和大众参与,同时在"领投+跟投"投资模式中,又涉及领投人和跟投人的沟通。该模式一定程度上将项目主体信用让领投人来背书。受限于领投人对项目的熟悉程度和专业才能,对项目投后管理的专业度和投入程度是跟投人最为忧虑的。同时由于股权众筹吸引了众多投资人投资入股,会造成股东队伍庞大,平均股份较少,沟通效率低、协调成本大幅提高,在项目投后管理和退出过程中,项目与跟投人、跟投人与领投人、平台与项目、平台与领投人等多方的沟通可能会造成沟通成本大幅上升。

第三节 物权众筹和奖励式众筹

自2016年下半年以来,物权众筹异军突起,在众筹行业尤其是股权众筹遇冷时期,其成为最受瞩目的众筹类型。

一、物权众筹

(一)物权众筹的本质

物权众筹模式本质上是要促成一种按份额共有资产并通过对资产进行管理、运营来获取收益的经济活动。其中,按份额共有是指两个或两个以上的共有人按照各自的份额对其共有的财产享有权利和承担义务的一种共有关系。通俗地讲,就是共享经济。这种模式背后的资产不再是债权,而是物权。收益来源也不再是利息,而是收益分红。用户也不再仅仅是投资者,而是成了合伙人。例如,在飞机众筹项目中,既有资金实力雄厚的领投人参与,也有掌握一些闲置资金的认投人参与认购,一旦资金筹集完毕并顺利买入飞机,则领投人和其他认投人将按份额共有飞机这项资产,飞机则成为共有物。一种常见的分红方式是领投人首先将飞机以经营性租赁的方式出租给航空公司,然后根据协议按期向航空公司收取租金收入,最后依据认投人在该飞机众筹项目中所拥有的份额数量的多少,通过平台按期给予认投人相应回报。

(二)物权众筹的优势

物权众筹以实物资产为收益起点,背后的资产由债权转化为实实在在的物权。这种看得见、摸得着的实物资产,使信息披露变得更加透明,手续也相对简单。物权众筹既规避了平台业务风险,也极大地提高了投资人的信心。此外,物权众筹的优势,还表现在众筹项目的资金并不固定,可根据具体项目灵活变通。大到上千万元的房产,小到几百元的农产品,不存在类似网贷那样的借贷额度限制。最重要的是,物权众筹能够盘活社会资金:对于投资者而言,可以利用其持有的闲置资金投资项目,以对冲通货膨胀,获取可观收益;对于融资者而言,能够获得充足资金支持。因此,这一模式能够更好地服务实体。

二、奖励式众筹

(一)奖励式众筹的内涵

奖励式众筹比较普遍。同其他众筹类型相比,奖励式众筹同大众生活紧密相连,易于为大众接受,因而发展非常迅速。奖励式众筹涵盖以智能硬件设备为主的科技类产品、以创意设计产品为主的设计类产品、以书籍和影视剧为主的文化类产品等几乎所有的产品类别;在服务的形式上,奖励式众筹也十分多元化,比如依托产品的后续服务、抽取奖品的资格等服务。

从营销角度来讲,奖励式众筹与团购一致,因为它们都是通过在网络上发布项目信息来吸引大众参与,在规定期限内需要达到预设的目标人数或金额。但实际上,奖励式众筹和团购有一定差异,团购只是奖励式众筹的内容之一,奖励式众筹和团购还有以下不同点:

第一,奖励式众筹是期货交易,团购则是现货交易。奖励式众筹的支持者不能支付后立即获得发起者提供的产品或服务,需要延后一段时间才能获得回报,具有一定的期货交易特性。然而参与团购者获得的是已经生产好的商品,支付完成,卖家就安排发货。实质上,团购是一种现货交易。

第二,奖励式众筹是参与式消费,而团购是当下消费。在奖励式众筹中,消费者的消费资金大幅前移,进而可提高产品的生产、销售的效率,可获得目前无法在市场上购买到的新产品。团购的意义更多地在于当下消费,是一种非参与式的消费,是被设定场景内容的消费。

第三,奖励式众筹可以满足个性化需求,团购无法满足个性化需求。奖励式众筹可以获得真实有效的市场反馈,最大限度地满足消费者的个性化需求,并降低产品生产风险与资源浪费。团购销售的是已经量产的产品或一些服务项目,无法满足个性化需求。

(二)奖励式众筹的特点

奖励式众筹除了具备众筹共性之外,由于其最终的回报是产品和服务,其鲜明的特色是投资属性和消费属性的结合。就其投资属性而言,奖励式众筹的产品及服务的价格一般低于其产品价值,这可以吸引投资者对项目的兴趣,这一部分价格折扣实际上包含投资者投资风险的折价。就消费属性而言,奖励式众筹使得消费者以投资人的身份参与到项目的设计和生产环节中,项目成功后投资者获取的产品和服务使其具有鲜明的消费属性。

(三)奖励式众筹的运营

1. 运营主体

(1)项目筹资方(发起人)。奖励式众筹中的项目筹资方,又称项目发起人。一般是缺乏资金的初创型小微企业或者具有创意的创业个体。发起人借助互联网众筹平台为自己的项目融资,或者通过众筹这种方式使更多用户参与到产品的生产和研发过程中来,从而起到前期宣传和获取"种子用户"的效果。一般情况下,成功的项目筹资者虽然处于创业初期,但是因其或具有尖端的科学技术,或具有新颖的产品设计,或者深刻挖掘了用户需求,其产品或者服务较容易获得足够并且及时的资金支持。

(2)公众投资者(支持者)。公众投资者,即项目支持者,一般是一定数量的互联网用户,通过众筹平台的资格审查后注册成为众筹平台的网络用户,获得投资资格。之后在众筹平台上对自己感兴趣的项目进行投资。这种投资的额度通常并不大,但是由于投资者的公共属性,筹集的总金额往往较大。根据投资额度不同,公众投资者会获得不同档次、不同形式的回报。

2. 平台的运营

众筹平台建立并管理众筹媒介,在整个众筹模式中起到了连接点的关键作用。众筹平台为筹资者和投资者双方提供了订立众筹合同的媒介服务,提供收取投资方资金、向筹资方支付资金等相关后续服务并收取费用。

奖励式众筹模式越来越多地出现在中国百姓的生活中。就拿2015年刚刚涉足奖励式众筹领域的某电视机品牌来说,通过采用奖励式众筹的融资模式,在其首次销售中仅用49分钟就销售完了备货的一万台超级电视,现金回流7500万元。这些亮眼的数据不仅让同类生产厂家艳羡,也体现出了奖励式众筹这种融资模式的强大生命力和号召力。

我国奖励式众筹平台一般可以分为三类。第一类是经营多种互联网众筹模式的平台,如淘宝众筹、京东众筹与众筹网等。这类平台由于经营众筹种类多,因此众筹金额与众筹数目普遍较大。第二类为经营多种奖励式众筹的平台,主要有追梦网。这类平台由于开展多种类型的奖励式众筹,因此,用户量大,融资能力较强。第三类为经营单种奖励式众筹的平台,如点名时间与乐童音乐等。这类众筹平台深耕单个领域,满足某类用户需求,因此发展规模取决于该领域需求大小。

(四)奖励式众筹平台的职能与盈利模式

1. 奖励式众筹平台的职能

(1)信息中介职能。项目筹资者可以通过众筹平台以较低的成本向社会公众发布项目筹资信息,公众投资者可以接触到大量的项目信息,并选取符合自身消费需求的项目进行投资。信息中介职能是奖励式众筹融资模式的关键。

(2)创造交易条件职能。众筹平台建立完备的信息交流系统,为资金流动提供制度保障，为投融资双方提供交易条件。

(3) 维护交易秩序职能。众筹平台不仅要对项目进展进行监督，还要对公众投资者进行必要的信息披露和风险提示。

(4) 售后保障职能。这也是奖励式众筹中保障投资者权益的重要手段。

2. 奖励式众筹平台的盈利模式

奖励式众筹平台多以收取手续费来盈利，但也存在其他盈利模式，如通过提供指导来收取指导费用等。奖励式众筹平台的盈利模式可分为以下四种。

(1) 中介费盈利。对成功融资的项目收取融资金额的一定比例作为中介费。

(2) 广告盈利。为众筹项目进行推广向发起者收取广告服务费用。

(3) 增值服务盈利。通过向众筹项目发起者提供指导、修改意见等增值服务向其收取服务费。

(4) 资金池盈利。收取手续费形成资金池，对资金池进行运作带动利润增长。

第四节　众筹风险与管理

作为一种新兴的以互联网为依托的经营模式，目前国内对众筹的政策监管尚有待完善。行业协会的自律监管缺位，缺乏统一的行业标准，对众筹平台的发展没有明确指导，众筹平台在业务开展的过程中免不了存在一些合规方面的问题，甚至可能会触及法律红线。

一、众筹的主要风险类型

(一) 非法集资风险

众筹模式的出现，一方面拓宽了民间融资渠道，另一方面由于存在投资方与融资方的信息不对称等问题，部分众筹平台以各种方式从事非法集资。在当前国家金融管制的背景下，非法集资风险成为众筹平台急需防范的重要风险。

根据《最高人民法院关于审理非法集资刑事案件具体应用法律若干问题的解释》第1条，非法集资要同时满足四个条件，即：(1) 未经有关部门依法批准或者借用合法经营的形式吸收资金；(2) 通过媒体、推介会、传单、手机短信等途径向社会公开宣传；(3) 承诺在一定期限内以货币、实物、股权等方式还本付息或者给付回报；(4) 向社会不特定对象吸收资金。

首先，由于现阶段针对众筹的政策监管还处于立法阶段，且众筹天然就是通过互联网进行筹资的运营模式，必然涉及向社会公开宣传。因此，前两个要件是众筹频繁触碰的条件。

其次，除了募捐式众筹之外，作为一种投资方式，不论是奖励式众筹、股权众筹还是借贷式众筹，平台给投资人的回报方式都会满足第三个要件。

最后，在实践中，众筹平台为了规避第四个要件，通常设立投资人认证制度，限定投资人的数量，提高投资门槛，将通过公开宣传方式获得的投资人转变为特定对象。

有学者认为，界定众筹是否违法，不能仅关注形式要件，而要看众筹是否符合非法集资犯罪的实质要件。《最高人民法院关于审理非法集资刑事案件具体应用法律若干问题的解释》的出台，是为了惩治非法吸收公众存款、集资诈骗等犯罪活动，是为了维护我国社会主义市场经济的健康发展。反观众筹平台，其运营目的包括鼓励支持创新、发展公益事业及盈利。良性发展的众筹平台并不会对我国市场经济产生负面影响，不符合非法集资犯罪的实质要件，所以不应被定性为非法集资犯罪。但与此同时，也要严加防范不法分子披着众筹平台或者发布众筹项目的外衣，实际骗取项目支持者和出资人资金的行为。

(二)非法发行证券风险

众筹模式决定了众筹平台吸引投资对象的公开性和不确定性，且募资人数量较多，很容易触犯《证券法》关于公开发行证券的规定。《证券法》第10条第1款规定："公开发行证券，必须符合法律、行政法规规定的条件，并依法报经国务院证券监督管理机构或者国务院授权的部门核准；未经依法核准，任何单位和个人不得公开发行证券。有下列情形之一的，为公开发行：(1)向不特定对象发行证券的；(2)向特定对象发行证券累计超过两百人的；(3)法律、行政法规规定的其他发行行为。"其中，《证券法》并未对"证券"一词做出明确的定义，结合实际案例，主管部门倾向于认定股权属于证券范畴。

国务院证券监督管理机构或者国务院授权的部门对公开发行证券的公司和个人要求严格，正处于起步阶段的众筹平台显然不具备公开发行证券的条件，而众筹以互联网获客的经营模式与非公开发行天然对立。前文提到，众筹平台在实践中通过投资人认证制度规避向不特定对象融资的要件；对于投资人数量上的限定，众筹平台在实践中有多种变通方式进行把控。有学者介绍，股权众筹平台对这一问题则是采取成立有限合伙的形式。即由众筹出资者成立有限合伙企业，再由合伙企业对众筹项目发起者进行投资。然而《证券法》第10条第2款规定："非公开发行证券，不得采用广告、公开劝诱和变相公开方式。"股权众筹平台的这种方式属于变相公开的一种形式，股权众筹平台的发展目前在中国的法律大环境下受到诸多限制。

(三)代持股风险

上文提到，股权众筹平台通过采取成立有限合伙的方式规避公开发行证券的限制，但《公司法》第24条规定："有限责任公司由50个以下股东出资设立。"那么，众筹项目所吸收的公众股东人数不得超过50人。如果超出，未注册成立的不能被注册为有限责任公司；已经注册成立的，超出部分的出资者不能被工商部门记录在股东名册中享受股东权利。

目前在中国，众筹融资机制发展尚未成熟，绝大部分对股权众筹项目有兴趣的出资者只愿意提供少量的闲置资金来进行投资，故将股东人数限制在50人以内将导致无法满足众筹项目的资金需求，造成众筹失败。许多众筹项目发起者为了能够募集足够资金成立有限责任公司，普遍建议出资者采取代持股的方式来规避《公司法》关于股东人数的限制。采用代持股的方式虽然在形式上不违反法律规定，但在立法精神上并不鼓励这种方式。当显名股东与隐名股东之间发生股东利益认定相关的争端时，由于显名股东是记录在股东名册上的股东，因此除非有充足的证据证明隐名股东的主张，一般会倾向于对显名股东的权益保护。所以这种代持股的方式可能会导致广大众筹项目出资者的权益受到侵害。

(四) 侵犯知识产权风险

众筹模式的兴起一定程度上降低了创业的门槛，创业者的想法和创意在没有被产品化之前就可以进行众筹，一方面解决了创业启动资金的问题，另一方面也可以通过观察支持众筹的投资者人数来判断项目是否具有市场价值或发展潜力。但是，由于这些项目大都是尚未申请专利的半成品，如果在众筹过程中未能做好商业秘密和知识产权的保护工作，就很难规避被山寨的风险，往往一个好的产品众筹项目还没有结束，一些山寨作品就率先抢占市场，赢得先机。正是基于这种考虑，一些好的创意不愿意通过众筹来融资，即使通过众筹平台发布项目，创业者也只是向公众展示其创意的一小部分。虽然这样做规避了被剽窃的风险，但是具有出资意愿的投资者往往由于无法全面了解项目而失去投资的兴趣，这就形成了一个两难的境地。

(五) 非标准化风险

众筹平台作为平台的搭建者和融资活动的中介，既是项目发起人的监督者和辅导者，又是出资人的利益维护者，全程参与到众筹的流程当中。这一多重身份决定了众筹平台功能复杂、责任重大，平台既要对投融资双方进行资格和信息审核，还要为项目提供信息披露、标准化交易文件、交易撮合等其他服务。但由于众筹行业在国内正处于起步和探索阶段，发展远未成熟，统一、规范的行业标准暂时没有建立起来，众筹平台的发展目前面临着非标准化风险。

首先，众筹平台依赖网络技术，采用虚拟运作的方式，在虚拟空间发布项目信息之前需要对项目进行尽职调查。目前整个行业尚未针对项目的科学性和可行性制定统一的行业标准，只是各平台建立了各种模式化的操作流程和评测规范。此外，不同平台的风控和操作能力参差不齐，可能会出现部分平台团队因经验不足或因为自身利益而决策失误，给出资者造成损失的局面。

其次，由于几乎不存在财务审核、信息披露的规范，数据保存与信息披露制度不完善，出资者遭受损失之后，想对损失进行举证非常困难，后续的损失计算与追偿找不到相关法律法规依据。

最后，在项目筹资成功后，众筹平台要监督、辅导和把控项目。当项目无法执行时，众筹平台有责任和义务督促项目发起人退款给出资人。由于监管不完善，众筹平台无法规避项目发起者的信用风险，无法保证项目发起人兑现承诺。且平台作为互联网企业，会受到互联网行业经营周期的影响。没有行业标准作为根基的众筹平台很难抵御来自市场的波动，平台能否在波动中生存下来都未曾可知，更遑论保护好投资人的利益。

(六) 资金流转风险

根据现行相关法规，众筹平台目前不得作为中介机构经营支付结算业务，但在实际操作中，出资者将出资拨付到众筹平台的账户，众筹平台再将资金打到成功募集的项目上，众筹平台实质上在其中承担了支付中介的角色。整个资金流转过程并没有资金托管部门参与，也未受到监管机构的监督，因而投资人的资金存在被平台挪用的可能。此外，从项目开始到结束的一段时间内，被托管的资金会产生收益，而资金在托管期间所产生的收益应该如何分配也尚无法律做出明确规定，出于对资金安全的考虑，平台一般选择第三方平台或银行进行资金托管。

此外，股权众筹存在退出周期长的难点。股权众筹不同于债权借贷。债权借贷，可以事先约定期限与利率水平，且风险相对较小；股权投资不但无法保证收益，资金回笼期限更是极不固定。在此情况下，如何保证投资者的信心，同时建立起资金流动和投资退出的高效渠道，成为投资者关注的焦点。

二、众筹风险的防范

基于上文的分析，除了存在政策监管缺位带来的合规风险之外，众筹在自身发展过程中会集聚一些运营过程中的风险，这部分风险涉及平台自身的操作流程、规范运作等程序性问题和投资人保护问题。针对这些风险，可以从政策监管、平台风控制度、从业人员规范和投资人教育等四个维度进行防范。

（一）完善相关立法与监管措施

2016年3月16日，第十二届全国人民代表大会第四次会议表决通过的《国民经济和社会发展第十三个五年规划纲要(草案)》明确指出要全面推进众创、众包、众扶、众筹，众筹被正式纳入十三五规划。任何行业的规范发展，都是先摸索，再逐渐找到规律，进而落实到法律层面。国家出台一系列监管政策，给行业设置一条红线，将不规范的众筹平台挡在线外，从而给真正的优质平台创造公平竞争的机会和环境。但是，有些管理办法在实际操作层面存在一定的困难。比如，进行非公开股权融资需要成立合伙人企业，但成立合伙人企业的手续花费时间较长且过程烦琐，其中还需要投资人签字环节，然而对于普遍拥有数十名乃至上百名投资人的众筹项目来说，一次聚齐所有投资人在同一份文件上签字通常较为困难。同时这种设定还会影响投资效率和参与众筹者的用户体验。很多业内人士建议监管部门与众筹行业的优质代表企业建立长期深入的沟通机制，共同完善相关政策。

（二）从业机构建立严格的风控制度

由于众筹平台会全程参与到众筹的整个流程当中，因此从业机构针对运营流程建立整套的风控措施对于防范众筹平台非标准化、信用等风险具有重要的意义。

首先，在众筹开始之前，众筹平台有义务建立针对众筹项目的审核措施和针对投资人的认证制度。

其次，在众筹进行之中，筹款、扣除管理费、向项目发起者划款都涉及资金，对资金安全有序管理既是平台的义务，也是防范其自身法律风险的重要手段。对于众筹平台自身而言，最安全的办法莫过于不直接经手资金，而是通过第三方平台独立运作。这种方式能够更好地在项目发起者和出资者之间建立信用平台，同时也从某种程度上保障了出资者的资金安全。为了防止项目筹款成功后一次拨款所带来的项目发起者信用危机以及项目无法按时完成的风险，将所筹款项根据项目进展情况分批拨付是十分必要的。这不仅能够监督和敦促项目的进度，还能给出资者的资金增加一道保险防线。

再次，在众筹完成之后，建立规范的投后管理制度、优化退出机制有利于防范平台信用风险，保护投资人利益。在众筹模式中，由于决策权不对称和信息不对称，消费者处于弱势地位，因而遭受道德风险侵害的可能性更大。尤其是在资金投入之后，如何约束创业者按照事先约定合理使用这些资金，并尽最大努力保证消费者的回报，需要相关的程序与制度安排，其核心是消费者、创业者与平台共同设计一套有效的创业资本契约，通过适当的约束与激励机制协调三者的共同利益，有效制约创业者的道德风险。

最后，众筹平台有义务建立信息披露制度，提高平台透明度，保护投资人的知情权。众筹平台有义务在网站上详细介绍项目的运作流程，特别是在显要位置向支持者（出资者）提示可能存在的法律风险、信用风险和道德风险，明确各方的法律责任和义务，及可能发生争议时的处理方式。

(三)规范相关从业人员管理制度

如上文所述，众筹平台多重身份的特征决定了众筹平台的功能复杂、责任重大。平台既要对投融资双方进行资格和信息审核，还要为项目提供信息披露、标准化交易文件、交易撮合等其他服务，在这些环节中无论是审核环境还是审核人员都需要相应的监督。众筹平台可以通过构建专业团队、定期进行法律培训等方式，提高从业人员的法制观念，从源头消灭相关从业人员的侥幸心理，引导从业人员依法从业，杜绝从业人员的违法和违规行为。

(四)加强投资人教育

除专业人士外，普通大众对于金融和投资理财大都欠缺专业的知识和系统的教育。一方面投资人专业能力欠缺，另一方面非公开股权融资使得投资人大众化，与专业风险投资人相比，普通投资人没有足够的能力筛选出优质项目。这就要求监管部门和众筹平台做好对投资人充分的风险提示和投资知识普及教育，引导投资者树立正确的投资理念。投资者应确保自己符合相关法律法规、规章及规范性文件以及平台规则规定的合格投资人的标准，并完全了解众筹的性质和所涉及的风险，在审慎考虑后决定是否投资。

【本章小结】

众筹是指通过网络平台为项目发起人募集从事某项创业活动的小额资金，并由项目发起人向投资人提供一定回报的融资模式。众筹具有开放性、低门槛、良好的宣传效应、形式多样性等特点。按回报模式分类，众筹可分为股权众筹、债权众筹、公益众筹、奖励式众筹、物权众筹和综合型众筹等。众筹的整个运作流程可分为四个阶段：项目提交及筛选、项目推介融资、项目投后管理以及项目投资收益分配。

在股权众筹模式中，主要参与主体包括发起人、平台和投资人三个组成部分。发起人将拟融资的项目信息上传至股权众筹平台，平台对拟融资项目进行筛选与审核，投资人通过浏览股权众筹平台上的项目信息并结合自身投资经验及风险承受能力，对合适的项目进行投资。

股权众筹融资自身具有以下四个优势：股权众筹融资具有宣传优势、股权众筹融资使融资企业更容易得到合理估值、股权众筹融资速度快效率高、股权众筹融资具备潜在客户调研功能。股权众筹融资也具有传统股权融资所具有的难题，例如优质项目缺乏、估值定价难、信任成本高和退出周期长等难题。此外，由于融资少而分散、大众参与等特点，股权众筹还存在沟通成本高等难题。

物权众筹模式本质上是要促成一种按份额共有资产并通过对资产进行管理、运营来获取收益的经济活动。奖励式众筹除了具备众筹共性之外，由于其最终的回报是产品和服务，其鲜明的特色是投资属性和消费属性的结合。

目前国内对众筹的政策监管尚有待完善。行业协会的自律监管缺位，缺乏统一的行业标准，对众筹平台的发展没有明确指导，众筹平台在业务开展的过程中免不了存在一些合规方面的问题，甚至可能会触及法律红线。因此，必须加强众筹风险的识别与管理。

【关键术语】

众筹　股权众筹　物权众筹　奖励式众筹

【思考题】

1. 众筹有何特点？主要包括哪些类型？
2. 试述众筹运作的一般流程。
3. 试述股权众筹、物权众筹和奖励式众筹的运作及其特点。
4. 股权众筹融资的优势有哪些？
5. 股权众筹融资的难点有哪些？
6. 试述众筹的主要风险类型及风险管理策略。

第六章 互联网基金与保险

【教学目标与要求】
1. 掌握互联网基金的内涵、特点;
2. 了解互联网基金对金融市场产生的影响;
3. 了解互联网基金的发展情况;
4. 掌握互联网基金的风险与监管设计;
5. 掌握互联网保险的内涵与特点;
6. 了解互联网保险在我国的发展阶段;
7. 知悉我国互联网保险的商业模式;
8. 了解我国互联网保险发展现状;
9. 认识互联网保险存在的主要风险。

【导入案例】

案例一 天弘基金5年间是如何从行业垫底,一跃成为行业第一的

2018年4月初,各家基金公司2017年年报新鲜出炉,天弘基金旗下产品以566.92亿元的利润稳居行业第一。这是天弘基金坐上行业头把交椅的第5个年头,在此之前,其因为连年亏损在行业排名中垫底,却苦无出路。但2013年6月开始,天弘基金仅用了1年多时间,就奇迹般崛起,跃升至行业第一。

天弘基金成立于2004年11月,是全国性公募基金管理公司之一。它的飞速崛起离不开和支付宝的结缘。于2003年上线的支付宝本来主要是为了解决网购支付的信任难题,但随着阿里巴巴线上业务的逐渐成长,用户的要求也不断扩大。其中持续被用户吐槽、诟病的就是:钱在支付宝上为什么没利息?

对于这件事情支付宝有点冤,因为支付宝不是银行,当然没有利息。但当时负责支付宝的彭蕾觉得,实际上银行会给支付宝利息,所以这样算下来,确实对用户不公平、不地道。于是,她开始琢磨着怎么样把"利息"给用户。恰好2012年5月,支付宝获基金第三方支付牌照,于是能让用户存钱还可以获得利息的方案顺势被团队捣鼓出来。

2013年6月,支付宝找到了彼时处于困境却决意创新的天弘基金。随后,天弘基金推出首只互联网基金——天弘增利宝货币基金(余额宝),改变了整个基金行业的新业态。

余额宝一上线,就横扫了金融市场。其能快速扩张的原因:

其一，是一个看似不大的创新。余额宝投资标的是货币基金，安全有保障，收益比储蓄略高。而且相较于此前基金千元的投资门槛，余额宝降到1分钱的门槛根本就是虚设。虽然这不是多大的创新，却是其能迅速横扫金融市场的一大助力。

其二，余额宝的运气出奇地好：刚上线，就赶上了百年不遇的"大钱荒"。货币市场饥渴难耐、利率飙升，余额宝年化收益率突破6%。老百姓奔走相告，银行存款蜂拥涌入余额宝，又从余额宝进入货币市场，结果又以更高的利率被银行借走。这样的周转，对银行来说不是好事，但对老百姓却是好事，即使只能多出个包子钱，也要让零钱永不眠。

天时地利之下，仅一年多，天弘基金咸鱼大翻身，用户破1亿，资金近6000亿元，成了中国基金行业老大。这样的发展阵势把彭蕾和余额宝团队吓坏了，他们原以为最多折腾到600亿元，没想到超越预估10倍。据说，当时的金融大佬们也被震慑了，在此之前，他们谁也没见过互联网金融的威力。

此后，余额宝的稳定发展，助力天弘基金不断扩张，到2018年上半年，由阿里巴巴控股的天弘基金公募基金资产管理规模达8505亿元，在已发基金的108家管理公司中，位居行业第一。

资料来源：东方资讯，2018-04-02，http://mini.eastday.com/a/180402183945077.html。

案例二　互联网保险发展进入转型期，众安保险开拓创新迎增长

2018年8月21日，中国保险行业协会(以下简称中保协)发布2018年上半年互联网财产保险业务数据通报，在经历了两年的持续负增长之后，互联网财险终于逆转回暖，累计实现保费收入326.4亿元，结束了负增长状态。从行业整体来看，以众安为首的互联网领军企业贡献较大，在多业务领域表现突出。

数据显示，众安保险、泰康在线、安心保险、易安保险4家专业互联网保险公司实现累计保费收入78.13亿元，同比增长达94.91%，占整体互联网财险业务的23.94%，同比提升7.07个百分点。专业互联网保险公司快速增长，市场占有率平稳上升。

以保险科技为桥梁，开拓国际市场

自2017年9月份在港上市以来，作为拥有"首家互联网保险公司"之称的众安保险便充分发挥自身创新特质，开拓出了以生活消费、消费金融、健康、汽车、航旅为主要业务的五大生态体系，用数据进行需求挖掘和产品设计，实现自动核保、自动理赔、精准营销和风险管理。众安保险通过产品创新，为互联网的经营者和参与者提供一系列整体解决方案，化解和管理互联网经济的各种风险，致力于为互联网行业的顺畅、安全、高效运行提供保障和服务。

以保险科技为载体，从国内到国外，众安保险不断拓展业务范围，近期，其旗下子公司众安科技(国际)集团有限公司与软银愿景基金签署股东协议，将共同推动众安保险在海外市场的科技解决方案输出业务。此次合作初期将聚焦于亚洲市场，有望助力众安保险进一步开拓其保险科技、金融科技及其他科技解决方案业务在海外市场的发展。

车险业务和非车险业务齐抓共管，意外健康险强势领航

随着三期费改的深入，众安保险的汽车生态也焕发新生机，在新零售、新金融、新出行、车联网四位一体的汽车生态战略下，全面开花。中保协通报同时指出，互联网非车险市场中，保险科技公司表现不俗。众安保险上半年累计互联网非车险保费收入为46.75亿元，占整体互联网非车险业务的32.00%。

早在2016年，众安保险就推出了高端医疗险，随后各保险主体纷纷试水推出同类型中高端医疗险产品，满足了很大一部分保险客户对于健康类保险的需求。中保协7月份发布的《2018年互联网财产保险用户调研报告》指出，超过97%的保险用户购买过新型保险产品，中高端医疗险在保险用户中的渗透率达49.4%。

在众安健康医疗产品尊享e生的一项调查数据中显示，截至2018年上半年，尊享e生用户已超过150万，用户平均年龄为35岁，其中60%以上的尊享e生用户是第一次购买商业险。以年轻群体保险需求为契机，借助前沿科技，互联网保险公司坚持创新与开拓，必将迎来更加美好的明天。

资料来源：网贷之家，2018-08-31，https://www.wdzj.com/hjzs/ptsj/20180831/758147-1.html。

第一节　互联网基金

一、互联网基金的内涵、特点与影响

(一)互联网基金的内涵

互联网基金指通过互联网渠道实现销售的证券投资基金。互联网基金的产品开发者(电商支付机构或基金管理人)致力于改善用户体验，无论是从产品的赎回时效、申购门槛、费用成本还是操作感受等方面，都以客户为中心进行了优化改良。

汇添富基金于2012年10月11日在我国首次通过互联网直销模式实现了货币市场基金T+0快速赎回服务(赎回基金份额当日到账)。2013年6月余额宝的上线全面引爆了互联网基金的热潮，余额宝集多项改善客户体验的增值服务于一身，实现了T+0快速赎回、1元起申购、基金份额直接消费等多项以改善客户体验为中心的创新服务，由此开启了互联网基金高速发展的时代，是我国基金业由传统渠道向互联网渠道转型的一个重要里程碑。

(二)互联网基金的特点

互联网基金的特点主要集中在客户体验上，包括对产品的赎回时效、申购门槛、软件终端、推广手段以及费用成本等方面。

1. 近于活期的赎回时效

提高赎回时效是互联网基金的标志性创新，传统货币市场基金的赎回到账时间多数在T+2日。在传统赎回时效下，货币基金只能作为低风险、低收益的一个投资品种，其流动

性与股票类等公募基金并无显著差异。互联网基金通过为客户垫付资金的方式实现了货币市场基金T+0日赎回款到账，甚至即时到账。这一创新的意义非常重大，它将货币市场基金的流动性提高到了活期存款级别，但是货币市场基金的收益却能够远远超过活期存款的收益（2013年全部货币市场基金平均年化收益率为4.14%，同期人民币存款基准利率活期为0.35%，一年定期为3.00%），互联网货币市场基金高流动性、低风险和近似同业利率的收益的特性迎合了市场需求，成为其规模迅速膨胀的最主要原因。

2. 近乎零的申购门槛

传统公募基金的申购门槛为1000元起，而银行理财产品的申购门槛则是5万元起。互联网基金消除了产品的申购门槛，将申购起点调整为1元，部分产品甚至达0.01元，因此可视为无门槛申购。这一创新的意义体现在两个层面。第一个层面是实际应用意义上的，申购门槛的取消配合T+0快速赎回可以使货币基金真正实现近乎活期存款的结算功能。第二个层面是用户体验意义上的，互联网基金与商业银行采取了完全相反的客户策略，商业银行重视客户质量，偏好高净值客户，多数银行将客户按照资产净值进行等级划分，客户级别越高，享受的服务越多越好。相反，互联网基金重视客户数量，消除了理财申购门槛，使任何人都能参与其中。这使得互联网基金在客户体验上更加亲民，也是其获得庞大客户数量的基础。

3. 体验良好的软件终端

理财的目的是赚取收益。在传统理财模式下，投资者要在理财到期时才能知道投资收益情况，在理财未到期前，投资者只能自己根据本金与收益率测算收益。而多数互联网基金配套开发了适用于手机等移动设备的软件，每日在软件终端上播报产品的收益情况，通过万份收益直观地告知投资者每天赚了多少钱。部分互联网基金还设计了申购赎回、日常缴费、转账汇款等多项为投资者提供便利的功能，同时软件终端的视觉界面设计也具有较强的亲和力，用户体验较传统模式下购买公募基金或理财产品的感受有显著优化。

4. 基于网络的推广手段

互联网基金推广手段与传统基金完全不同。传统基金的推广主要依赖代销渠道，包括商业银行、证券公司和其他代销机构，推广重点在于对渠道的营销，这意味着高额的佣金、营销费用以及人力成本。此外，代销渠道的考核机制多与基金销售额度挂钩，而不是销售户数，因此渠道会重视客户质量而忽视客户数量。互联网基金的推广主要依赖网络，这决定了互联网基金更重视客户数量。互联网基金的费用主要投资于网络媒体、户外媒体、影视媒体的广告以及用户终端的开发，宣传点集中在产品的特点、用户体验与收益等优势。从推广结果看，传统基金的推广模式虽然有效，但受限于渠道的营业机构网点和有效客户数量，而互联网基金的推广模式突破了传统渠道的物理瓶颈限制，通过网络将推广范围大幅扩张，因此能够获得大量客户。

5. 更加低廉的费用成本

货币市场基金在证券投资基金中属于低风险、低收益的品种，主要投资于银行定期存单、国债等短期货币工具，不同货币市场基金之间的收益差异幅度较小。由于投资标的有限，货币基金如果想提高收益，最直接有效的办法之一就是降低产品的相关费用成本。但是从2003年我国第一只货币市场基金成立到2012年的十年期间，货币市场基金的管理和托管费率一直保持在 0.33% 和 0.10%。互联网基金的经营者在投资者收益和自身利益之间做出了新的平衡，本着以客户体验为中心的互联网精神，降低了产品的费用成本，把更多的收益让给了投资者。如：2014 年一季度末，共有 27 支对接互联网的货币市场基金实现了低费用成本，互联网货币基金的平均管理费率为 0.256%，平均托管费率为 0.067%，较传统货币市场基金而言，互联网销售货币基金的低费用成本能够为客户每年多贡献 0.107% 的收益。

(三) 互联网基金对金融市场产生的影响（以余额宝为例）

1. 余额宝改变传统基金市场

余额宝以支付宝为平台，利用互联网这一便捷支付手段，短时间内吸收大量资金，规模急速扩张。结合互联网支付渠道、捆绑互联网客户、满足活期资金需求特点的余额宝，利润快速增长，这使得传统的货币基金不得不改变其原有的销售方式和产品设计模式，将互联网金融提升到战略高度。在余额宝取得巨大成功后，各种互联网"宝"开始陆续在市场上被推出，与美国不同的是，由于中国储蓄率很高，因此互联网货币基金的发展有很大的空间。

2. 余额宝入侵银行业务领地

余额宝实质为理财产品，将对银行的负债业务产生影响。一是在吸纳资金的渠道上与银行业务产生冲突；二是从余额宝盈利模式进一步考虑，其利润主要来自同业存款，即基金的绝大部分投向"银行存款和结算备付金"，银行须支付余额宝 5.5% 的利息；三是基金的最终流向是银行而并没有流出商业银行体系，但改变了商业银行的负债结构，即低成本的活期存款占比下降，而成本较高的同业协议存款占比上升，特别是在市场化利率与管制利率的套利空间较大的情况下，余额宝等互联网货币基金产品将获取较大的套利利差，并吸引社会资金流向给予较高利率的商业银行，推动存款利率市场化进程。

从市场规模的角度来看，即使备付金全部转入余额宝，其占整个银行活期存款的比例依然很小。可是，从未来长期的影响来看，余额宝的发展趋势和发展前景是非常大的，应该说，足以引起现在银行业的担心。美国货币市场基金发展史上的历史数据显示，20 世纪 60 年代，美国商业银行活期存款占全部存款比例约为 60%，由于货币市场基金的迅速扩张，30 年之后，银行活期存款占比仅 10%。这说明货币基金的长期发展已经足以影响传统的银行存款结构。虽然从本质来讲，余额宝是货币市场基金，必然存在风险，但大部分余额宝客户对其资金安全度和信誉认同感极高，主观上将余额宝和高息活期存款的功能同等化了。当然，美国金融市场特点以及监管体制与我国有着近乎本质的区别，传统存款规模的发展有待市场给出答案，但毫无疑问的是，美国货币市场基金的发展历程会为我国的银行业储蓄存款业务敲响警钟。

3. 余额宝挑战原有相关监管体系

余额宝的迅猛发展立足于互联网技术的日新月异，其本质是一款基金理财产品。由于余额宝交易流动性极强、资金出入容易，无疑对原有央行的货币调控政策和商业银行的流动性管理提出了更高的要求。余额宝在达到一定规模后，其自身的安全性和风险管理也非常重要。

二、互联网基金的发展

互联网金融在基金行业这几年的蓬勃发展集中体现在互联网货币市场基金上,之所以发展这么快不外乎三个方面的因素,第一是场景,包括消费场景、社交场景等,各种场景嵌入带来了巨大流量;第二是用户体验,比原来更方便、更便捷、门槛更低;第三是产品收益的安全稳定性。

2013年以来,随着余额宝的推出,互联网货币市场基金呈现爆炸式的发展。到2017年底,持有人的累积户数接近6亿,达到5.98亿,仅余额宝就有3.69亿的客户,基本上在中国,超过四分之一的人通过余额宝享受到公募基金的高质量服务,也获取了不少的回报。到2017年底,银行互联网和电商平台崛起,规模最大的10只基金中8只是宝类货币基金,其中4只是来自支付平台,2只是来自银行互联网平台,一是电商平台。

(一)互联网货币市场基金市场概况

根据中国证券投资基金业协会的统计,截至2017年9月30日,货币市场基金总规模达到了6.31万亿元,而公募基金总规模为11.14万亿元,即货币市场基金占据了公募基金半壁江山。从图6.1中可以看出,货币市场基金在2014年收益较高,随后在2015、2016年,由于证监会发布的《货币市场基金监督管理办法》上调了货币市场基金的投资品种信用评级,并要求货币基金缩短久期,叠加资金利率下降较为明显,令货币市场基金收益一路下滑,2016年一季度以后货币基金平均七日年化收益率低于3%。2017年,随着资金利率的上行货币市场基金收益率也开始走高,至2017年10月31日,货币市场基金平均七日年化收益率为3.98%。

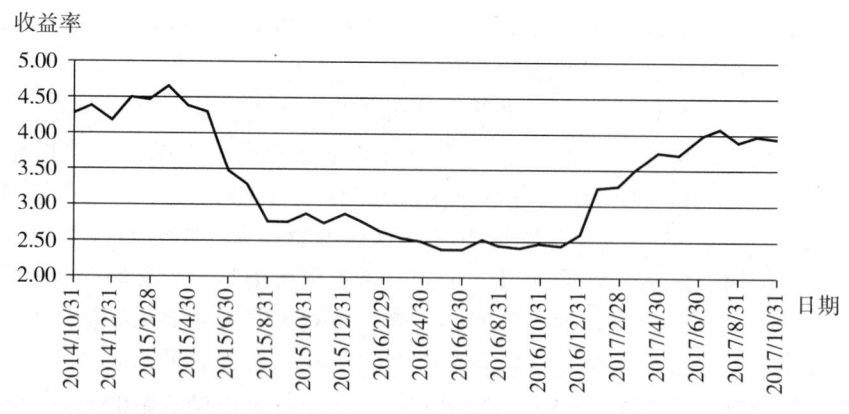

图6.1 货币市场基金七日年化收益变化(截至2017.10.31)
资料来源:华宝证券研究创新部,Wind。

(二)互联网货币市场基金受到的政策性影响

2017年9月1日证监会发布《公开募集开放式证券投资基金流动性风险管理规定》,

其中第八章对货币市场基金的流动性管理提出了专门的要求,这造成了基金收益率下降、定制货币市场基金的吸引力下降、规模增速下降三大影响。

1. 互联网货币市场基金收益率下降

影响货币市场基金收益的主要包括第三十条、第三十二条、第三十三条规定。其中第三十二条规定了投资于10个交易日以上的逆回购以及银行定期存款(含协议约定有条件提前支取的银行存款)的比例不得超过10%,相比原先的投资银行定期存款比例不得超过30%而言,一方面大幅降低了比例上限,另一方面把行业内经常采用的协议存款也纳入比例。根据数据统计,有83%的货币市场基金银行存款投资占比大于20%,有35%的货币市场基金甚至大于50%,这将对该部分货币市场基金的投资及收益率产生较大的影响。

第三十三条则限制了通过信用下沉投资较低等级同业存单的投资方法,规模较大的货币市场基金会有10%的上限限制,规模较小的则更容易受到单一机构2%的限制,导致投资AA+级的同业存单的可行性下降。而投资AA+级以下的存单,则通过烦琐的流程以及受限的投资比例加大了实操层面的难度。从前十大持仓的情况看,有15%的货币市场基金投资AA+级以下同业存单占比大于10%,直接受到影响;有20%的占比大于8%,潜在受到影响,该部分货币市场基金在新规施行后收益率将会出现下行。

投资人集中度较高的货币市场基金另外还会受到第三十条的限制,而机构占比较高的很容易达到前十大持有人占比大于20%的条件,则组合平均剩余期限的要求将从180天降低至90天,现金及利率债的投资不得低于20%。因此,将有不少基金降低组合久期以及转投部分的利率债产品,从而降低组合的收益率。而前十大持有人占比大于50%的,收益率下行将会更加明显。

综上,新规从组合的剩余期限、利率品种投资下限以及协议存款设置、AAA级以下存单的投资上限多个维度做出了规定,导致互联网货币市场基金收益率会有一定幅度的下滑。

2. 定制互联网货币市场基金吸引力下降

新规第二十八条规定单一持有人占比超过50%的互联网货币市场基金,若要采用摊余成本法计价,则80%以上的资产需要投资于现金或利率品种。同时受制于第三十条规定,组合剩余期限不得超过60天。在这两条规定的综合作用下,互联网货币市场基金的收益率将显著下降,变得不再具有吸引力。若采用市价法来估值,则会丧失货币市场基金净值的稳定性以及潜在的保本性,同时也会受到互联网货币市场基金投资的种种限制,在产品特征、风险、收益以及性价比上不如短期纯债产品。

3. 互联网货币市场基金规模受限

新规第二十九条规定同一基金管理人所管理的采用摊余成本法进行核算的互联网货币市场基金的月末资产净值合计不得超过该基金管理人风险准备金月末余额的200倍。该条规定将严重限制货币市场基金的扩张规模以及扩张速度,对于互联网货币市场基金规模占比较高以及成立年限不长的基金公司影响较大。以1000亿元规模的货币市场基金为例,按每年管理费0.33%中的10%计提为风险准备金计算,对应的200倍仅有66亿元,因此对于互联网货币市场基金占比较高的公司而言,会由于不符合第二十九条触发第四十一条的惩罚,面临计提比例提高至20%且无法新发采用摊余成本法估值的货币市场基金的困境，这样不但减少了公司可分配收入也影响了公司互联网货币市场基金业务的进一步拓展；此外，目前不少刚起步的基金公司都偏好于通过先采用互联网货币市场基金把规模做大的战略，但由于这些基金公司风险准备金计提较少，极大概率会超过200倍限制，从而触发第四十一条的惩罚。

三、互联网基金的销售趋势

2015年8月中国人民银行等十部委联合印发《关于促进互联网金融健康发展的指导意见》，该指导意见明确了互联网基金销售的形态、方式、要求等内容，互联网基金销售将出现以下几大趋势。

首先，规范化营销。新政策对互联网基金的营销更加规范化，销售机构及其合作机构不仅需要严格备案，还要对自身的经营状况、产品的构成、产品的收益、产品的风险等关键要素进行如实披露。规范化的营销对投资者来说，无疑更好地保证了自身的权益。

其次，交互式营销。在互联网社会，交互是最重要的特征。过去财经网站用户有较高的专业度，但电商网站的网购客户对于基金更加陌生，资金量更碎片化，如何适应这部分客户的需求和进行投资者教育是新的课题，这将带来新的营销方式，更强调交互式营销，内容需要更浅显易懂，在对客户的需求响应方面也要更高效。另外，互联网公司创新意识很强，未来有更多的创新合作空间。

再次，个性化营销。新政策的出台强调了创新和合作，今后互联网基金的销售不再是在网上单一销售基金产品，提供在线投资顾问服务是基金线上销售的下一个引爆点。以客户为导向，提供一站式的解决方案，通过移动互联网服务平台进行资产配置乃至个性化定制，将会使更多的普通投资者接受复杂的基金产品。

最后，专业化营销。互联网的透明、开放特性会进一步强化金融行业所特有的专业化优势，基金公司能够快速提供满足细分用户需求的产品，凸显自身品牌和服务的差异化，将有更大的机会赢得更多客户的心，这也是基金公司适应同质化竞争的关键。

四、互联网基金的风险与监管

（一）互联网基金的风险

互联网货币市场基金虽然被投资者看做存在隐性保本条款的基金，但仍然存在一定的风险。以2016年年底为例，货币基金收益率经历了一波大幅下降随后大幅上升的行情。2016年11月24日至12月21日，互联网货币市场基金迎来收益洼地，其单日万份收益的均值和最小值持续性地处于低位，个别货币市场基金的单日万份收益甚至多次低于0.03元。货币基金单日万份收益见图6.2。主要原因在于债市的下跌和资金面的紧张。一方面，债券是货币基金的主要投资标的之一，债市的急跌引发机构投资者对于货币市场基金收益率的担忧，导致部分机构赎回货币基金；另一方面，汇率的持续性贬值制约货币宽松，而2017年8月以来央行的缩短放长以及之后的"2017年经济工作会议"也向市场传递了"降杠杆、控风险"信号，同时，年末银行在MPA考核压力下，本身有回笼资金的需求，多重因素作用下，市场资金面紧张，而互联网货币市场基金赎回便捷（一般可以实现

"T+0"到账)的特性使其成为机构兑现流动性的首选工具。

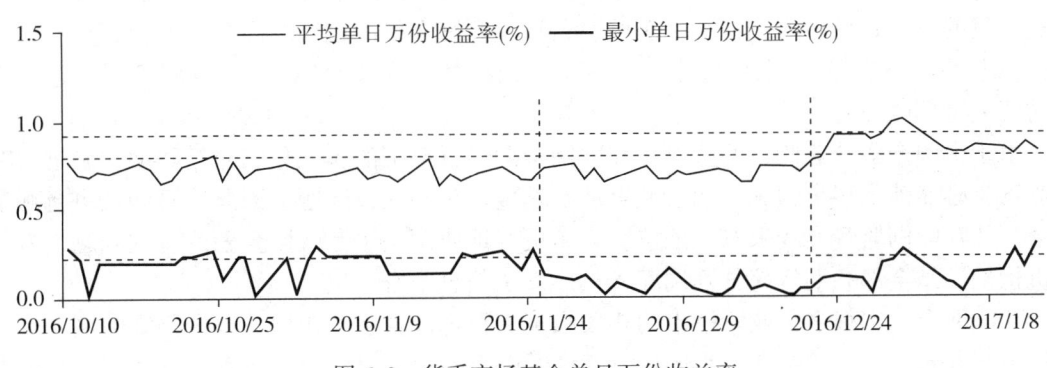

图 6.2 货币市场基金单日万份收益率
资料来源：华宝证券研究创新部，Wind。

除此之外，机构资金的逐利本性也一定程度上助推了货币市场基金的巨额赎回。自 2017 年 11 月中旬开始，货币基金的平均 7 日年化收益在 2.5% 左右，而 1 个月期同业存单的收益率则从 2.5% 一路上行，到 2017 年 11 月 20 日，银行同业存单的利率已经升至 3.98%，两者之间的利差不断扩大，吸引以银行为首的机构投资者赎回货币基金并投向同业存单，赚取利差收益；在此期间，资金面的紧张也导致交易所市场上的隔夜逆回购利率一度飙升至 13.24%，最高时甚至达到 18.55%。可以看到，相较于同业存单和逆回购而言，货币市场基金并无收益优势，巨大的利差催生了以保险为首的机构投资者将资金从货币市场基金撤离投向逆回购市场，从而导致货币市场基金在 2017 年 11 月中旬至 12 月遭遇大量赎回，引发互联网货币市场基金爆仓传言。

面对赎回压力，互联网货币市场基金有两种选择：收回银行存款资产、卖出持有债券或者借入资金应对赎回压力。收回银行存款将造成部分利息损失，债券的持续下跌也令互联网货币市场基金净值受到损失，借入资金成本较高，也在侵蚀货币市场基金的收益，因此造成了货币市场基金在该阶段收益较低的局面。

根据互联网货币市场基金新规，当货币市场基金负偏离度绝对值达到 0.5% 时，基金管理人应当使用风险准备金或者固有资金弥补潜在资产损失，将负偏离度绝对值控制在 0.5% 以内。当负偏离度绝对值连续两个交易日超过 0.5% 时，基金管理人应当采用公允价值估值方法对持有投资组合的账面价值进行调整，或者采取暂停接受所有赎回申请并终止基金合同进行财产清算等措施。因此在 2016 年 12 月还出现过部分基金公司使用自有资金弥补货币市场基金损失的事件。

(二)互联网基金的监管问题及监管设计(以余额宝为例)

1. 从余额宝业务特征分析其监管面临的问题

余额宝交易具有跨地域、跨账户、跨机构的"三跨"特点，不仅使国家实施监管的手段受到限制，还造成了监管协调的问题。传统的金融体制下，开户人的监管范围可以依据账户开户地进行划分。互联网金融则不同，用户可以不受时间、地点限制进行转账操作，这为地域性监管带来了困难。

2014年2月24日，余额宝新推出普通卡转出的功能，即用户可以通过电脑或手机将余额宝里的资金直接转入银行卡。至此，这项互联网金融的创新产品已经涉及银行储蓄账户（借记卡）、基金账户（余额宝账户）、第三方支付账户（支付宝）三个隶属于不同监管部门的资金管理账户。

由于中国金融分业监管的特点和互联网金融经营范围的多元化，对互联网金融进行有效监管，必然涉及多个领域。如余额宝涉及基金购买和支付问题，因此监管涉及央行和证监会。从互联网监管实践来看，证监会为了更好地协调关于互联网金融的管理问题，专门从机构部、基金部和期货部分别调配人员成立了信息中心小组。

互联网金融中很多企业所推出的相关投资项目都涉及多个领域。以余额宝为例，作为支付系统和基金公司的结合，它的监管就涉及多个行业。目前，随着互联网公司跨界经营业务的增加，对于监管的要求越来越高，如腾讯公司推出的微信涉及通信、支付、基金业务等。

2. 关于余额宝带来的监管问题的进一步思考

首先，互联网货币将活期资金或储蓄资金投资于银行协议存款等产品，由于其具有高流动性，因此同样面临挤兑风险。一旦出现金融泡沫破裂或是金融市场动荡，导致其收益率大幅下降或本金损失，其支付的便捷性和高流动性就会造成资金的快速流出，形成挤兑效应，到时散户的利益难以保障。

其次，时至今日，关于余额宝收益费用明细等相关信息尚未公开，天弘基金对手续费、交易费用和管理费用等是否进行了合法的披露，对于投资人及各方利益相关者都是非常重要的。在中国的弱有效金融市场条件下，信息的不对称等问题显然没有得到彻底解决，不排除存在通过余额宝进行洗钱的可能。

最后，余额宝货币市场基金是在互联网普及基础上加以创新形成的产物，与传统货币市场基金的最大不同之处在于其融合了互联网技术因素，难免会存在技术上的一些漏洞和风险，从而造成不必要的资金风险和交易纠纷。

3. 关于互联网货币市场基金监管的设计

互联网货币市场基金发展迅速，为传统金融业发展提供了新的思路、机遇和挑战。互联网金融一方面可以有效推进利率市场化进程，另一方面也可以迫使传统金融业尤其是银行业关注互联网在连接客户、便捷支付、获得客户消费偏好等方面的优势，将传统金融业务与互联网相结合，提高服务能力和服务质量。互联网金融的核心是通过互联网渠道开展金融业务，因此必须遵守金融规则。真正的互联网金融是传统的金融、银行机构和非传统的、有志于互联网金融的互联网企业一起去创新发展的行业。从监管来看，国内对金融机构的监管体系已经比较成熟，但是对网络金融存在一定的空白，这就导致网络风险的聚集，不利于网络的发展也影响整个金融的稳定。为此，对探索建立互联网金融监管模式提出以下建议：

一是充分发挥互联网金融行业协会的作用。目前，国务院已批准成立中国互联网金融协会。鉴于互联网货币市场基金的网络支付特点，协会应吸纳国内主要的互联网货币市场基金，从行业规范、自律、公平竞争角度，确保其快速、健康发展，特别是在支付方式、信息披露方面，根据基金发展需要，在政策框架内制定相应支付细则和规范，要求基金定期按要求披露其财务和管理信息，提高基金运营的信息透明度。

二是建立互联网货币市场基金发展的防火墙。互联网货币市场基金具有商业银行储蓄存款的特点，且流动性较大，在金融环境较差、基金运营不佳时，可能存在挤兑风险。因此，应当建立互联网货币基金的"风险准备金"，按照基金规模的一定比例提取，当某个基金运营存在问题时，可以确保风险不外溢，并有效保证投资人收益。

三是通过监管强化互联网货币市场基金的产品设计和软硬件投入。互联网金融在我国属于新生事物，除了要面对传统金融业的风险外，还面临互联网本身存在的一些系统风险，如来自互联网恶意攻击导致的服务器瘫痪、数据丢失、用户信息曝光、账户资金失窃等风险。国家应从政策层面提升互联网货币市场基金的准入门槛，要求开展互联网金融业务的货币市场基金必须满足一定的注册资本、管理规模和管理经验要求，在产品设计上要优先确保客户账户安全，不能一味追求高流动性、高收益性，同时与货币市场基金对接的互联网企业在软硬件上应能满足正常交易、深度信息披露、网络安全、大数据等方面的要求。

四是探索建立货币市场基金同业存款准备金制度。商业银行的存款准备金制度主要是防止出现恶意挤兑导致金融系统崩溃，同时央行可以通过控制存款准备金率来调节货币供给。货币市场基金等金融同业存款由于期限短且占存款总额比重低，目前尚不需要计提存款准备金。但互联网货币市场基金出现后，货币市场基金规模急剧扩大，将大量客户原先的活期存款、定期存款转化为货币市场基金在商业银行的同业协议存款，也将客户的挤兑风险通过互联网基金转移到了商业银行，弱化了商业银行存款准备金制度的有效性。同时商业银行大量一般性存款流失到互联网基金，导致商业银行同业存款占比上升，一般性存款占比下降，此外互联网货币市场基金对于客户承诺高流动性，但存放商业银行的协议存款期限较长，存在一定期限错配问题。综上，互联网货币市场基金的出现削弱了存款准备金的制度有效性，也弱化了央行通过存款准备金调节货币供给的效果，因此在我国目前较为薄弱的金融体系下，应当探索对货币市场基金的同业存款计提存款准备金。

五、互联网基金的发展趋势

互联网基金的发展有以下三大趋势。

(一)第一大趋势：互联网基金从货币市场基金到非货币市场基金转移的趋势会加大，而且速度会越来越快

原因有几个：第一，无论是互联网机构还是传统的金融机构，通过互联网手段基本上对货币市场基金的布局已经完善，而且规模已经达到一定程度了，根基非常深，同时货币市场基金收费低。因此带来的利润低。可复制性强、高度同质化使得竞争压力大，这种情况下绝大部分机构希望更加侧重于质量而不是规模。第二，借助互联网的发展，货币市场基金发展的规模已经面临很大的压力，包括运营上的压力、流动性管理上的压力，监管部门也陆续出了一些政策去控制。第三，对于很多投资者而言，是通过余额宝这种特殊类型的产品受到理财启蒙，进入了基金市场，对基金本身的理解是非常陌生的。经过这么多年的尝试之后，理解能力逐渐提高，大部分的客户有提高风险的需要。第四，基础市场也能

配合，2008—2011年，资本市场波动是非常大的，波动率达到40%以上，极大地伤害了投资者的长期投资信心，让投资者加速了短期操作的行为。但是在最近五年这种情况发生了变化，从2012年开始，资本市场走向一个非常良性的循环，五年指数涨了46%左右，股票基金和混合基金平均涨了1倍，而且这五年里除了2016年，其他四年偏股型基金的收益率都是两位数，在这样的市场环境中，偏权益型基金的绩效已经证明了其专业能力，投资者的信心正在不断修复，这也为货币市场基金向非货币市场基金迁移提供了市场基础。

（二）第二大趋势：无论是互联网机构，还是传统机构，在互联网基金这一块都将会加大在基金投顾服务方面的投入

非货币市场基金跟货币市场基金不太一样，因为可预期性很差，如何去解决很差的可预期性给投资者带来的困扰，需要更好的服务。基于大类资产配置的智能投顾、互联网平台的财富号等都是目前相关机构在这方面的探索重点。

（三）第三大趋势：银行互联网会崛起，而且这个速度可能会超出大家的想象

互联网基金快速发展是因为更便利、更便宜，银行业也在不断迎合这样的趋势，如果未来竞争取决于服务的话，则银行有更大的优势，因为银行有那么多的网点、理财经理，也有更丰富多元的理财产品能够提供给客户，投资理念也在不断提升，而且在不断地加大投入，在这种平台的支持下，银行互联网会发挥越来越重要的作用。

第二节 互联网保险

一、互联网保险的内涵与特点

（一）互联网保险的内涵

随着传统保险与互联网技术的不断融合，互联网保险的概念近年持续地演变。原保监会2014年4月发布的《关于规范人身保险公司经营互联网保险有关问题的通知（征求意见稿）》中，将互联网保险定义为：通过互联网技术和移动通信技术订立保险合同、提供保险服务的相关业务。而在原保监会2015年7月发布的《互联网保险业务监管暂行办法》中，将互联网保险业务定义为：保险机构依托互联网和移动通信等技术，通过自营网络平台、第三方网络平台等订立保险合同、提供保险服务的业务。

互联网保险一般可以定义为保险公司或保险中介机构通过互联网直接为客户提供产品和服务，实现网上销售、承保、核保和服务、理赔等业务环节，完成保险产品的在线销售和服务。

在互联网保险发展初期阶段，互联网更多是在销售环节发挥作用，互联网被定义为一种销售渠道。保险公司利用互联网更高效地与客户进行沟通，及时向公司现有客户介绍保险产品，增强与客户之间的联系，提高品牌认知度。保险公司可以通过互联网以较低的成

本销售简单和标准化的保险产品。

在互联网保险发展的高级阶段，则互联网保险可定义为是依托于互联网、IT技术建设的一个全新的商业模式。以保险经营价值链观察，这个商业模式致力于运用互联网和IT技术，实现产品开发、市场营销、承保定价、销售、客户服务与理赔等环节的统筹设计，最终实现保险经营管理和互联网的高度融合以及全流程一体化发展。

在这个新的商业模式中，互联网和IT技术在保险经营管理方面的运用是全面且具有变革意义的。比如：在产品开发阶段，保险公司基于丰富的客户数据，分析不同客户的需求和购买模式，并基于这些大数据，设计出更有针对性的产品和更加个性化的定价方案；在市场营销阶段，则是彻底改变保险公司和客户的互动方式，信息传播更加高效、透明化，给予客户更多选择，客户可以随时随地检索信息，选择对比产品，分享体验；在销售阶段，保险公司可以实施网上报价，自动核保、承保。客户能够自助购买保险产品，令整个购买过程更加便捷和有效率；保险公司也可以通过互联网开展客户服务，进行保单和风险管理，并通过网络启动理赔程序，实施理赔管理。

(二) 互联网保险的特点

1. 空间广阔、易于创新

互联网在推动保险产品创新，引导和创造客户需求，提升公众特别是年轻消费群体保险意识方面蕴藏巨大潜力。根据原保监会提供的2016年保险市场发展情况，2016年，互联网保险实现签单保费2347.97亿元，新增互联网保险保单61.65亿件，占全部新增保单件数的64.59%，市场空间潜力巨大。保险业从整合发挥现有资源出发，充分利用移动互联网和大数据，提高业务操作效率，提升客户体验，在营销模式、保险产品、服务流程、信息技术等方面仍有很大的创新空间。互联网伴生的移动终端和大数据优势将持续拓展保险市场范围，消费者能够利用网络随时随地进行购买和支付，网络消费、网络支付等网络行为中蕴含的风险能够派生出新的保险需求，为保险行业开辟出新市场。

随着经济形势变化和市场化发展，保险市场还将出现大量的细分领域，保险公司能够借助移动互联发展和大数据技术优势，在实现对原有消费者资源的深入挖掘的同时，还覆盖了不同地域、不同行业的消费者，提供传统上规模不经济的产品和服务，进而获得更多的消费者资源和行为数据，形成良性循环的发展。同时，互联网使得不同金融产品之间的功能被打通，不同产品形态相互融合，跨界创新将成为常态。如：针对淘宝卖家小微企业的履约保证保险"众乐宝"、O2O上门服务保险、机票取消险等。互联网引起的创新变革下一步甚至可能催生新的商业形态，届时会对保险业形成革命性的影响。

2. 成本降低、效率提高

从综合成本来看，传统保险公司需要花费大量时间和资金在保险经纪人和代理人的培训、管理和业务支出上，这些无形且过量的投资往往与回报不成正比，尤其在人员管理方面，一个保险业务专员的培养往往需要公司各层面投入巨大精力和成本，但是人员流动率高，稳定性差，这些不可控因素加剧了成本的逐年增长，成为业务发展的瓶颈。保险公司在线上售卖保险产品，相当于把原先的渠道环节打通，原本落入代理人、渠道的佣金将直接成为收益的一部分转到客户手中，大大降低了管理成本和产品费率。据统计，传统保险销售渠道费用通常占保单收入的 20%~50%，而网上销售的保单比传统营销方式节省 50%~70% 的费用。

3. 数据丰富、营销精准

传统保险行业业务开展通常使用人海战术，依靠保险经纪人和代理人手头的客户关系发展业务，效率低下，而且无法真正从深层次了解客户最实际的需求，导致客户流动性大，不稳定性因素多。新型"互联网+"保险模式从互联网思维入手，多维度、深层次地通过客户购买信息和历史消费习惯，挖掘和分析用户行为特征，准确预测每一个客户的潜在需求，为他们提供符合需求的保险产品；通过采集客户的各项数据，并整合外部更多的数据，以扩展对客户的了解。

在对客户进行精准画像和细分的基础上，企业从中分析客户的个性特征和风险偏好，更深层次地理解客户的习惯，智能化分析和预测客户需求，从而进行产品创新和服务优化，实现精准营销。如：中国平安建立了客户价值分群体系和客户大数据分析平台，综合金融大后台建设得到深化，2013 年与百度联手研究车险用户基于互联网的行为模式；2015 年，太平人寿开展银保精准营销项目的初步尝试，展开项目合作的银行渠道，期缴业务一半以上来自精准营销，同时，客户的签单成功率有显著提升，且客户件均保费比非项目件均保费有大幅增长。

4. 透明度高、消费主动

从客户的角度来看，传统的保险销售模式一般都是保险代理人上门服务，在客户和公司之间频繁沟通和交流，浪费时间和精力。而互联网保险则避免了这种状况的存在，通过"互联网+"保险这种方式，保险公司可以提供 24 小时的全球性服务，客户可以随时随地登录互联网平台进行咨询、投保和理赔。通过互联网代理人，可以直接与客户网上沟通，客户也更能了解保险产品的明细，还可以对不同的险种进行比较。

近年，十多家互联网保险比价平台陆续上线，如：开心保、保保网等，比价平台提高了保险业的信息透明度，减少了消费者与保险公司之间的信息不对称，有利于市场的充分竞争。与传统消费者相比，网络消费者的消费行为具有明显的差异化和个性化特征；同时，由于网上可供选择比较的面较广，因此网络消费行为一般以主动性购买为主。网络保险也主要表现为网民主动购买的行为，没有人去强迫，受诱导欺骗的可能性也较低，可以在很大程度上减少销售误导的影响，有利于改善行业形象，提升用户体验。

二、互联网保险的发展阶段

互联网保险最早出现在美国。20 世纪 90 年代中期，美国国民第一证券银行首创通过因特网销售保险单。1997 年，中国保险学会与北京维信投资顾问有限公司共同发起成立了我国第一家保险网站——中国保险网。1997 年 11 月 28 日，新华人寿保险公司收到了客户的投保意向书，从而产生了国内第一张通过互联网促成的保险单，这是我国保险业尝试网络保险销售迈出的第一步，实现了我国网络保险零的突破。

互联网保险在我国发展了 20 多年，可以分为四个阶段：萌芽阶段、探索阶段、快速发展阶段、创新爆发阶段。

1. 萌芽阶段(1997—2006年)

1997年11月28日,中国保险信息网(现中国保险网)开网仪式在北京举行,当天,它促成了我国网上投保的第一单,标志着我国保险业进入了互联网时代。2000年9月,泰康人寿开通了"泰康在线"电子商务网站,开始提供互联网保险相关服务。2001年3月,太平洋保险北京分公司开通了"网神",推出了30余个险种,开始了真正意义上的保险网上营销,当月保费达到99万元。2005年4月,《中华人民共和国电子签名法》正式颁布实施,人保财险开发了国内首张电子保单,这标志着互联网保险在法律层面上获得了新的发展机遇。

2. 探索阶段(2007—2011年)

这一阶段,中国人寿、太平洋保险、泰康人寿等保险公司纷纷推出互联网保险营销模式,同时,随着阿里巴巴等电子商务平台的兴起,出现了一批以保险中介服务和保险信息服务为定位的保险相关网站。政府开始加大对保险电子商务发展的政策扶持,也陆续出台了相关监管规定,如:2011年9月,为了促进保险代理、经纪公司互联网保险业务的规范健康有序发展,原保监会制定了《保险代理、经纪公司互联网保险业务监管办法(试行)》。但由于这一时期中国互联网用户的规模相对较小,市场份额低,互联网保险的发展仍处于规模有限的探索过程。

3. 快速发展阶段(2012—2014年)

这一阶段,各保险公司依托自有网站、第三方网络平台等各种渠道快速发展互联网业务。2013年被称为互联网金融元年,2013年9月,蚂蚁金服、腾讯、中国平安联合成立了国内首家互联网保险公司——众安保险,"双十一"当天,众安保险互联网保费收入就超过6亿元。2014年1月,经国务院批准,中国保险信息技术管理有限公司成立,它将为保险业发展和监管提供基础性的网络支持和信息服务。2014年8月,国务院印发《关于加快发展现代保险服务业的若干意见》,即保险业"新国十条",强调支持保险公司积极运用网络、云计算、大数据、移动互联网等新技术促进保险业销售渠道和服务模式创新。

4. 创新爆发阶段(2015年至今)

这一阶段,随着互联网电商、支付等业务的高速发展,互联网保险业务的规模实现了爆发式增长,各种创新保险产品层出不穷。2015年7月,原保监会印发了《互联网保险业务监管暂行办法》,这充分体现了监管部门支持互联网保险业务、鼓励创新、防范风险的基本态度。2016年6月,蚂蚁金服和CBNData联合发布的2016年互联网保险消费行为分析报告显示,至2016年3月,互联网保险服务的用户已经超过3.3亿,是股民人数的3倍,基民人数的1.5倍。在互联网保民当中,80后、90后占80%,表明了互联网保险的未来将具有更强大的生命力和爆发力。

三、我国互联网保险的商业模式

保险行业的商业模式关乎整个行业的综合竞争力,是行业转型升级的重要推进力量。当前互联网保险业务模式主要有以下五种类型。

(一)官方网站模式,以传统大中型保险公司为主

该模式下,保险从业机构通常拥有充足的资金、丰富的自营产品储备以及完善的运营、服务体系,能够建立自主运营的互联网平台,以满足销售保险产品、提供客户服务、展现自身品牌的战略发展需要。国内传统大型保险公司由于经营时间较长,沉淀的忠实客户数量庞大,目标客户人群的品牌认可度高,可以使官网获得较高的访问流量,通过线上投保优惠的营销策略,能够有效引导保险业务向线上归集。目前,该模式的受益机构主要是大型保险集团、上市险企(如中国平安、中国人寿)。

(二)第三方电子商务平台模式,原则上只为交易双方提供信息服务

这类平台具有运营独立、网络化程度高以及流程专业等特点。该模式下,多数平台主要依靠其流量优势,优先上线较为成熟、潜在客户群广泛、易核保的意外险、健康险、航空意外险、家庭财产保险以及场景化程度较高的手机碎屏险、支付账户安全险等创新型险种。实践中,该模式普遍受新筹建的保险公司重视,作为初入保险领域的从业机构,通过与成熟的电子商务平台合作,可以快速完成初期的客户积累、规模保费收入、品牌推广。例如,许多上线于京东金融、支付宝的保险产品,可以快速实现百万、千万元级别的保费收入,展现了电子商务平台的作用和价值。

(三)中介代理模式,主要包括兼业代理模式和专业代理模式

兼业代理模式下,代理机构的主营业务并非保险,而是依靠自有的客户网络体系进行保险产品的推介,经营的险种较为单一。例如,汽车4S店主要代理保险公司的车险,银行主要代理保险公司的理财类保险。当前,网络兼业代理模式逐渐成为互联网保险中介领域常见的业务模式之一。垂直类网站根据监管的要求,主要以技术服务形式,利用兼业代理的资质与保险公司开展合作业务。

(四)专业互联网保险公司模式

该模式下,持有专业牌照的互联网保险公司普遍采取纯互联网运营模式,业务办理在线完成,不设线下实体门店。此类从业机构具有保险产品开发资质,将自主设计的保险产品进行场景化嵌入,通过保险产品场景化嵌入、线上渠道推广的业务策略,将目标客户群锁定在网络消费群体;在理赔层面,针对保险责任明确、材料充分、规定限额内的理赔案件,提供线上快速理赔的服务。

(五)网络互助保险模式

2015年1月,原保监会出台《相互保险组织监管试行办法》,使"相互保险"在我国的落地成为可能。随着我国首批相互保险社获批开业,"互联网+相互保险"的网络互助保险模式将有效推动保险回归保障本质,在社会保障体系中起到重要的补充作用。

四、我国互联网保险发展现状

(一) 总体发展情况

越来越多的保险公司已经把互联网保险作为一种重要的运营模式，移动互联网的不断发展也为互联网保险的发展提供了新的助力。互联网保险使传统的保险商业模式发生了改变。一是从最初的销售渠道创新到基于互联网的保险产品创新，互联网保险逐渐由渠道进化为业态，将保险经营与互联网深度融合，满足客户的风险保障需求；二是颠覆了重销售、轻服务的运营模式，优化保险服务，突破时间和空间的限制，以客户为中心提供及时有效的咨询和理赔；三是精准有效地对客户的行为做出判断，积极开发新产品，提高运营效率。

从规模上看，得益于互联网和电子商务的发展和庞大的网民基数，我国互联网保险现已进入全面发展期。至 2016 年底，有 124 家从事互联网保险业务的公司，传统保险公司基本已全部触网。从 2012 年到 2016 年，我国互联网保险的保费收入从 0.01 亿元增长到 2347 亿元。2016 年以后，随着原保监会监管力度的加大，尤其是对万能险的监管收紧，互联网保费总体下滑。2017 年，互联网保费收入 1835.29 亿元，签单件数 124.91 亿件。2017 年上半年，互联网保险创新业务签单件数 46.66 亿件。

从结构上看，互联网保险包括互联网财产险和互联网人身险，与传统保险并无二致。互联网财产险占互联网整体保费收入的比例呈现逐年下降的趋势，与之对应，互联网人身险占互联网保险整体保费收入的比例呈逐年上升的趋势，但是随着对万能险的监管收紧，2017 年互联网人身保险保费大幅下滑，保费占比也相应降低。2012—2017 年互联网保险发展情况见图 6.3。

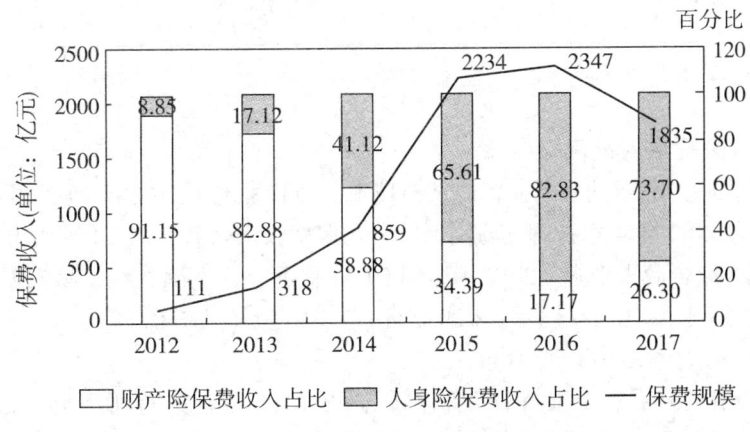

图 6.3 2012—2017 年互联网保险发展情况

(二)持牌互联网保险公司发展现状

1. 持牌互联网保险公司仅有四家

目前,市场上有超过 120 家保险公司开展了互联网保险业务,但是拥有互联网保险牌照的公司仅 4 家:众安在线、泰康在线、安心财险和易安财险。其中,众安保险成立于 2013 年 10 月,2017 年 9 月在香港上市。除众安保险外,其他三家互联网保险公司基本是在 2015 年底到 2016 年初成立的,成立时间均相对较短。4 家持牌互联网保险公司的基本信息见表 6.1。

表 6.1　　　　　　　　4 家持牌互联网保险公司的基本信息

项目	众安保险	泰康在线	易安财险	安心财险
成立时间	2013 年 10 月	2015 年 11 月	2016 年 2 月	2015 年 12 月
注册资本（元）	12 亿	10 亿	10 亿	10 亿
经营范围	企业/家财险、货运保险、责任保险、信用保证保险、短期健康/意外伤害保险、机动车保险	企业/家财险、货运保险、责任保险、信用保证保险、短期健康、意外伤害保险、机动车保险	企业/家财险、货运保险、责任保险、信用保证保险、短期健康/意外伤害保险	企业/家财险、货运保险、责任保险、信用保证保险、工程保险(仅限家庭装修工程保险)、短期健康/意外伤害保险、机动车保险
主要股东	蚂蚁金服 19.9%;腾讯 15%;平安保险 15%等	泰康保险集团 99%;泰康资产管理 1%	银之杰 15%;光汇石油 15%;银必信资管 14%等	玺萌置业 15%;通宇世纪 14.5%;洪海明珠 14.5%;中诚信 14%等

资料来源:前瞻产业研究院整理。

2. 众安保险保费收入最高

随着互联网保险产品线的不断完善以及新技术、新险种的不断推出,互联网保险公司保费收入快速增长。就 2017 年 4 家持牌互联网保险公司保费收入来看,众安保险依旧处于首位,其保费收入比其他 3 家合起来都多,2017 年达到 59.57 亿元,而泰康在线、易安财险和安心财险的原保险保费收入分别为 16.56 亿元、8.39 亿元、7.94 亿元(见图 6.4)。

3. 各保险公司业务结构有所不同

就保费收入结构来看,4 家持牌互联网保险公司核心业务有所不同。2017 年众安保险、泰康在线的核心业务均为意外伤害险,分别占其总保费收入的 27.9%、57.8%;易安财险的核心业务为健康险,占其总保费的 39.8%,其次是意外险,占比为 38.1%;安心财险的核心业务为机动车辆保险,占其总保费的比例达 34.1%,明显区别于其他 3 家持牌互联网保险公司(见图 6.5)。

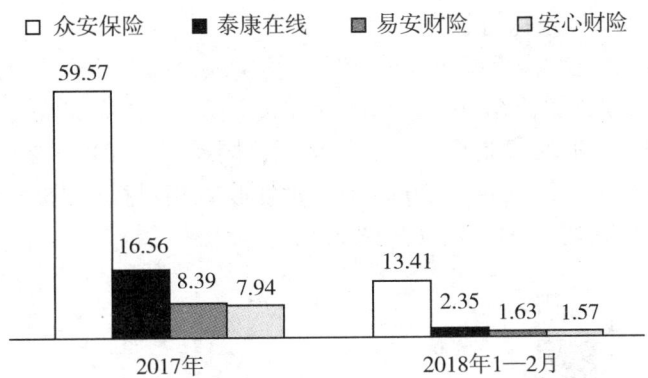

图6.4　4家持牌互联网保险公司2017—2018年保费收入(亿元)
资料来源：前瞻产业研究院整理。

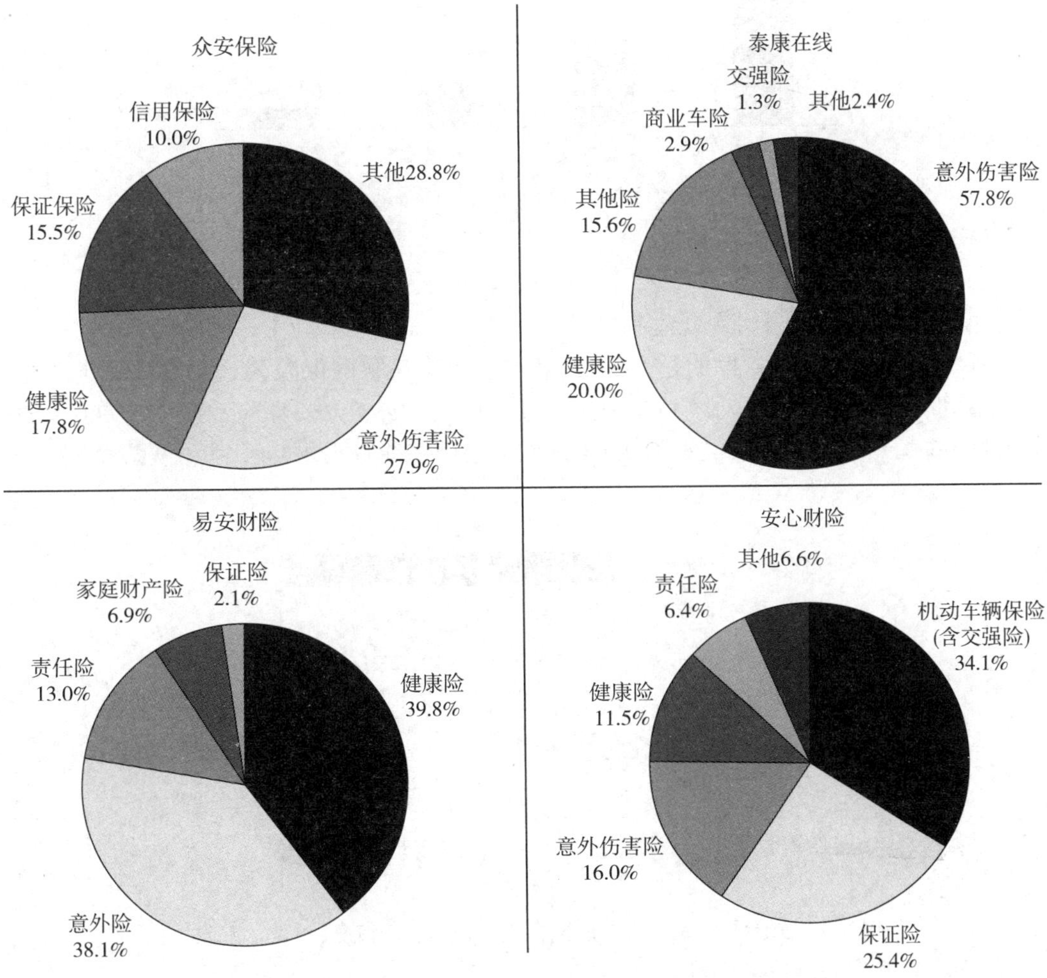

图6.5　2017年4家持牌互联网保险公司的业务结构
资料来源：前瞻产业研究院整理。

4. 众安保险营业收入也保持领先

2017年，4家持牌互联网保险公司营业收入均实现大幅增长。其中，众安保险实现营业收入54.39亿元，同比增长61.6%；和保费收入一样，在4家保险公司中保持领先。其次是泰康在线，2017年实现营业收入15.43亿元，同比增长106.8%。易安财险2017年实现营业收入7.98亿元，同比增长205.0%；营业收入相对最少的是安心财险，2017年数据为3.67亿元，同比增长513.2%（见图6.6）。

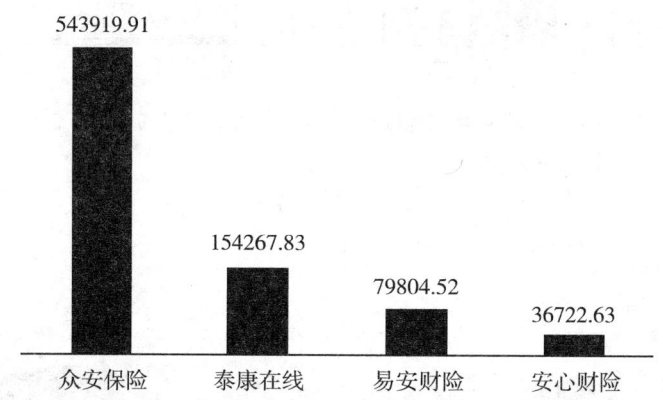

图6.6　2017年4家持牌互联网保险公司营业收入（单位：万元）
资料来源：前瞻产业研究院整理。

5. 仅易安财险一家公司实现盈利

与保费收入快速增长相悖的是，2017年4家持牌互联网保险公司仅易安财险一家公司实现盈利，其他3家公司的净利润均为负数。比较而言，众安保险亏损居于首位，2017年大亏9.96亿元，安心财险也亏了2.83亿元，泰康在线亏损1.94亿元（见图6.7）。

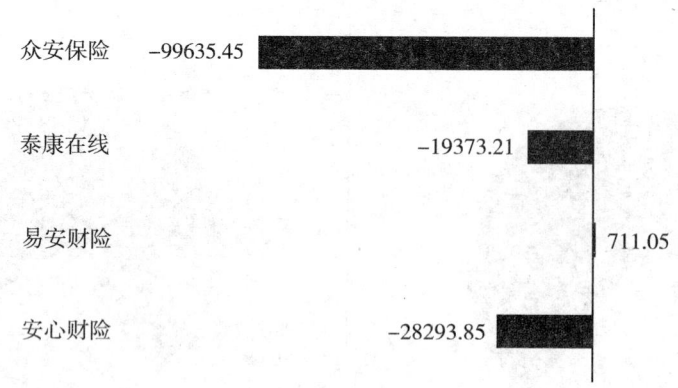

图6.7　2017年4家持牌互联网保险公司净利润情况（单位：万元）
资料来源：前瞻产业研究院整理。

模式单一、突围无力、流量有限，是大部分互联网保险公司处于亏损阶段的主要原因。互联网保险公司无法设立线下机构的要求，看似实现了轻资产，实际增加了渠道成本。同时，同业竞争加剧，市场份额恐将流失。

五、互联网保险发展面临的风险及其防范

(一)互联网保险存在的主要风险

1. 产品设计和定价风险

保险产品本身具有复杂性、长期性和无形性的特点，为互联网保险带来很多不确定性。总体来说，目前我国互联网保险产品呈现低价值、低黏性和同质化的特征。

在产品设计方面，第一，有些保险公司为增加保费规模，过度强调理财属性以吸引顾客，"万能险"成了很多不符合市场规律的产品的"外衣"，2016年原保监会加大监管力度才遏制住了这股不良风气；第二，产品种类虽多但同质化、单一化现象严重，缺乏创新精神。众安保险推出"尊享一生"之后，火速引来众多公司模仿。很多保险公司只是将传统产品搬到互联网上去销售，并没有针对互联网用户的特点进行定制。而且，由于考虑到消费者的个人隐私等因素，缺乏第三方数据，险种的创新遭到了阻碍。此外，有些保险产品名称为了博得消费者眼球，比如"中秋赏月险""摇号险"等，违背了保险的基本职能，成了具有押宝性质的赌博。在保费设计方面，由于互联网保险的风险在表现形式上和传统保险存在较大差异，但是互联网保险发展时间较短，精算数据尚未充分积累，有可能导致保费设置出现较大偏差。在服务方面，基本保险业务在传统保险的基础上得以完善，但附加服务较少，不利于培养消费者的品牌依赖。

在定价方面，大多数创新型互联网保险产品属于首创，产品设计不仅要考虑产品本身，还要能实现全程网络化操作，即进行在线咨询、投保、理赔和售后服务等，产品所带来的消费者行为习惯改变难以预测和控制，没有任何现存的相关数据可做完全的定价支撑。目前我国保险精算发展仍不成熟，互联网保险业务开展时间不长，没有太多的历史数据积累，互联网保险的产品定价难度较大。保险机构在开发互联网保险产品时，如果不能对新产品特别是根据客户需求定制的个性化网络保险产品进行合理的定价，将面临较大的因定价问题引发的产品设计风险。

2. 逆向选择和道德风险

互联网中，由于保险人与被保险人无法面对面接触，存在一定程度上的沟通限制，投保人与保险公司的信息不对称可能更为严重。保险公司很难分辨投保人提供的信息，信息核查难度大，投保人很有可能隐瞒与保险标的相关的重要事实，那些风险很高的被保险人将利用自身的信息优势隐瞒对自己不利的信息，从而以标准价格购买保险，造成保险公司的经济损失。

同时，互联网保险销售准入门槛较低，特别是部分保险公司打"理财"牌，销售广告上突出"保底""收益高"等内容，缺少风险提示，存在误导消费者的风险。虽然互联网保险利用互联网渠道可以提高信息透明度，但是如果公开的信息不真实，则可能会产生相反的作用，使信息不对称问题更严重，产生逆向选择风险。此外，由于网络上难以确认保利益,容易引发赔偿纠纷,从而引发道德风险。

3. 信息安全技术风险

互联网保险相对于传统保险,作为全新的模式,融合了互联网技术和传统保险相关业务流程,因此也存在信息技术和业务安全性方面的风险。

一是系统安全风险。计算机系统故障、黑客攻击、感染病毒等软、硬件安全风险,可能导致保险机构系统崩溃、数据错乱、数据丢失等问题,继而给保险机构造成难以估计的损失。

二是数据泄露风险。数据泄露存在被动和主动两种情况,被动泄露是因为目前互联网保险客户信息和业务数据虽已实现电子化,但云计算、大数据等技术发展尚不成熟,网络安全管理仍不完善,可能存在客户私密信息泄露;主动泄露则是指不当的数据公开行为,不合适的数据公开行为可能造成用户隐私的泄露。

三是支付安全风险。网络支付安全性包括交易主体的真实性、交易行为的可控性和交易合同的合法性等,但由于目前第三方支付软件存在安全隐患,可能出现网络支付问题,给保险机构造成经济上的损失。

4. 法律风险

随着互联网保险的不断发展创新,法律监管的问题也越来越明显,"市场在前、监管在后"使得法律监管具有不确定性。相对互联网保险的快速发展,我国有关互联网保险的法律建设滞后,加大了互联网保险的法律风险。一方面,互联网保险交易过程中存在违反相关法律法规的行为;另一方面,网络消费者的一些合法权益难以获得法律保障。虽然2015年原保监会印发了《互联网保险业务监管暂行办法》,但相对于互联网保险的发展速度,实际操作中仍面临不少真空和模糊地带。这种风险会带来产品创新和监管之间的不匹配,造成产品创新成本的提高。比如之前众安保险投入大量人力物力研发消费信用保险,以承担银行信用卡透支风险,但是相关监管部门临时叫停了虚拟信用卡业务,导致公司损失近百万元的保费收入。

5. 人力资本风险

互联网保险发展过程中,兼具网络技术和保险技能的专业人才尤其是复合型高技术专业人才对保险公司经营互联网保险至关重要。互联网保险产业需要既具有保险、法律、营销等专业知识,又具备过硬的网络技术的跨学科专业人才,而这正是目前制约我国互联网保险发展的一个问题。

(二)互联网保险风险防范

2014年,国务院印发的《关于加快发展现代保险服务业的若干意见》(俗称"新国十条"),对保险业的长期发展做出了全面指导,明确指出,"到2020年,保险深度(保费收入/国内生产总值)达到5%,保险密度(保费收入/总人口)达到3500元/人。""新国十条"的颁布为我国互联网保险的发展创造了广阔的空间。互联网保险的发展过程中暴露出来的风险也是所有新生事物在技术尚未成熟时的阶段性特征。保险公司、消费者和监管部门需要共同努力,积极配合才能有效地防范互联网保险的风险,使互联网保险健康发展。

1. 完善互联网保险法制体系

虽然我国保险业发展的大趋势是互联网保险,但传统保险的相关法律并不适用于互联网的虚拟性,因此需要建立适用于互联网保险的相关法律体系。

互联网保险的相关法规不仅要兼顾灵活性和原则性,还要兼顾实效性和严肃性。首先可从《保险法》入手,将互联网保险纳入《保险法》修订议题;其次建立健全信息安全、电子金融结算等法律法规,保障互联网保险相关的电子合同、电子支付、安全保障等有法可依;另外还要及时制定互联网保险的相关规章制度,除了已经出台的《互联网保险业监管暂行办法》之外,还应建立健全电子支付结算、个人隐私保护、网络数据获取与传输等规章制度,对于互联网保险发展在制度上做出明确的规范,破解信息保护与数据安全等技术难题。

只有健全相关的法规体系,才能有效保障互联网保险运营和管理的可持续发展。因此,应适时出台针对互联网保险的更加细化的法律法规,明确具体的监管内容、流程、规范、指标等。其内容包括电子保险合同生成时间和地点认定、合同的法律效力、告知义务的履行、道德风险的防范、网上交易平台安全标准、交易平台信息发布规范、保险公司互联网保险审计、互联网保险地域监管等,确保互联网保险的业务运作和风险防范有法可依。

2. 完善险种创新监管

发展互联网保险业务,让互联网保险市场更具活力,鼓励险种创新很有必要。完善险种创新监管,应坚持两个原则。

一是限制过度创新。互联网保险市场中一度出现过的伪创新险种,其宣传效果大于实际效益,为了创新而"创新",而且违背保险利益原则,最终损害社会公众利益,与保险的宗旨背道而驰。因此,应该采取严格的监管措施,在源头上把关,由银保监会对创新险种进行审核,审核重点在于该险种是否符合保险利益原则及社会公众利益,避免保险保障的社会功能被弱化。同时加强市场监督,如果发现违反保险基本原则的险种,应该马上"下架",并对设计与销售该险种的保险公司进行处罚。

二是实施创新保护。保险公司有义务将自己公司研发的新型险种向相关的保险监管机构报备,以便保险监管机构在宏观上了解各类保险产品在互联网保险市场上的分布和发展情况,合理分配各类保险险种比例,预防新型险种可能带来的风险和同质化问题。银保监会应尽快制定互联网保险新型险种备案制度,以规范互联网保险的发展。

3. 建立互联网保险信用评价体系

监管部门应该尽快建立统一规范的互联网保险信用体系,以保险机构的信用评级为主,对保险机构、投保人、被保险人的资产信息状况进行科学评估并预测其风险状况,实现资源共享。同时,还须加快建立互联网保险信用查询体系,建立守信激励失信严惩机制。银保监会可以委托保险行业协会等机构,组织保险公司和保险中介机构建立完整的信用体系网络数据库。在保险公司核保时,可以进入网络数据库查询投保人的信用评价,而投保人投保时也能通过数据库查询保险公司的信用情况,从而选择具有优良信誉的保险公司投保。

4. 加强消费者权益保护

加强互联网保险产品注册登记和强制性信息披露,强化市场约束,明确赋予保险消费者相关信息知情权和主动查询的权利,力争变消费者的事后知情为事先了解,变被动为主动,引导消费者充分了解产品特点,提升对互联网保险产品的风险意识。建立互联网保险责任制度,明确保险公司不得向第三方披露消费者信息资料,明确保险公司在侵害消费者权益时应承担的法律责任,将消费者权益保护落到实处。完善投诉渠道,健全互联网保险消费的投诉受理机制,依法严厉打击侵犯互联网保险消费者权益的违法犯罪行为。

5. 加强信息安全保障措施

用户数据在互联网经济时代表现出两面性,一方面互联网公司需要获取用户数据通过大数据等手段为用户量身定制产品;另一方面用户又有保护自身隐私的诉求。在互联网保险业务实践中,应把握两方面之间的尺度,确保用户隐私信息安全,建立有效的互联网保险风险评估和检测体系。在信息技术方面,加强互联网加密技术,深入研究防火墙、数字签名、线上支付等技术,提高保险公司的信息技术水平才能为互联网保险的发展提供强有力的技术支持。制定、实施网络系统安全规范,预测和防范系统安全隐患,严格监控网络,及时备份数据,定期进行系统安全检查。

6. 构建完善的监管体系,加大监管力度

一是完善监管制度,统一监管标准,促进有关部门的监管协作,建设有效的互联网反欺诈体系,建立统一的风险警戒线标准、考核系统以及关键指标,督促保险公司对互联网保险风险的防范机制进行完善,确保保险经营机构在批准的业务范围内进行经营活动,促进互联网保险的健康发展。二是强化对市场的约束,加强消费者权益保护,增强消费者的风险意识,引导其增强风险管理能力;健全互联网保险消费的投诉受理机制,完善消费者的投诉渠道,依法对侵犯互联网保险消费者权益的违法犯罪行为进行严厉打击。三是在行业层面探索互联网保险多渠道监管、社会监管、企业内控以及行业自律,形成协同效应,维护互联网保险市场的安全稳定运行。

7. 加快培养互联网保险监管人才

互联网保险行业作为新生业态,依靠的是现代互联网技术与现代金融知识,急需与之匹配的监管人才。银保监会和各级保险监管机构要加强对互联网保险监管人员培养的资金投入,加强培训,实行监管人员轮岗制度,缩短人才培养周期,积极培养精通信息技术、熟悉保险和网络操作实务、能灵活行使监管权限的复合型保险监管人才。一是利用高校教育平台,协助开设互联网保险相关专业或与监管相关的课程,为互联网保险提供充足、优质的人才储备。二是采取考察学习、交流访问等方式,邀请国外专家举办互联网保险监管培训活动,借鉴学习国外先进的监管经验。三是监管部门与互联网保险公司进行充分合作,加强对互联网保险实务的学习。

【本章小结】

互联网基金指通过互联网渠道实现销售的证券投资基金。互联网基金的产品开发者(电商支付机构或基金管理人)致力于改善用户体验,无论是从产品的赎回时效、申购门槛、费用成本还是操作感受等方面,都以客户为中心进行了优化改良。

互联网基金的特点包括:近于活期的赎回时效、近乎零的申购门槛、体验良好的软件终端、基于网络的推广手段、更加低廉的费用成本。互联网基金(以余额宝为例)对金融市场产生的影响：余额宝改变传统基金市场、入侵银行业务领地、挑战原有相关监管体系。

互联网金融在基金行业这几年的蓬勃发展集中体现在互联网货币市场基金上，之所以发展这么快不外乎三个方面的因素，第一是场景，包括消费场景、社交场景等，各种场景嵌入带来了巨大流量；第二是用户体验，比原来更方便、更便捷、门槛更低；第三是产品收益的安全稳定性。

互联网基金的发展有三大趋势：互联网基金从货币市场基金到非货币市场基金转移的趋势会加大，而且速度会越来越快；无论是互联网机构，还是传统机构，在互联网基金这一块都将会加大在基金投顾服务方面的投入；银行互联网会崛起，而且这个速度可能会超出大家的想象。

互联网保险业务的定义为：保险机构依托互联网和移动通信等技术，通过自营网络平台、第三方网络平台等订立保险合同，提供保险服务的业务。互联网保险的特点包括：空间广阔、易于创新，成本降低、效率提高，数据丰富、营销精准，透明度高、消费主动。

互联网保险在我国发展了20多年，可以分为四个阶段：萌芽阶段、探索阶段、快速发展阶段、创新爆发阶段。当前互联网保险业务模式主要有五种类型：官方网站模式，以传统大中型保险公司为主；第三方电子商务平台模式，原则上只为交易双方提供信息服务；中介代理模式，主要包括兼业代理模式和专业代理模式；专业互联网保险公司模式；网络互助保险模式。保险产品本身具有复杂性、长期性和无形性的特点，为互联网保险带来了很多不确定性。

【关键术语】

互联网基金　余额宝　互联网保险

【思考题】

1. 什么是互联网基金？互联网基金有何特点？
2. 试分析互联网基金对金融市场产生的影响。
3. 试述互联网基金的风险与监管设计。
4. 什么是互联网保险？互联网保险有何特点？
5. 试述互联网保险在我国的发展阶段。
6. 我国互联网保险的商业模式主要有哪些？
7. 试述我国互联网保险发展现状。
8. 互联网保险存在哪些主要风险？

第七章　互联网信托与证券

【教学目标与要求】
1. 了解互联网信托的发展现状与趋势；
2. 掌握互联网信托的模式；
3. 了解互联网信托业务面临的风险；
4. 掌握互联网证券的内涵、业务模式以及风险防范；
5. 熟悉互联网证券的中介服务体系。

【导入案例】

互联网信托

2015年7月，中国人民银行等十部委联合下发《关于促进互联网金融健康发展的指导意见》，关于互联网信托的探讨再度升温。目前，中信信托、平安信托、中融信托三大信托巨头均已涉足"互联网+信托"，开展多样化的业务并已粗具规模，其中既包括自建互联网金融平台盘活存量，为信托投资者提供流动性，又包括与互联网大鳄强强联手共建平台。

1. 自建平台盘活存量

2015年6月，中融信托旗下的互联网金融平台"中融金服"上线，并推出颇具信托特色的"金融产品增信项目"。该产品的基本交易结构是信托受益人以信托产品做增信，在这一平台上进行融资。通过对接高净值客户的流动性需求和大众对低风险投资品的需求，既为信托投资者提供了融资服务，解决其中短期的资金需求，又为普通大众提供了较低风险、较高收益的互联网金融产品。"中融金服"平台负责人表示，出于风控原因，目前中融金服只接受中融信托发行的信托产品投资者的融资需求，并且在信托受益权的增信环节与中融信托密切合作，成立相关财产权信托，从而保证平台投资人的权益。

除了中融信托外，另一大信托巨头平安信托也推出类似的信托存量客户融资业务"平安财富宝"。相关负责人士介绍，平安财富宝通过服务和价值双驱动，获取中高端客户，提供差异化的投融资服务。服务驱动方面，主要是指为客户提供金融社交、尊享VIP服务和其他生活服务；价值驱动方面，主要提供投资理财、融资贷款、资产管理服务。截至2015年8月，平安财富宝平台累计注册用户超过80万人，线上业务管理资产规模达101.34亿元，累计交易量达548亿元。

2. 与互联网大鳄"强强联手"

作为信托行业的龙头老大,中信信托在互联网金融领域多有尝试,其中颇引人关注的是与百度的"强强联手"。

2014年9月,中信信托与百度联合开发"百发有戏",奉行"消费众筹+电影+信托"理念,首期产品最低起购门槛为10元,认购者可以享受百发有戏提供的与影片有关的消费特权,还有望获得8%～16%的权益回报。该信托计划交易结构嵌套了两部分信托计划,其一是单一事务管理类信托,集中管理消费权益,其二是资金信托权益,集中管理认购资金。

2015年9月,中信信托与百度合作升级,推出互联网消费众筹平台。该平台采用一种全新的消费众筹模式,即商户在众筹平台提供各种商品,用户通过购买消费券的方式获得该商品提货权。在一年期内,用户可以通过手中的消费券进行提货消费,即可享受正品商品的会员价,如果期间用户不提货、未消费,那么未消费部分可获得7%～8%的占款补偿。且消费券还可以通过平台进行转让,用户自主定价、自由转让,实现权益的转让及流通。该平台不但实现了商户销售商品和用户获取权益,更为关键的是以众筹的方式将用户和商户之间的消费通道彻底打通。

资料来源:中证网,2019-03-15,https://trust.cngold.org/c/2019-03-15/c6269134.html。

第一节　互联网信托

根据《中华人民共和国信托法》对信托的定义,信托是委托人基于对受托人的信任,将其财产权委托给受托人,由受托人按委托人的意愿以自己的名义,为受益人的利益或特定目的进行管理和处分的行为。从经济学的角度分析,信托是一种与其他投融资活动不同的社会经济行为,一个完整的信托活动的第一步是接受他人的信任与委托,第二步是受托人根据信托契约的目的对信托资产进行经营管理或者办理经济事务,为委托人和受益人谋取利益。

2007年至今,得益于宏观环境相对良好、投融资需求较为旺盛和居民财富管理要求日益高涨等有利因素,我国信托业实现了快速发展,至2017年三季度末,信托业管理资产规模达到24.4万亿元人民币,同比增速达34.3%,环比增长5.47%。虽然信托业发展前景广阔,但存在的问题依然不容忽视,如在现有的制度设计下,信托业存在的门槛高、期限长、流动性较弱的特点并不符合当前普惠金融的发展趋势,"互联网+信托业"式的金融创新需求日益迫切。基于互联网技术及互联网金融的发展趋势,结合信托的法律制度框架及金融特性,互联网信托可提升信托创新的技术环境,带动信托业务创新,在思维、组织结构、人员、产品设计等方面加速创新进程。互联网带给信托的是将以前未能做好的业务(产品)运用互联网技术和思维加以改造并做好,把以前不能做的业务(产品)运用互联网技术和思维加以设计并推出创新业务类型,为信托公司发展创新业务提供帮助。

一、互联网信托的概念

互联网信托的兴起,为传统信托转型提供了新思维,也带动了信托产品和信托服务的创新。互联网信托的概念有广义、狭义之分，广义的互联网信托是指信托借助互联网思维进行的金融创新。狭义的互联网信托是指传统信托业与线上线下电子商务模式的结合，进而实现投融资双方的投融资交易，实现资金端和资产端的线上匹配。在资产端，融资者可以通过互联网金融平台发布自己的融资需求，开展互联网信托业务的公司获得融资信息，通过线上线下相结合的方式审核融资方资质；而在资金端，投资者可以通过互联网金融平台选择符合自己风险偏好的项目进行投资，这样就达到了互联网信托募集资金的目的。

互联网信托是传统信托在互联网时代转型的产物，其信托的本质没有发生改变，但是互联网金融新鲜血液的加入使得传统信托业不断创新，进而推动互联网信托既能充分发挥传统信托以受益人利益为重的使命感，又能融合互联网金融普惠、开放、注重用户体验的精神，进而实现各方利益最大化。

二、互联网信托的发展现状与趋势

互联网信托服务的理念起源于传统信托服务，即委托人基于对受托人的信任，将其财产权委托给受托人进行管理或者处分，获取投资收益，最终达到资产增值的目的。在传统信托的基础上，互联网信托应运而生。

（一）第一阶段：起源阶段（2013年）

2013年被称为互联网金融的元年，在这一年互联网和金融进行初步融合，"互联网+"越来越被大众所熟知。在这样的一个背景下，各大金融平台也开始试水"互联网+信托"。互联网金融市场上逐渐出现了互联网信托这一词汇。

2013年8月1日，原保监会批复了平安养老保险股份有限公司富盈人生、智富人生养老保障管理产品。它们主要投资于货币市场基金等货币类资产、央行票据、银行定期存款、国债、协议存款、债券、债券回购、债券基金及债券型保险产品、商业银行理财产品、信贷资产支持证券、信托公司集合资金信托计划、证券公司专项资产管理计划、保险资产管理公司基础设施投资计划、不动产投资计划和项目资产支持计划及国家政策规定保险资产可投资的其他资产。富盈人生系列产品成为陆金所平台的"座上宾"，是互联网与保险产品联姻的早期代表。

2013年12月15日"信托100"在北京大学汇丰金融论坛正式发布，由财商通（北京）有限公司运营。"信托100"创新性地将信托进行"拆分"，投资者可以100元/份的低门槛投资高收益的信托产品。但2014年4月，原银监会界定"信托100"网站"100元买信托"业务违规。

（二）第二阶段：探索阶段（2014—2015年）

2014年9月21日，国内首单互联网消费信托问世。由中信信托、百度金融、中影股份及德恒律所联合举办的"百发有戏"电影大众消费互联网服务平台启动仪式在京举行。作为全国首单互联网消费信托，热门影片《黄金时代》正式登陆互联网消费信托平台，"消费众筹+电影+信托"商业模式或将成为金融互联网化的新范本。该单互联网消费信托通过聚焦电影文化产业"消费+金融"双重属性，将电影《黄金时代》及其周边产品的消费权益纳入信托范围，消费者通过参与"百发有戏"平台的预售或团购获得电影票、影院卡等实物、服务或媒体内容形式的消费权益。

2014年11月，平安集团旗下平安财富理财管理有限公司推出平安财富宝，这是一款移动客户端应用程序，客户可以通过下载财富宝App，在移动终端上在线查阅相关理财产品，并进行线上/线下投资理财活动，产品包括信托权益、货币市场基金、养老保障管理产品等。财富宝由平安银行提供客户资金的存管与划转服务，是最早实现银行存管的互联网金融平台之一。

2014年11月，互联网金融搜索平台高搜易与相关平台合作推出互联网信托产品"信托宝"，以低门槛、高收益、分散风险的独有优势，成功解决了信托产品受益权流转的痛点。高搜易的本质是信托受益权质押融资，但信托受益权是否属于适格的质押标的还存在争议。

2015年5月初，中信信托与网易、顺丰快递三方合作，率先成立了互联网金融业务运作平台——深圳中顺易金融服务有限公司，中信信托全资子公司中信聚信为第一大股东。

2015年6月15日，中融金服作为"互联网+金融平台"宣布正式上线，成为信托公司官方与互联网金融合作的首个案例。

(三) 第三阶段：发展阶段(2015年至今)

2015年7月14日，原银监会、证监会等十部委联合发布的《关于促进互联网金融健康发展的指导意见》第一次提出"互联网信托"的概念，强调信托公司通过互联网进行产品销售及开展其他信托业务的，要遵守合格投资者等监管规定，审慎甄别客户身份和评估客户风险承受能力，不能将产品销售给与风险承受能力不相匹配的客户。

2015年9月8日，中信信托联合百度推出互联网消费众筹平台。互联网消费众筹平台将采用商户在众筹平台提供各种商品，用户通过购买消费券的方式，获得该商品提货权。消费者获得相关消费权益后，将消费权益注入百度消费权益信托项目，由中信信托对消费权益进行集中管理。该种信托不同于资金信托权益的互联网销售，是一种财产权信托，它解决了监管缺失和集体维权的困境，并利用信托财产的独立性为众筹项目增信。

三、互联网信托的模式及分析

由于缺乏针对互联网信托的监管规定，大量的互联网企业与信托公司合作，通过制度设计，企图规避传统信托的监管规定，将信托平民化，规避有关合格投资人的要求。但由于信托具有私募属性，与互联网的公开性存在着天然的不一致，所以与其他互联网金融业态相比，互联网信托的发展相对滞后，至今并未出现相对成熟的、大面积推开的业务模式。

(一) 互联网消费信托模式

消费信托指连接投资者与产业端，为投资者提供消费权益的同时，对投资者的预付款或保证金进行投资理财，从而实现消费权益增值的信托产品。互联网消费信托指借助互联网手段发售的消费信托。

互联网消费信托的创新在2014年至2015年较为活跃，2016年之后随着监管趋严，创新热度下降。总体上互联网消费信托有两种形式：一是信托公司与互联网平台合作推出互联网消费信托产品，如2014年9月百度联合中影股份和中信信托推出"百发有戏"，首期产品最低起购门槛为10元，认购者不仅可享受"百发有戏"提供的与影片有关的消费特权，还有望获得8%~16%的权益回报。该信托计划交易结构嵌套了两部分信托计划，其一是单一事务管理类信托，集中管理消费权益，其二是资金信托权益，集中管理认购资金。二是信托公司打造消费信托产品，借助互联网手段进行发售。2017年3月，华融国际信托推出消费信托产品"融华精选"，这是以消费信托为基础的服务类信托，初期目标是在互联网渠道销售有机蔬菜、鸡蛋等生鲜产品，未来的目标是涵盖手机家电、健康养生、旅游、贵金属、珠宝钻石等商品类以及互助慈善、家族信托等服务领域。

互联网消费信托模式新颖，具有如下几个方面的特点：

1. 规避财产权信托有关合格投资人的限制

财产权信托是指以知识产权、资产收益权等各类财产权利为信托财产而设立的信托。消费信托为财产信托，不用受到集合资金信托关于合格投资者门槛的限制性规定。这就为广大投资者参与信托创造了条件，使该信托的设立不存在法律障碍。

2. 利用信托财产的独立性为项目增信

根据信托的原理和《信托法》的规定，信托财产独立于信托公司的固有财产及信托公司所管理的其他信托财产，如果委托人或信托公司破产，该信托财产可交由其他信托公司继续运营，而不会被委托人或信托公司的债权人瓜分。这样的特点无疑增强了项目的安全性和吸引力。

3. 兼具众筹的元素

按照投资目的，众筹可分为捐赠型众筹、回报型众筹、债券型众筹和股权型众筹四种。回报型众筹，是指在项目完成后，给予投资人一定形式的回馈品或纪念品的众筹类型。互联网消费信托属于回报型众筹，其形式是投资人通过设立一个信托，由信托公司对众筹发起人进行督促，以确保其消费权益的实现。

（二）信托受益权质押融资模式

目前开展信托受益权质押融资的平台有两种：

一是信托公司自建互联网理财平台，为本公司的存量信托客户提供信托受益权质押融资。2015年6月中融信托旗下中融金服上线，后由于亏损等原因于2017年4月关停。平安信托则于2014年底推出"平安财富宝APP"，至今运营良好。

二是第三方理财平台提供的信托受益权质押融资业务。在2014年及2015年的互联网金融热潮中，出现过多家从事信托受益权质押融资业务的平台。如2014年11月高搜易与相关平台合作推出的"信托宝"，前者提供客户，后者提供交易发布的平台。2016年互联网金融风险专项整治之后，由于监管趋严，开展该业务的平台为数不多。

以"信托宝"产品为例说明这一模式（见图7.1）。该平台与借款方合作，借款方以其持有的信托份额为质押物，向该平台申请融资；平台在对借款方相关信息进行审核后，依据质押的信托份额和借款需求，生成产品在平台发售；投资方选择符合自己偏好的产品进行投资，资金募集完成后平台一次打给借款方；到期后借款方还本付息，由平台转让给投资方，如果发生不能偿付的风险，平台则处分质押物以实现债权。

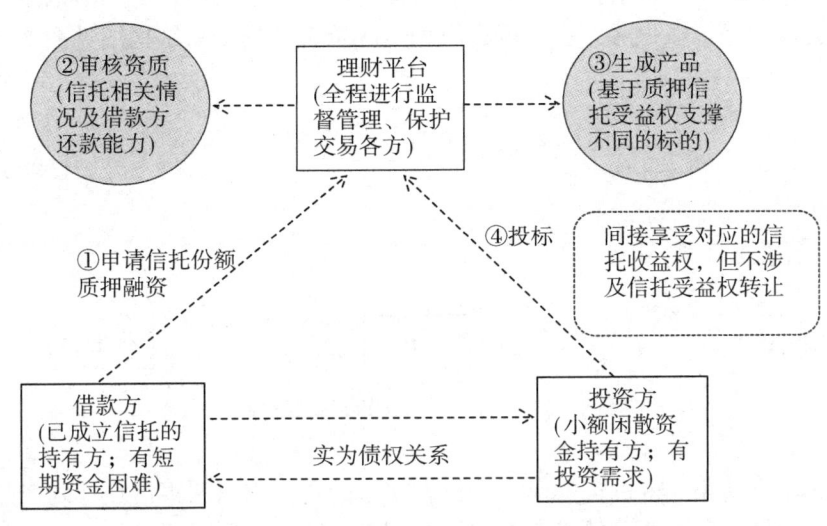

图 7.1　信托宝产品信托受益权质押融资模式

这种模式下，平台属于居间方，撮合借款方与投资方。借款方和投资方实际上是借贷法律关系。信托资产在这种模式下，起到一个担保作用，而并不涉及信贷资产的转移。只是各方约定，在借款方发生违约风险时，可以对作为担保的信托份额进行处分，以实现债权。

但这一设计存在瑕疵。首先，信托受益权质押模式违反了物权法定原则。根据《物权法》第223条规定，只有法律、行政法规明确规定可以出质的财产权利才可以出质。而《物权法》第223条第一款到第六款列举的权利中，并无信托受益权。其次，信托受益权质押公示制度缺失。《物权法》第224条至228条规定，权利质押的公示方式有两种：交付生效或登记生效，但现行的实践是信托公司并未给受益人发放受益凭证，无法形成交付生效；而信托受益权是新兴的金融产品，连信托财产登记的相关规定都没有，更没有相关登记机关的规定。

(三)互联网信托产品团购模式

2013年12月，国内首个互联网信托理财平台"信托100"通过百元团购的销售模式，将原本100万人民币的认购标准降低为100元起投。这一爆炸性产品创新在私募金融产品市场上激起轩然大波。虽然监管机构指责信托100不合规，并要求信托公司发表声明拒绝与之合作，但是信托100的出现仍然具有较大的意义：它拉开了中国互联网信托产品销售的序幕。信托100的交易结构为：①投资者在网站注册成为会员；②会员在第三方支付机构"国付宝"充值：信托100以自己的名义在"国付宝"开立保管账户，并在该账户下为会员设立个人虚拟账户，会员通过该虚拟账户进行充值；③会员选择信托100推荐的信托计划,核实认购金额、确立委托关系;信托 100 根据会员的选择对会员虚拟账户的资金进行冻结;④当会员对某信托计划的认购金额达到人民币 100 万元以上,信托 100 以自己的名义与信托公司签署信托合同,认购信托计划;⑤信托公司按照《信托合同》约定向信托 100 分配信托收益,信托 100 将信托收益资金汇入保管账户,记入用户个人虚拟账户;⑥信托利益分配到会员的虚拟账户后,会员可提取相应的资金。其交易结构图见图 7.2。

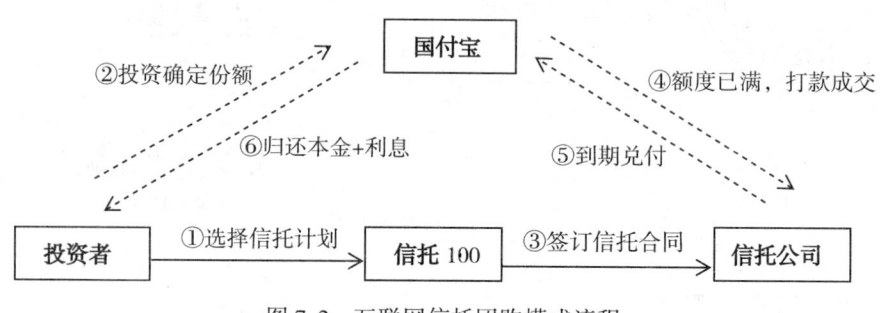

图 7.2　互联网信托团购模式流程

信托 100 作为受托人将投资者作为委托人交付的资金用以购买信托计划产品,使得不满足信托计划合格投资者要求的投资者能够买到信托产品,同时提升了信托产品的销售业绩。但信托 100 模式下,信托 100 以自己的名义与信托公司签署《信托合同》,其认缴信托计划的资金系汇集他人资金。根据相关监管要求,投资人不得违规汇集他人资金购买信托产品。此外,信托 100 交易结构下信托计划的委托人及受益人均为信托 100,投资者并非信托 100 的委托人与受益人,如果信托 100 公司因经营不善倒闭,投资者相关权益很难得到保障。

(四)互联网信托双 SPV 模式

以×网络投融资平台为例说明这一模式(见图 7.3)。第一个 SPV 公司(PX)首先购买信托公司的产品,获得信托权益;该投融资平台撮合平台投资人与第二个 SPV 公司(JS)达成信托受益权转让协议;第二个 SPV 公司用投资人的资金支付受让信托受益权的价款;投资期限届满,第二个 SPV 公司获得投资收益,并将投资收益与本金转给平台投资人。

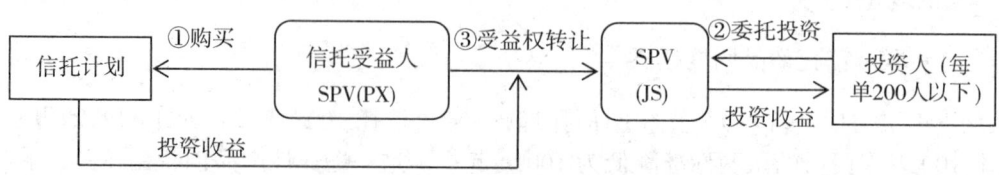

图 7.3　×网络投融资平台 SPV 模式

这一模式通过引入两个 SPV 更好地规避了监管规定。第二个 SPV 是合格投资人,其前端是第一个 SPV。首先,由于监管政策规定投资人不得违规汇集他人资金购买信托产品,但第二个 SPV 公司汇集了投资人资金并非购买信托产品,而是受让第一个 SPV 公司的信托受益权,这与直接购买信托公司具体信托产品存在区别。其次,监管政策规定机构所持有的信托受益权,不得向自然人转让或拆分转让。但第一个 SPV 公司转让信托受益权的对象是第二个 SPV 公司,并非自然人,符合了监管要求。

这个模式看似合理,但监管机构仍可以按照穿透监管的原则来判定该产品违规。这样,双 SPV 模式仍然存在违反合格投资人标准的可能。

(五)互联网信托增信模式

以中融金服为例。中融金服于 2015 年 6 月上线,其全称为深圳中融融易通互联网金融服务有限公司,注册资金 1 亿人民币,分别设计了"金融产品增信项目"与"融粤系列"理财计划。其中,"金融产品增信项目"是为了满足客户对所持信托产品进行部分转让的需求;"融粤系列"理财计划是为了满足客户对所持信托产品进行全部转让的需求。投资者通过对"金融产品增信项目"与"融粤系列"理财计划的投资,在满足自身投资收益需求的同时,也满足了信托存量客户对流动性的需求,而且这些产品均以信托产品或其他金融产品受益权作为增信措施。

中融金服信托增信项目的交易结构为:第一,融资人将自有资金委托信托公司设立相应的信托计划,或购买相应的信托产品,成为信托产品 A 的受益人。第二,融资人在中融金服挂牌申请融资,中融金服按照融资人的要求在其网站上发布相关信息。第三,融资人以其之前购买的信托产品受益权作为抵押,委托信托公司设立事务管理类信托,以信托产品 A 的受益权为互联网金融产品进行增信,提供担保。第四,投资者将资金通过中融金服划付至融资人。第五,互联网金融产品到期后融资人偿还本金及利息,中融金服将融资人支付的本金及利息划付至投资者账户。交易结构如图 7.4 所示。

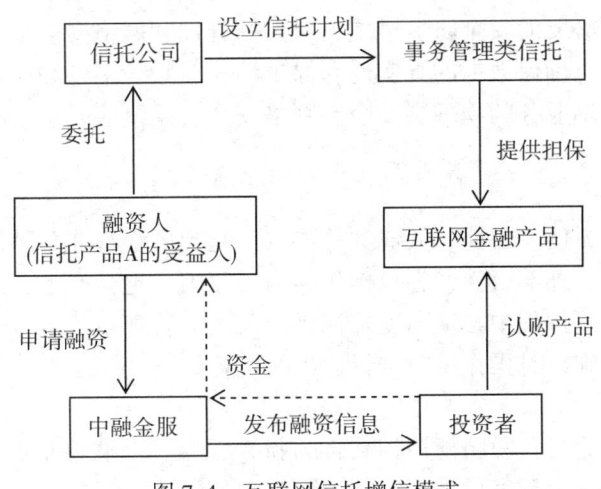

图 7.4　互联网信托增信模式

互联网信托增信模式克服了信托 100 汇集他人资金购买信托产品的不合法、不合规问题,也克服了信托受益权质押模式违反了物权法定原则的问题,但这种信托模式的缺陷也较为明显,首先,中融金服对融资方的要求较高,因为需要融资人先投资信托项目,然后将该信托项目的受益权质押作为相应的增信措施。其次,由于这种模式依赖于信托项目A的信用,若信托项目A不能按时得到兑付,则融资人违约可能造成无法偿还投资者的本金及利息的情形。2017年4月1日,中融金服宣布停止运营。

四、互联网信托业务的风险及监管

(一)互联网信托业务面临的风险

虽然互联网给信托业务创新带来了历史性的发展机遇,但互联网介入信托业务后也遇到与原来监管相矛盾的地方,可能会产生新的风险来源。

1. 合规性风险

传统信托行业的基础法律法规主要是"一法三规",包括《信托法》《信托公司管理办法》《信托公司集合资金信托计划管理办法》和《信托公司净资本管理办法》。此外,信托业监管机构和自律组织还陆续颁布了一些实施细则,并随着信托业的发展适时修订。但总体上看,上述法律法规都落后于互联网信托的创新,使得传统的信托法律法规跟不上信托业发展步伐的现状愈发凸显。互联网金融的开放性和普惠性推动着互联网信托的创新发展,表现为降低投资者门槛,信托受益权拆分转让及借助第三方平台进行营销等,互联网信托在不断挑战已有的信托法律法规,面临着较严峻的法律风险,最突出的法律风险主要有两个方面,一方面是现行法律对于合格投资者的限制,另一方面是规定信托不能公开营销。

2. 技术和安全风险

互联网金融离不开互联网技术的支撑,计算机系统、互联网金融软件可能会存在缺陷以及计算机病毒、伪造客户身份、未经授权的访问等风险。因此,信托公司在开展互联网金融业务时必须高度重视信息安全管理,建立互联网金融下的技术及安全管理体系,如对有形的物理设施采取必要的安全防卫措施,对数据管理和网络安全配置不同的防火墙并采用合适的加密技术,以确保数据的真实性和保密性,对系统平台和应用程序进行安全检查等,以确保互联网金融业务的物理层安全、网络安全、系统层安全、数据层安全以及应用层安全等。

3. 操作风险

互联网金融以其方便、快捷、低成本等特点,受到广泛欢迎并迅速发展,但由于内部流程不当、系统缺陷、外部事件、客户操作不当等原因,也会产生一系列的操作风险。信托公司在创新业务开展过程中必须高度重视操作风险的管理与防范,通过采取适当的操作程序、内部审计等措施,对操作风险进行适当的监控。

4. 市场风险

作为传统金融行业与互联网精神相结合的新兴领域,互联网信托也面临着市场风险,主要体现为两个方面,一是客户是否能够接受新产品的风险;二是征信体系不完善而导致的信用风险和违约风险。目前我国的社会信用体系尚不完善,仅仅依靠外界第三方力量难以对交易双方的信用状况进行准确评价,还必须依赖数据的大量积累以及数据处理能力的提升,以解决信息不对称问题,实现交易成本的大幅下降以及风险的分散。

(二)相关法律及监管法规

由于信托的私募属性,互联网信托在互联网金融的各个业态中发展相对滞后。相应的,在监管上也尚未出台具有针对性的法规。现有的监管政策中,对互联网信托影响较大的政策主要是关于信托拆分的规定,以及禁止第三方非金融机构代销信托产品的规定。

1. 禁止信托拆分的相关规定

在现有监管政策中,与信托拆分相关的规定主要包括:

(1)集合信托合格投资者的认定。根据《信托公司集合资金信托计划管理办法》,集合信托产品的合格投资者是指符合下列条件之一,能够识别、判断和承担信托计划相应风险的人:①投资一个信托计划的最低金额不少于100万元人民币的自然人、法人或者依法成立的其他组织;②个人或家庭金融资产总计在其认购时超过100万元人民币,且能提供相关财产证明的自然人;③个人收入在最近三年内每年收入超过20万元人民币或者夫妻双方合计收入在最近三年内每年收入超过30万元人民币,且能提供相关收入证明的自然人。

(2)禁止违规集资购买信托产品。根据2014年4月原银监会下发的《关于信托公司风险监管的指导意见》,投资人不得违规汇集他人资金购买信托产品,违规者要承担相应责任和法律后果,并在产品营销时向投资人充分揭示风险,不得存在虚假披露、误导性销售等行为。

(3)禁止向自然人拆分转让信托受益权。根据2007年1月证监会发布的《信托公司集合资金信托计划管理办法》,在信托计划存续期间,虽然受益人可以向合格投资者转让其持有的信托单位,但信托受益权进行拆分转让的,受让人不得为自然人,且机构所持有的信托受益权不得向自然人转让或拆分转让。

2. 禁止第三方理财机构直接或间接代理销售信托产品

2007年原银监会出台的《信托公司集合资金信托计划管理办法》禁止信托公司通过非金融机构进行产品推介。在信托业快速的发展同时,一些第三方理财机构出于赚取中间费的目的,在宣传推介中强调刚性兑付本金及收益,弱化风险揭示。在此背景下,2014年原银监会发布《关于信托公司风险监管的指导意见》,重申禁止第三方理财机构直接或间接代理销售信托产品,严格执行《信托公司集合资金信托计划管理办法》,防止第三方非金融机构销售风险向信托公司传递。发现违规推介的,监管部门要暂停其相关业务,对高管严格问责。

3. 监管政策对互联网信托业务的影响

关于合格投资者及信托拆分的禁止性规定,限制了互联网理财平台开展相关业务。2014—2015年出现的以各种名义开展信托拆分的互联网平台,在2016年以来趋严的监管环境下,纷纷转型,如梧桐理财及信托100等。而当前实务当中仍有互联网理财平台,如多盈理财,所开展的信托拆分业务是以"信托收益权拆分及转让"的名义进行的,虽然监管层采取了默许的态度,并未叫停,但这处于法律上的模糊地带,仍然存在合规风险。[①]

[①] 《信托法》规定了信托受益权,但未对信托受益权做明确的定义,只是提到"受益人自信托生效之日起享有信托受益权"。从《信托法》中对受益人相关权利的规定来看,信托受益权包括主张信托利益的财产性权利,也包括参与信托事务管理的非财产性权利,是一种综合性的权利。而信托收益权并非法定概念,其是合同双方约定的单纯的财产性权利。

而禁止第三方理财机构直接或间接代理销售信托产品,则促使信托公司纷纷建立自己的直销平台。目前,多家信托公司的直销平台已经实现网上视频签约。除了网上签约外,信托公司的直销平台还提供产品推介、账户管理等多层次的服务。

4. 当前互联网信托监管政策存在的问题

(1)对于业内已经尝试多年的消费信托,在监管上仍处于空白地带。与传统信托的私募、高端及资金额较大等业务特点截然不同,消费信托面向广大消费者,具有客户众多、小额分散等特点;在业务属性上,它们所涉及的主体及法律关系也不同。缺少相应的监管规则对业务进行界定并明确各方权责,使得市场主体在创新中处于"模糊地带",一旦涉嫌违规被叫停,则需要付出较高的"试错成本"。

(2)对于业内存在争议的"收益权拆分及转让",当前的监管文件并未涉及,监管层也未给出明确的监管意见,仍处于"模糊地带"。而从资金流向、参与主体及业务逻辑等各方面看,该业务与曾被叫停的信托受益权拆分及转让并无实质区别,客观上需要在监管上明确业务的合规性,以鼓励公平竞争,维护行业秩序。

(3)信托流转的"基础设施"缺位。缺少流动性一直是信托产品的"软肋"。目前通过质押实现信托流转,在法律上仍属空白。此外,尚未建立信托登记制度、信托评级、统一的流通市场等配套"基础设施",从而束缚了信托流转的开展。

(三)互联网信托监管法规的支持

2015年7月,我国互联网金融的第一份官方指导意见——《关于促进互联网金融健康发展的指导意见》(以下简称为《指导意见》)对互联网金融发展给出了顶层设计,明确了互联网金融的主管监管部门,但具体的细则及细节的规定尚未明确。互联网金融本身具有极强的实践性,而且随着技术的发展呈现多样化的形式。尽管难以对互联网金融有全面的监管规定,但促进互联网金融发展的原则和鼓励政策必不可少。

(1)加强与其他监管部门之间的协调。由于在《指导意见》中依然延续了分业监管的原则,后续的协调机制尚待建立。对于信托公司借助互联网创新业务所面临的各种问题,需要银保监会加强与其他监管部门的协调。

(2)对互联网信托进行界定。从《指导意见》来看,银保监会是互联网信托的监管部门,除了通用的规则外,尚未对互联网信托进行界定,这必然涉及互联网信托是以发起人为主体确定,还是以信托产品为主体或是采用信托工具为主体确定。因此,应根据互联网信托的发展形势,对互联网信托本身进行界定,并出台相应的细则。

(3)合格投资者的认定及客户面签、网上确认。通过技术手段,继续强化对于合格投资者的认定,原有的标准在实际运行过程中存在着执行不力等问题,而"面签"在目前的技术手段下将留有语音和影像,更加有利于对客户风险的揭示,避免虚假宣传和销售。监管层应对网上确认方式给予鼓励,以加强对投资者风险的控制。

第二节　互联网证券

我国的证券行业起步于20世纪90年代初,只经历了近30年的发展历程,本身还不是很成熟,尚处于逐步完善的过程中。而互联网作为信息技术发展历程中里程碑式的产物,它强大的信息资源平台优势,对社会各层面的快速渗透能力,使很多行业因此发生深刻改变,对包括证券经纪业在内的金融业而言,由于与信息高度关联的行业特性,其受到的影响更加深远。

互联网证券是市场参与者借助互联网进行各种经济权益交换、融通资金的行为。从本质上而言,互联网证券是证券公司利用互联网平台,以客户体验和客户需求为中心,延伸和拓展客户消费、理财、交易、投资和融资的账户功能,整合场内和场外两个层级的产品交易能力,为客户提供一站式、多元化的金融解决方案。

互联网证券并不简单定义为通过互联网办理证券业务。互联网证券的本质并不在于信息流或资金流渠道或载体的变化,而是信息流的形成、传播过程及其最终主导资金流流向的"化学变化"过程中,是否融入了足够的互联网基因或者说互联网精神。在这一点上,互联网精神对信息流形成、传播的影响相对更低,而资金流基本和之前一样,通过互联网畅通无阻地流动。互联网证券丰富了市场的内涵。比如余额宝使众多储户实质上进入了证券市场,还有各类创新的金融产品在互联网证券市场上产生,这些产品甚至无法用传统证券产品的定义对其进行分类。同时,互联网拓宽了证券市场的外延,使证券等金融市场与实业更紧密地联系在一起。互联网证券的存在,已经远远超越了传统意义上金融分业和混业经营的范畴。

一、互联网证券的概念

互联网证券是一种互联网金融模式,是在"互联网+"的大趋势下,从战略层面借鉴互联网企业思维模式,从互联网客户体验出发,对证券公司传统业务——证券经纪业务、证券承销业务、证券自营业务、证券资产管理业务等进行架构重塑,优化从销售渠道、账户开立、资金进出到客户管理的全部流程,最终为互联网金融用户提供一个涵盖投资咨询、交易结算、资产管理等不同业务的综合性证券业务服务体系。

二、我国互联网证券的发展

我国的互联网证券发展历史可追溯至 20 世纪 90 年代。从 1997 年开始,证券的互联网交易就已出现,大致可以将互联网证券的发展阶段划分为起步、全面网络化、提供全方位服务三个主要阶段。

(一)起步阶段(1997—2000 年左右)

20 世纪 90 年代中期以后,网上证券交易从美国向各大证券市场蔓延发展,我国网上证券交易也开始起步,一些中小券商开始积极推动这种新型交易方式。1997 年 3 月,中国华融信托投资公司湛江证券营业部最先推出名为"视聆通公众多媒体信息网"的互联网证券交易系统,它成为中国第一家开展网上交易的券商。该系统在最初的连续三年增长速度超过 126%。随后,闽发证券、广发证券等公司相继开通了互联网证券交易服务。这一阶段,中国的互联网证券交易发展相对缓慢,一方面是因为互联网尚处于起步阶段,网民过少;另一方面,当时的互联网证券交易业务在全球都算新兴事物,很多证券公司对互联网证券交易业务还不了解,仍处于观望阶段。

(二)全面网络化阶段(2000—2012年)

2000年4月,中国证券会颁布实施《网上证券委托暂行管理办法》和《证券公司网上委托业务核准程序》,标志着我国网上证券交易进入规范化轨道。证券公司开展互联网证券交易的积极性被充分调动起来。至2000年末,有45家证券公司的245家营业部开通了互联网证券交易业务。与此同时,基于短信平台的手机炒股开始流行,2004年中国移动推出面向全球通用户的"移动证券",随后中国联通推出"掌上股市",通过WAP(无线应用通信协议)和手机客户端炒股的方式出现,随着2006—2007年大牛市的到来,手机炒股方式在股民中开始普及。这一阶段,互联网证券交易业务得到快速发展,交易量成倍增长。

(三)提供全方位服务阶段(2013年至今)

2012年5月券商创新大会以来,中国证监会先后出台多个关于互联网经纪业务政策指引的文件,从信息技术、非现场开户等多个领域推进。银行与券商以互联网为依托,重组改造业务模式,加速建设网上创新平台。2014年4月至今,证监会批准了5批共55家证券公司开展互联网证券业务试点,约占券商总数的一半,通过移动APP和微信公众号等形式,为客户提供开户、打新、理财、交易与财经资讯等服务。互联网金融正在深刻改变传统证券业的格局,一方面,券商将传统业务互联网化,充分发挥网络运营方便、快捷、成本低的优势,借助互联网和移动平台为客户提供更有效的服务;另一方面,券商基于互联网进行业务创新,在一定程度上脱离现有的各业务类别,依托大数据、社交网络、云计算等,促使投融资双方在线上直接对接。从试点效果来看,证券与互联网的融合在促进券商拓宽营销渠道、扩大服务边界的同时,也加剧了同业竞争,促使券商的业务模式和重心加速转型。与互联网证券业务发展相关的重要政策/事件见表7.1。

表7.1　　　　　　　　与互联网证券业务发展相关的重要政策/事件

	时间	政策/事件	内容概要
起步阶段	1997年3月	我国首个互联网证券交易系统产生	华融信托投资公司推出"视聆通公众多媒体信息网"的互联网证券交易系统,成为我国互联网证券业务发展的起点
全面网络化阶段	2000年4月	证券会颁布《网上证券委托暂行管理办法》和《证券公司网上委托业务核准程序》	对网上证券委托业务进行业务规范和技术规范;明确证券公司网上证券业务的核准程序
	2004年4月	中国移动推出面向全球通用户的"移动证券"业务	为用户提供实时、丰富的财经资讯和证券服务,是证券交易工具的一场变革

续表

时间	政策/事件	内容概要
2013年3月	网络开户放开	证券业协会发布《证券公司开立客户账户规范》，明确证券公司可以通过见证、网上方式为客户开户
2014年4月	六家券商获得首批互联网业务试点资格	中信证券、国泰君安、平安证券等六家证券公司获得互联网证券业务试点资格
2014年12月	证券业协会起草《私募股权众筹融资管理办法（试行）》（征求意见稿）	证券经营机构可以开展提供股权众筹融资业务，并在相关业务开展后5个工作日内向证券业协会报备
2015年3月	互联网证券专业委员会成立	制订证券业"互联网+"行动计划，制定互联网证券行业规范，加强互联网业务的培训交流
2015年4月	一人多户制度放开	允许自然人投资者开立不超过20个证券账户，推动互联网证券业务的进一步发展
2015年7月	中国人民银行等十部门发布《关于促进互联网金融健康发展的指导意见》	鼓励证券机构依托互联网技术，实现传统金融业务与服务转型升级，积极开发基于互联网技术的新产品和新服务

（全方位服务阶段）

资料来源：证监会、证券业协会网站信息。

三、我国互联网证券的模式

互联网证券业务根据参与主体及其相互关系的不同，可以分为券商自建互联网平台模式、券商携手互联网公司模式、券商寻求被并购模式。

(一)券商自建互联网平台模式

大型券商大多选择自创互联网平台，在原有官网的基础上开发"金融商城""产品超市"等平台，同时推出手机软件等APP布局智能手机、平板电脑等智能移动设备。比如，国泰君安证券的"君弘金融商城"、华泰证券的"涨乐网"以及广发证券的"易淘金"电商平台等。这种模式的优势在于：①可过渡性好。在互联网环境下，用户十分熟悉证券公司官网，因此不存在网上商城先期推广的问题，老用户可以迅速地知道证券公司开展了新业务。②扩大影响力。网上商城利用互联网超高的传播效率，在最短的时间内让用户及合作伙伴了解证券公司的动态以及所售产品，扩大了影响力。同时，自创互联网平台的劣势也很明显：①开发成本高。国内金融机构的IT开发都受制于几家具有垄断地位的技术公司，造成研发的时间及资金成本都比较高。②产品来源稀缺。在自有产品上线后，网上商城如何继续丰富产品线是所有券商自建互联网平台面临的共同问题。券商自建互联网平台模式见图7.5。

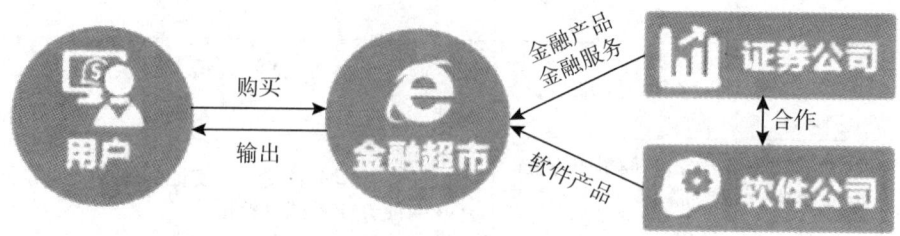

图 7.5 券商自建互联网平台模式

【案例 1】

国泰君安打造"君弘金融商城"

2013 年 11 月国泰君安打造的"君弘金融商城"正式运营,"君弘金融商城"开创了业内多个先河。第一,用户开通"君弘一户通"后,即可实现沪深证券账户、资金账户、资管账户、基金账户的一户通,并可申请港股及期货业务;第二,在产品购买环节,"君弘金融商城"参考电商购物式的下单模式,为用户提供各具特色的千余种金融产品;第三,用户在该平台除了可以进行投资理财,还可以办理信用类业务,比如融资融券、约定购回式证券交易等;第四,"君弘金融商城"可实现通过证券保证金账户进行转账、消费等多种功能,大大提高了用户的资金流转效率。

除了打造在线金融产品直销平台,国泰君安还建设了国泰君安数据中心,成为业内首家拥有高等级数据中心的证券公司。据国泰君安首席信息官陈煜涛介绍,从云计算、大数据、移动互联和社交网络等互联网金融的技术特点看,国泰君安数据中心是公司综合金融发展战略的核心运营平台。

资料来源:金融界,2013-12-04,http://insurance.jrj.com.cn/2013/12/04080116269651.shtml。

多年来,券商交易系统中沉淀了大量的交易数据,这为后期券商进行数据分析、挖掘,以及通过大数据分析进行精准营销奠定了数据基础。在大数据背景下,券商有能力快速收集大量的高质量信息,以设计出符合客户需求的产品组合,并不断根据客户偏好的改变而调整,这或许是券商经营模式的转型方向。

(二)券商携手互联网公司模式

中型券商大多选择与 BAT 等老牌互联网公司合作,比如国金证券与腾讯"自选股"平台的合作。券商借助互联网公司成熟的平台,如微信平台或已有的理财平台,导入存量平台用户,使其转化为潜在的金融消费者。券商通过与互联网公司合作,为已有的客户和潜在的客户提供网上开户、在线咨询、在线销售等服务。这一模式具有见效快、手续便捷、便于吸引社会关注等优点。但吸引客户的主要方式还是佣金折扣,存在着创新层次较低,容易引发行业价格战等缺陷。此外,券商在利益分配方面也和互联网公司存在冲突和争议。券商携手互联网公司模式见图 7.6。

图 7.6 券商携手互联网公司模式

【案例 2】

国金证券与腾讯合作推出"佣金宝"

2013 年 11 月，国金证券发布与腾讯合作的公告。具体合作内容包括 3 个方面：①腾讯为国金证券的投资者提供在线开户、在线交易与在线客服等功能。②腾讯协助国金证券进行理财产品的宣传与在线销售，并向国金证券提供网络支付接口，为其理财产品的在线销售提供技术保障与支持。③双方共同策划系列品牌活动、共同举办投资咨询会等线下活动，吸引高端客户人群并为其提供相应的金融理财服务。

2014 年 2 月国金证券联合腾讯推出佣金宝，随后佣金宝移动 APP 正式上线。佣金宝是国内首个互联网证券服务产品，不仅能通过 PC 或手机为投资者提供网上开户、证券交易等一系列功能，还可交易国金证券旗下的金腾通货币型投资基金。

佣金宝最大的创新点在于其创业内新低的"万二佣金"，这对价格敏感型客户具有巨大的吸引力。此外，佣金宝网上开户后，客户可以选择同时开通国金证券通用开放式基金账户，保证金可以对接货币型基金产品——金腾通，还可以享受高价的软件资讯服务。目前国金证券的线上业务获得成功，通过与具有巨大流量的腾讯合作，为国金证券公司导入大量客户流量，并以低佣金率吸引中低端客户。

资料来源：新浪财经，2017-05-10，https://finance.sina.com.cn/wm/2017-05-10/doc-ifyfecvz0846222.shtml。

(三) 券商寻求被并购模式

小型券商开始与互联网企业进行股权合作并寻求被并购。比如，东方财富网收购宝华世纪证券与西藏同信证券，大智慧收购湘财证券。小型券商被互联网企业收购可以获取流量优势和用户黏性并强化"互联网+"属性，且有望实现跨越式发展。对于互联网企业而言，收购小型券商可以获取券商牌照，从而抢占互联网证券的发展先机。

【案例 3】

东方财富网收购同信证券

基于平台流量优势，东方财富网第一步棋，落子于第三方基金销售领域。在成功打造了天天基金网后，东方财富网的第二步棋，落子于券商领域。东方财富网先后收购宝华世纪、同信证券，未来有望在券商业务领域获得更大的协同效应。

据了解，东方财富网并购同信证券后，一方面其旗下天天基金网将为同信证券的资管产品提供销售平台；另一方面，也会利用自身平台优势，为同信证券的经纪业务提供用户流量接口。东方财富网的公告显示，这次的交易主要是为了进一步拓宽公司互联网金融服务大平台的服务范围，由互联网财经金融信息、数据服务和互联网基金第三方销售服务等，延伸至证券相关服务，进一步延伸和完善服务链条，构建一站式互联网金融服务大平台。

资料来源：金评媒，2015-04-17，http://www.jpm.cn/article-1558-1.html。

纵观国外互联网券商的发展之路，主要历经三个阶段：第一阶段，重在"引流"。通过以较低的价格在线上办理传统证券业务，比如经纪业务、产品销售等，迅速积累用户数量。第二阶段，重在"变现"。针对前期积累的大量用户，通过提供附加值较高的金融增值服务，比如两融业务、资管业务等，加速流量变现。第三阶段，重在"质量"。真正地实现以用户需求为导向，加速向标准化程度不高的金融服务领域延伸，比如投行业务、私募股权投资业务等。

国内券商的互联网探索还停留在早期阶段，以传统经纪业务为主，这类业务主要是具有通道价值，技术含量较低，尚未延伸至附加值高的领域。

三、互联网证券中介服务体系

互联网在证券市场发挥的要素配置作用日益重要，表现为新兴互联网企业纷纷参与到证券市场，利用自身巨大的流量和技术优势，通过为传统券商、投资者提供信息服务，或者直接收购券商获取牌照等形式进入证券业。而传统券商也结合自身的传统业务优势，利用互联网增强信息服务能力、提升客户体验，显著地提升了自身的核心竞争力。具体而言，互联网证券市场各方参与者在交易决策、综合理财、资讯社区、行业解决方案和券商应用等细分市场提供金融服务。

（一）交易决策服务商

交易决策指投资者做出证券买卖行为决定的策略或办法。为投资者提供交易决策的服务商包括综合应用服务商，以及细分市场中的互联网投资顾问、投研＆选股、跟投＆社交、量化社区和港美股券商。其中，互联网投资顾问是为投资者提供投资理财资讯服务的互联网平台，较有影响力的有新浪网旗下的理财师、金融界旗下的爱投顾等。投研＆选股是为投资者提供投资研究报告和选股策略的服务商，如灯塔、易选股等平台。跟投＆社交则侧重于提供股票投资社交平台，如自选股和牛股王等。而量化社区是利用金融大数据和构建投资模型，为投资者提供风险评估、投资策略的量化服务，如优矿、RiceQuant等。港美股券商则是为内地投资者提供香港和美国股市投资开户、交易服务的平台，如富途证券、老虎证券等。

(二)综合理财服务商

综合理财服务商是为投资者提供基金销售、基金投资策略与资讯服务的平台，包括综合应用提供商，如腾讯旗下的理财通、蚂蚁金服旗下的蚂蚁财富以及提供互联网基金销售服务和智能基金产品投资服务的平台，典型的平台有天天基金网、理财魔方等。以理财魔方平台为例，理财魔方通过金融模型与智能算法，为投资者提供个性化的基金投资组合策略。

(三)投资社区服务商

投资社区致力于打造分析师与投资者以及投资者间互动交流的资讯平台。包括：①行情&资讯类平台，如：财联社专注于打造证券资讯APP终端，致力于中国证券市场动态分析、报道，为A股投资者提供24小时滚动资讯、深度分析文章、题材类行业解读，设置了24小时滚动播报、财联社早报、时间轴三大特色栏目。数据显示，财联社APP在2015年3月上线以来，浏览量已达到千万级别，用户已突破300万，其中移动端用户超过100万，90%的用户日均启动超过10次，单个内容每日点击量超过100万。②投资社区平台。如摩尔金融、集思录等，摩尔金融的业务模式为邀约大量金融机构的专业人士作为投资分析师进行撰稿，并将文章卖给有需要的人。摩尔金融2015年1月创立时仅5位员工，目前已吸引了超过3000名投资分析师以及上百万投资者，发布逾2万篇投资报告，每篇投资报告均价为450元，其中一篇定价为288元的报告在24小时内销售额超过了20万元。另一篇题为《两会催生股票"风口"分析》的文章定价188元，也吸引了超过500人购买，收入超过10万元。

(四)行业解决方案服务商

行业解决方案主要是由数据服务商、金融IT服务商等机构提供专业化技术服务的解决方法和实施方案。包括：①证券云服务。证券云服务是从计算、安全、存储与网络等方面为券商提供高频行情接收、发起交易、清算盈亏等技术服务，云平台提供标准的服务协议，允许开发者们用统一的API开发程序，使用"云平台"提供的服务，证券市场云平台架构见图7.7。目前证券云服务市场主要由阿里云、腾讯云等服务商占据行业主流。②交易与柜台服务、移动客户端服务提供商。交易与柜台服务提供商基于Fintech技术，提供互联网化应用支持、业务运营前台、投融资业务、财富管理等多个业务领域的软件服务，如金证股份、顶点软件等。移动客户端服务提供商则专注于证券软件在手机平台上的应用开发，较有影响力的有投资堂、盈通股份。其中，投资堂在移动证券领域的市场占有率近50%，全国110家券商中有50多家采用投资堂的产品和服务。③业务解决方案提供商。业务解决方案提供商则致力于将大数据、云计算、人工智能等信息技术和专业的投资理念相结合，打造综合性的金融服务平台，如通联数据等。

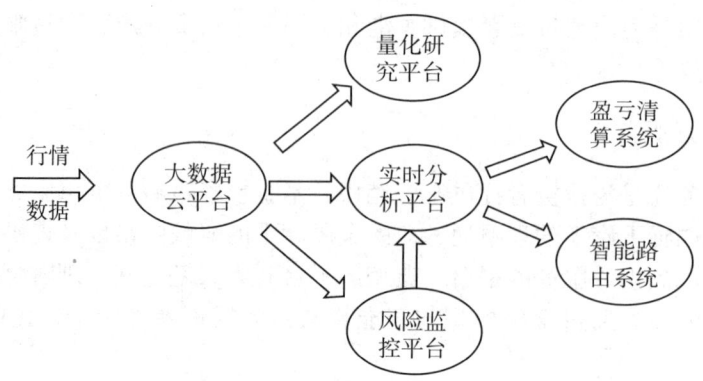

图 7.7　证券市场云平台的架构

(五)券商应用

当前移动 APP 已经成为传统券商互联网证券转型的重要载体,移动互联网已成为券商丰富服务渠道、创新金融产品和服务模式、发展普惠金融的有效途径。利用移动互联网随时随地、片段化、轻量化的特点,券商可以在更丰富的场景下为客户提供线上开户、理财等传统业务,以及智能投顾、投资社区等个性化服务,从而提升用户的规模与活跃度,因此移动证券 APP 将成为券商未来竞争较量的新领域。表 7.2 为券商 APP 的活跃用户规模排名。

表 7.2　**2017 年 10 月券商移动 APP 活跃用户规模排名**

排名	APP 名称	月度活跃用户规模(万人)
1	涨乐财富通	539.33
2	国泰君安君弘	330.73
3	平安证券	316.93
4	广发证券易淘金	307.54
5	银河玖乐	253.32
6	小方	251.95
7	智远一户通	247.50
8	中泰齐富通	235.31
9	金太阳	231.85
10	申万宏源赢家理财	228.61

四、互联网证券风险及其防范

互联网证券交易的发展过程中,互联网自身的安全问题与证券交易本身的风险结合,很可能将风险成倍放大,这使得互联网证券交易的发展对各类风险的承担规则、防范及监管措施提出了更高的要求。可以说风险的事前防范与事后责任承担是互联网证券交易中最难解决的问题,也是对以投资者为主的各个参与主体的权益进行保护的核心问题。

(一)互联网证券交易的风险类型

根据互联网证券交易与传统证券交易方式的不同,可以将网上证券交易的风险区分为技术风险、操作风险和网络证券欺诈风险。

1. 技术风险

互联网的高度开放性与广泛性,使得技术设备的应用难免存在瑕疵,大量不同性质的设备进行远程连接交互,在相互传输数据时可能出现连接中的错误或是遭到第三方的技术破坏从而导致信息传递失败,这种危险造成了互联网证券交易中的技术风险:即证券委托交易过程中,由于在线投资者或经纪商的物理终端或互联网线路以及一系列中介设备出现故障,或是遭遇第三方攻击而发生的可能导致本次交易失败或成为错误交易,从而发生资金损失的风险。

2. 操作风险

互联网证券的操作风险源于交易流程问题、操作系统问题、人员问题以及外部力量的冲击四种成因。其中前三个风险属于内部因素,第四个则属于外部因素。鉴于外部风险事件的不可控性,证券公司对操作风险的管理更侧重于对内部操作风险的防范。面对强大的互联网技术与信息处理能力,交易者的操作行为难免出错,而互联网数据传输的高速性与广泛性则导致一旦出现操作失误,很可能将错误成倍地扩大,从而引发一系列的严重问题。例如,证券交易中的"乌龙指"事件就是典型的操作风险,指操作证券交易的人员(包括在线投资者、操盘手等)在进行委托或交易时,由于个人失误打错了委托交易的证券价格、买卖方向或者交易数量以及操作系统的不可逆性而导致了错误交易的情况。证券市场出现过多次"乌龙指"交易事件。例如2013年8月16日,光大证券交易员交易操作失误使上证指数脉冲式上涨,股指瞬间从2074点被拉升至2198点,随后股指逐步回落到正常范围,对证券市场造成较大的冲击。

3. 网络证券欺诈风险

网络证券欺诈是指通过网络在证券发行、交易及相关活动中,当事人违反法定义务,或者违反公平合理、诚实信用的原则,侵犯他人合法权益的行为。互联网欺诈不仅包括一般意义上的对信息内容的恶意否认、发布虚假信息、误导投资者或操纵市场等行为,还包括利用网络从事银行存取款、电子划账等业务时进行的诈骗行为。网络证券欺诈具有行为难以察觉、证据搜集困难等特点。互联网证券交易与传统的柜台交易、电话委托不同,投资者进行网上委托时营业部难以进行"三证"查验,也没有委托单或电话录音作为委托凭证,交易过程中的欺诈与操纵行为也更为复杂和难以取证。

（二）互联网证券的风险防范

互联网证券增加了证券市场的参与者与资金规模，但证券市场与网络信息的结合也增加了风险的种类和强度。因此，在互联网证券高速发展的同时，如何运用法律制度、行业自律规则进行风险防控就成为一个重要的问题。

1. 完善网络安全技术规范

为了保证网上证券交易的安全性、保密性，在加强加密措施保护信息传输的同时，必须在网上建立一种信任验证机制，使证券公司营业部能对投资者身份的合法性、真实性进行认证。这就要求网上证券交易者有一个可以被验证的身份标识，即数字签证。我国证监会发布实施的《网上证券委托暂行管理办法》（以下简称《管理办法》）第18条规定：证券公司应该采用可靠的技术管理措施，正确识别互联网投资者的身份，防止仿冒客户身份或证券公司身份；必须有防止事后否认的技术或措施。

采用数字签名和身份认证能确保系统所有数据在传输时都有电子签名，那些传输错误或被恶意伪造的数据则不能通过检验。数字签名是对网上证券交易身份确认缺陷的弥补，以防止交易各方的相互猜疑、冒名顶替及恶意攻击者的造假行为。此外，还可以通过用户的数字证书，为该用户在应用系统中赋予相应的权限，以进行用户的资格认证。

2. 投资者风险揭示

《管理办法》规定："证券公司应在入口网站和客户终端软件上进行风险揭示，且证券公司的《风险揭示书》范本应上报证监会，作为证券公司在申报网上证券交易时的必备文件；证券公司在为投资者办理网上委托相关手续时，应要求投资者提供身份证明原件，并向投资者提供证实证券公司身份、资格的证明材料，禁止代理办理网上委托相关手续。"这些规定的目的就是要求证券公司必须向投资者本人进行风险揭示，在投资者了解网上证券交易的各种潜在风险后，再决定是否签订书面协议进行证券网上委托业务，协议通过明确双方的权利和义务，能够避免纠纷的产生。

3. 加强行业风险控制

《管理办法》规定："证券公司应制定专门的业务工作程序，规范网上委托；必须自主决策网上委托系统的建设、管理和维护。"这就要求证券公司应制定严格的业务流程并定期向投资者提供书面对账单，限制单笔委托最大金额和每日成交最大金额；建立一套必要的网络管理制度，如网络系统入网制度、系统数据共享制度、修改程序检查制度、用户信息存取制度、敏感数据安全制度和系统文件备份制度等，通过加强自律性管理，防止和减少网络交易各参与方可能出现的纠纷。

4. 强化投资者风险意识

投资者在做出网上证券交易决策前，应综合比较各证券公司和网上交易网站的安全防范措施、信息质量、传输建设和技术服务等情况，选择一个技术力量雄厚、风险控制健全的证券公司与网站作为委托对象且必须对网上获取的各类信息进行客观评价并辨明真伪，选择适当的安全防范措施，注意密码的设置和资料的存放等。此外，投资者应严格依照法律规定和约定及时检查委托成交情况，按时进行清算交割，发现问题及时与证券公司协商处理。

【本章小结】

互联网信托的概念有广义、狭义之分，广义的互联网信托是指信托借助互联网思维进行的金融创新。狭义的互联网信托是指传统信托业与线上线下电子商务模式的结合，进而实现投融资双方的投融资交易，实现资金端和资产端的线上匹配。

2015年7月14日，原银监会、证监会等十部委联合发布的《关于促进互联网金融健康发展的指导意见》第一次提出"互联网信托"的概念，强调信托公司通过互联网进行产品销售及开展其他信托业务的，要遵守合格投资者等监管规定，审慎甄别客户身份和评估客户风险承受能力，不能将产品销售给与风险承受能力不相匹配的客户。

大量的互联网企业与信托公司合作，通过制度设计，企图规避传统信托的监管规定，将信托平民化，规避有关合格投资人的要求。但由于信托具有私募属性，与互联网的公开性存在着天然的不一致，所以与其他互联网金融业态相比，互联网信托的发展相对滞后，至今并未出现相对成熟的、大面积推开的业务模式。

虽然互联网给信托业务创新带来了历史性的发展机遇，但互联网介入信托业务后也遇到与原来监管相矛盾的地方，可能会产生新的风险来源。关于合格投资者及信托拆分的禁止性规定，限制了互联网理财平台开展相关业务，而禁止第三方理财机构直接或间接代理销售信托产品，则促使信托公司纷纷建立自己的直销平台。

互联网证券是一种互联网金融模式，是在"互联网+"的大趋势下，从战略层面借鉴互联网企业思维模式，从互联网客户体验出发，对证券公司传统业务——证券经纪业务、证券承销业务、证券自营业务、证券资产管理业务等进行架构重塑，优化从销售渠道、账户开立、资金进出到客户管理的全部流程，最终为互联网金融用户提供一个涵盖投资咨询、交易结算、资产管理等不同业务的综合性证券业务服务体系。

互联网证券业务根据参与主体及其相互关系的不同，可以分为券商自建互联网平台模式、券商携手互联网公司模式、券商寻求被并购模式。

风险的事前防范与事后责任承担是互联网证券交易中最难解决的问题，也是对以投资者为主的各个参与主体的权益进行保护的核心问题。根据互联网证券交易与传统证券交易方式的不同，可以将网上证券交易的风险分为技术风险、操作风险和网络证券欺诈风险。

【关键术语】

互联网信托　互联网消费信托　信托受益权质押融资　互联网信托增信　信托受益权质押　互联网证券　互联网证券风险

【思考题】

1. 什么是互联网信托？
2. 互联网信托业务存在的主要风险有哪些？如何进行相应的监管？
3. 互联网证券有哪些主要的模式？
4. 互联网证券中介服务体系包含哪些方面？
5. 互联网证券的主要风险有哪些？如何防范？

第八章 互联网金融监管

【教学目标与要求】
1. 了解互联网金融风险的主要体现;
2. 掌握互联网金融监管的原则;
3. 了解互联网金融监管模式和监管策略;
4. 掌握互联网金融业务分类监管的重点与难点;
5. 了解互联网金融监管的发展趋势。

第一节 互联网金融监管概述

在互联网金融异军突起的同时,也要清醒地看到存在的问题,尤其是隐藏在繁荣发展态势背后的风险更是不容忽视。"e租宝事件"等问题的出现,愈发凸显互联网金融监管的重要性。互联网金融参与者众多,带有明显的公众性,很容易触及法律红线,甚至引发系统性金融风险。尽管目前我国互联网金融链上的部分业态和部分环节受到了监管(如第三方支付),但从整体上看,还处于无门槛、无标准、无监管的"三无"状态,如何一方面呵护互联网金融的创新和普惠精神,另一方面有效维护金融稳定和金融秩序,是互联网金融监管模式选择面临的一大难题,如果监管失控或处理不到位,互联网金融也可能会引发系统性的金融风险,加强互联网金融监管创新,是促进互联网金融健康发展的内在要求。

互联网金融的发展经过萌芽期、野蛮成长期以及整治期,迈入规范发展期。充分认识互联网金融的风险特质,探索新形势下互联网金融监管体制与机制的建设,对于充分发挥互联网金融新业态在促进实体经济发展中的作用有重要意义。

一、互联网金融风险的主要体现

互联网金融作为传统金融与互联网技术的结合体,既具有传统金融面临的一般性金融风险,同时互联网基因也使其带来特质性风险或放大了一般性金融风险。互联网金融风险主要体现在以下几个方面:

(一)非法经营风险

一些互联网金融企业借创新之名突破法律底线和政策红线,违法违规经营,实施金融诈骗,谋取不正当利益。如互联网金融风险专项整治前不少网贷平台设立资金池,向不特定人群吸收存款,项目自保自融,以高利为诱饵,进行虚假宣传,不仅数额巨大,且影响面也很广。国家互联网金融风险分析技术平台监测数据显示,截至2017年3月22日,行业内仍有423家平台涉嫌虚假宣传,行业虚假宣传风险敞口不容忽视。

(二)过度创新风险

过度创新扭曲了金融服务实体经济的初心。第三方统计机构调查显示,"首付贷""股票配资"等互联网金融创新产品能够为客户提供最高数十倍的资金杠杆,导致客户金融风险敞口急速膨胀,扰乱了我国金融市场秩序。现阶段,虽然监管部门通过出台监管条例围剿"加杠杆"行为,但该类行为仍然在迭代新的充斥市场的方式。

(三)信用风险

互联网金融的服务对象普遍面临资产质量偏差、优质抵押物缺失和客户财务状况不佳等客观问题,一旦出现以资金链断裂为代表的财务危机,债务人被动失信违约的概率会大大增加。以互联网金融子业态网络借贷为例,第三方机构统计数据显示,截至2017年2月底,累计停业及问题平台数达到3547家,而网贷行业正常运营平台数量仅存2335家,多数平台因信用风险暴露而停业或退出市场,网贷行业信用风险凸显。

(四)投资者权益被侵害风险

互联网金融野蛮生长时代出现的问题往往都以侵害投资者合法权益为代价,投资者可能会面临着血本无归的境地。网贷之家2017年2月份月报显示,截至2017年2月底,出现问题的平台涉及投资人累计达到48.4万人,涉及贷款余额更是高达268.1亿元,现阶段互联网金融投资者的合法权益仍然得不到充分保障。

(五)信息技术安全风险

互联网金融的一系列创新都需要技术作为支撑,但是在创新的同时又带来了很大的技术风险。国家互联网金融风险分析技术平台监测数据显示,截至2017年2月28日,监测系统共发现互联网金融网站漏洞1023个,对互联网金融网站的网络攻击达到105万次,互联网金融仿冒网页4.36万个,受害用户达7.66万人次。

二、互联网金融监管的原则

互联网金融并没有改变金融本质行为,实质上也是金融,那么就应该按照现有的金融法规纳入监管的范畴,而不能简单地任其发展。因此,在鼓励互联网金融创新的同时,加强互联网金融监督势在必行。当然,加强互联网金融监管,建立针对互联网金融的监管机制,并不是要限制互联网金融的发展,更不是要扼杀金融领域的创新。而是要扫除打着互联网金融旗号的不法金融活动。控制互联网金融风险,建立完善健全的"游戏规则"约束,如果没有"游戏规则"约束,未来将会给互联网金融行业带来灾难性后果,近年来,加强互联网金融监督呼声四起。我国为促进互联网金融健康发展,提出了"适度监管、分类监管、协同监管、创新监管"的原则,以期建立和完善互联网金融的监管框架。这里总结出互联网金融监管的八条原则。

(一)适当的风险容忍

对于互联网金融这样一类新出现的金融业态,需要留有一定的试错空间,过早的、过严的监管会抑制创新。如果众筹业务模式能坚持单笔金额小、人数少,就应该用私人秩序、行业自律和司法来规范。相关业务模式等无区域性、系统性影响地自然退出,是市场的一种自我淘汰机制,对整个互联网金融的长期有序发展未必是坏事。此外,整个互联网金融行业可以在摸索中寻找道路,但不能犯致命性错误,整体风险须在可控范围内。因此,监管的良好目标应是既避免过度监管,又防范重大风险。

(二)实行动态比例监管

金融监管部门应当定期评估不同互联网金融平台和产品对经济社会的影响程度和风险水平,根据评估结果确定监管的范围、方式和强度,实行分类监管。从松到严,金融监管可以分为市场自律、注册、监督、审慎监管四个层次。对于影响小、风险低的,可以采取市场自律、注册等监管方式;对于影响大、风险高的,则必须纳入监管范围,直至实行最严格的监管,从而构建灵活的(而不是僵化的)、富有针对性的与有效性的(而不是笼统与无效的)互联网金融监管体系。评估应定期进行,监管方式需根据评估结果动态调整。

(三)原则性监管与规则性监管相结合

在原则性监管模式下,监管当局对监管对象以引导为主,关注最终监管目标能否实现,一般不对监管对象做过多过细要求,较少介入或干预具体业务。而在规则性监管模式下,监管当局主要依据成文法规定,对金融企业各项业务内容和程序做出详细规定,强制每个机构严格执行,属于过程控制式监管。一方面,互联网金融监管必须在明确监管目标的基础上,实现"原则"先行。监管原则应充分体现互联网金融运营模式的特点,给业界提供必要的创新空间,同时指导和约束运营者承担对消费者的责任。另一方面,要在梳理互联网金融主要风险点的基础上,对互联网金融中风险高发的业态和交易制定监管规则,事先予以规范。原则性监管与规则性监管的结合,有助于在维护互联网金融的市场活力与做好风险控制之间实现良好平衡,促进其可持续发展。

(四)防止监管套利,注重监管的一致性

监管套利是指金融机构利用监管标准的差异或模糊地带,选择按照相对宽松的标准展业,以此降低监管成本、获取超额收益。互联网金融提供的支付、放贷等服务与传统金融业相仿,如果两者执行不同的监管标准,易于引起不公平竞争。事实上已经有持牌金融机构提出为什么同样都提供支付服务或者从事贷款业务,受到的监管却不一样?为确保监管有效性,维护公平竞争,在设计互联网金融监管的规则时,应确保两个"一致性":一是不论是互联网企业还是传统的持牌金融机构,只要其从事的金融业务相同,原则上就应该受到同样的监管;二是对互联网金融企业的线上、线下业务的监管应当具有一致性。

(五)关注和防范系统性风险

互联网金融的发展对于系统性风险的影响具有双重性,这应当是金融监管机构关注的焦点。一方面,互联网金融通过增加金融服务供给、提高资源配置效率、推进实体经济可持续发展等有助于降低系统性风险。另一方面,互联网金融也可能会放大系统性风险。互联网金融准入门槛低,可能会使非金融机构短时间内大量介入金融业务,降低金融机构的特许权价值,增加金融机构冒险经营的动机。互联网金融的信息科技风险突出,其独有的快速处理功能,在快捷提供金融服务的同时,也加快了相关风险积聚的速度,极易形成系统性风险。此外某些业务模式存在流动性风险隐患。例如,互联网直销基金1周7天、一天24小时都可以交易,但货币市场基金有固定交易时间,第三方支付机构需要承担隔夜的市场风险和流动性风险,这类"小概率、大损失"的黑天鹅事件对于此类模式的成败有重要影响。金融监管机构对此应当保持高度警惕,及时化解和干预。

(六)加强信息披露,强化市场约束

信息披露是指互联网金融企业将其经营信息、财务信息、风险信息、管理信息等告知客户、股东等。准确充分的信息披露框架,一是有助于提升互联网金融行业整体和单家企业的运营管理透明度,从而让市场参与者对互联网金融业务及其内在风险进行有效评估,发挥好市场的外部监督作用。二是有助于增强金融消费者和投资者的信任度,奠定互联网金融行业持续发展的基础。三是有助于避免监管机构因信息缺失无从了解行业经营和风险状况,而出台过严的监管措施,抑制互联网金融发展。加强信息披露的落脚点是以行业自律为依托,建立互联网金融各细分行业的数据统计分析系统,并就信息披露的指标定义、内容、频率、范围等达成共识。当前,提升互联网金融行业透明度的抓手是实现财务数据和风险信息的公开透明。

(七)强化行业自律

相比于政府监管,行业自律的优势在于:作用范围和空间更大、效果更明显、自觉性更强。今后一段时期互联网金融行业的自律程度、行业发展的有序或无序在很大程度上影响着监管的态度和强度,从而也影响着整个互联网金融行业未来的发展。为此,行业领头的企业必须发挥主动性,尽快带头制定自律标准,建立行业内部自我约束机制,不应一味等待政府的强制性干预。近期陆续成立的互联网金融协会应当在引导行业健康发展方面尽快发挥影响力。特别是要在全行业树立合法合规经营意识,强化整个行业对各类风险,包括客户资金和信息安全风险、IT风险、洗钱风险、流动性及兑付风险、法律风险等的管控能力。

(八)加强监管协调

互联网金融横跨多个行业和市场,交易方式广泛、参与者众多,有效控制风险的传染和扩散,离不开有效的监管协调。一是可以通过已有的金融监管协调机制,加强跨部门的互联网金融运营、风险等方面的信息共享,沟通和协调监管立场。二是以打击互联网金融违法犯罪为重点,加强司法部门与金融监管部门之间的协调合作。三是以维护金融稳定、守住不发生区域性、系统性金融风险底线为目标,加强金融监管部门与地方政府之间的协调与合作。

三、互联网金融监管模式和监管策略的国际经验与中国的探索

(一)互联网金融监管的国际经验

(1)各国普遍重视将互联网金融纳入现有的法律框架下,强化法律规范,强调行业自律。各国都强调互联网金融平台必须严格遵守已有的各类法律法规,包括消费者权益保护法、信息保密法、消费信贷法、第三方支付法规等。这是金融交易运行的最重要制度基础。

(2)各国针对本国互联网金融发展的不同情况,采取了强度不等的外部监管措施。澳大利亚、英国等大多数国家采取轻监管方式,对互联网金融的硬性监管要求少,占用的监管资源也相对有限。而美国证监会面对金融危机中公众对监管不作为的指责,认定Prosper出售的凭证属于证券,须接受其监管。

(3)监管手段主要是注册登记和强制性信息披露,以金融消费者和投资者的权益保护为重心。

(4)涉及谁的监管职责就由相应的监管机构负责,往往没有统一的主监管机构。美国第一网络银行(SFNB)、贝宝支付(Paypal)等就曾分别由银行和证券监管机构负责监管。

(5)少数国家开始尝试评估互联网金融的监管框架,探讨未来监管方向。如2011年7月,美国国会下属的政府责任办公室就P2P借贷的发展和不同监管体系的优缺点进行了评估,强调持续一致的消费者和投资者保护、灵活性、有效性等。

(二)中国的探索

1. 进一步完善监管制度

2015年,中国人民银行等十部委联合发布《关于促进互联网金融健康发展的指导意见》,提出了互联网金融监管的基本原则和模式,互联网金融监管逐步走向规范。

随着互联网金融深入发展,有必要建立全面监管的制度体系。一是市场准入制度。明确互联网企业从事金融活动的市场准入政策和监管规则,对经营者实缴注册资本、经营者公司治理结构、高层人员任职条件等作出明确要求。二是营运资本维持制度。营运资本代表经营主体的短期偿债能力和稀释风险能力。在我国互联网金融市场逐步走向成熟的过程中,应制定相关标准,确保互联网金融公司维持与运营规模相适应的营运资本。三是第三方存管制度。原银监会于2017年年初出台了《网络借贷资金存管业务指引》。目前,大多数网贷公司已经逐步将资金转为由商业银行存管。在未来的监管中,应将存管和外部审计的要求全面落到实处。四是信息披露制度。互联网金融本质上仍是一种金融活动,信息披露不可或缺。应对互联网金融的信息披露原则、信息披露管理与责任、信息披露内容等作出全面规定,建立健全互联网金融信息披露制度。五是消费者权益保护制度。应建立包括特定业务审核制度、消费者隐私保护制度、消费纠纷解决机制等在内的消费者权益保护制

度。六是市场退出机制。应在做好网络借贷资金第三方存管的前提下，完善风险准备金管理制度，适时建立互联网金融业务第三方接管机制。

2. 充分发挥行业自律作用

互联网金融创新速度较快，而相关制度的制定修改相对缓慢。因此，在相关立法出台之前，应充分发挥行业自律的作用。相对于政府监管而言，行业自律在降低监管负担和规制成本、避免市场主体与监管主体之间的信息不对称、提高专业性和标准化程度等方面有着不可替代的作用。随着互联网金融在我国的迅速发展，2011年以来，各种地方性行业协会或自发性行业协会陆续成立。2016年3月，中国人民银行会同原银监会、证监会、原保监会组织建立的全国性互联网金融行业自律组织——中国互联网金融协会成立，它承担制定互联网金融行业标准、促进从业机构业务交流和信息共享、建立行业自律惩戒机制等重要职责。然而，从满足我国互联网金融健康发展需要的角度看，行业自律的作用目前还没有充分发挥，相关工作有待进一步加强。

首先，应进一步完善全国性的行业协会组织。根据不同互联网金融业务模式，进一步完善行业协会的组织架构，明确其职责与业务范围。其次，应尽快制定统一的行业标准和从业行为准则。在与传统金融业务无本质差异的领域，可以直接沿用原有的金融行业标准和国家标准；对有别于传统金融行业的业务，应建立新的行业标准和准则。最后，应建立行业内部信息共享和披露机制，并最终与行业外部监管系统对接。在从事同一业务的互联网金融经营者之间搭建信息沟通与共享的桥梁，在消费者信用、行业经营数据等方面实现共享，既可以降低经营者的审核成本，又可以完善互联网金融数据库，还有助于全面建立和完善个人信用体系。将这些数据纳入金融业综合统计范围，还可以作为进一步修订外部监管指标的依据。

第二节　互联网金融业务的分类监管

在互联网金融的6种主要类型中，急需建立监管的是众筹融资。2014年12月18日中国证监会出台的《股权众筹融资管理办法（试行）》对股权众筹融资进行了初步界定。需要说明的是，机构监管隐含的前提是，同类机构从事的业务和产生的风险类似，因此适用于类似的监管。但互联网金融已经出现了混业迹象。在这种情况下，就需要根据互联网金融机构具体的业务、风险，从功能监管角度制定监管措施，同时加强监管协调。

一、目前已经建立的监管机制

在金融互联网化方面，网络银行、网络证券公司、网络保险公司和网络金融交易平台的核心是互联网对银行、证券公司、保险公司和交易所等传统金融中介和市场的物理网点和人工服务的替代。大数据在信用评估、网络贷款（不管是以银行为载体，还是以小贷公司为载体）、证券投资、保险精算中的应用，主要是改进相关金融活动的信息处理环节。相对传统金融中介和市场而言，这些互联网金融机构尽管信息更透明、交易成本更低、资源配置效率更高，但金融功能、风险特征变化不大，所以针对传统金融中介和市场的监管框架和措施也都适用，但需要加强对信息科技风险的监管。相关法律法规和监管框架可以在有关监管机构网站上查到。

对移动支付和第三方支付，中国已经建立起一定的监管框架，包括反洗钱法、电子签名法和《关于规范商业预付卡管理的意见》等法律法规，以及中国人民银行的《非金融机构支付服务管理办法》《支付机构预付卡业务管理办法》《支付机构客户备付金存管办法》和《银行卡收单业务管理办法》等规章制度，这些都可以在中国支付清算协会网站上查到。

对金融产品的网络销售，监管重点是金融消费者保护，严控误导消费、夸大宣传、欺诈等问题。《证券投资基金销售管理办法》第三十五条规定："基金宣传推介材料必须真实、准确，与基金合同、基金招募说明书相符，不得有下列情形：(一)虚假记载、误导性陈述或者重大遗漏；(二)预测基金的证券投资业绩；(三)违规承诺收益或者承担损失；(四)诋毁其他基金管理人、基金托管人或者基金销售机构，或者其他基金管理人募集或者管理的基金；(五)夸大或者片面宣传基金，违规使用安全、保证、承诺、保险、避险、有保障、高收益、无风险等可能使投资人认为没有风险的或者片面强调集中营销时间限制的表述；(六)登载单位或者个人的推荐性文字。"银监会对理财产品和信托产品等也有明文规定，绝对不能保证收益率，只能是预期收益率，并要向投资者反复强调，投资有风险，买者自负的基本原理。2014年1月，浙江证监局开出了针对互联网理财产品的首张罚单，认定某基金公司宣传资料中存在"最高可享8.8%年化收益"等不当用语，责令其限期改正。

对以余额宝为代表的"第三方支付+货币市场基金"合作产品，鉴于可能的流动性风险，应参考美国在国际金融危机后对货币市场基金的监管措施：

一是要求"第三方支付+货币市场基金"合作产品如实向投资者揭示风险，避免投资者形成货币市场基金永不亏损的错误预期。《证券投资基金销售管理办法》第四十三条规定："基金宣传推介材料中推介货币市场基金的，应当提示基金投资人，购买货币市场基金并不等于将资金作为存款存放在银行或者存款类金融机构，基金管理人不保证基金一定盈利，也不保证最低收益。"二是要求"第三方支付+货币市场基金"合作产品如实披露头寸分布信息(包括证券品种、发行人、交易对手、金额、期限、评级等维度)和资金申购、赎回信息。三是要求"第三方支付+货币市场基金"合作产品满足平均期限、评级和投资集中度等方面的限制条件，确保有充足的流动性储备来应付压力情景下投资者的大额赎回。

二、第三方支付风险及监管

(一)第三方支付风险

1. 金融系统性风险

第三方支付金融风险本身的放大与传导作用，导致第三方支付的金融风险不是单个公司的风险，有可能造成整个金融系统的风险，具有较大的负外部性。因此，需要有监管的介入，设计出防范金融系统风险的制度，从而从源头上降低金融系统性风险发生的可能。除此之外，第三方支付还会对基础货币、货币乘数、货币流通速度产生影响，从而改变了货币政策的一些前提、实施环境、微观基础，对货币政策效果产生扰动。

2. 信息系统风险和操作风险

信息系统风险包括物理风险、外部风险、数据传输风险、内部风险、系统运行维护风险、管理风险、安全技术防护风险和应用程序开发的质量控制风险。操作风险包括流程风险、人员风险和外部风险。流程风险是因支付业务的流程、制度管理不完善而导致操作或执行困难，甚至给不法分子留下漏洞并造成损失的风险。

3. 市场环境风险

第三方支付服务作为零售支付的一部分，其发展是以需求为导向的，市场环境的变化会影响整个行业的发展，同时支付机构间、支付机构和银行间的竞争加剧也会带来相应的风险。具体来说包括两个方面：第一，市场竞争风险。随着市场竞争的加剧，会产生价格战、利用垄断地位破坏市场自由竞争等恶性竞争行为。第三方支付机构在发展过程中，同质化业务发展一直是难以规避的问题，这一问题也直接导致支付机构间以价格战为代表的恶性竞争加剧。第二，洗钱、套现、赌博等风险。第三方支付在一定程度上为不法分子实施洗钱、信用卡套现、诈骗以及逃税漏税等活动提供了通道。

4. 市场退出潜在风险

没有取得行政许可的机构，由于其并不受监管部门监管，经营情况、客户沉淀资金情况都是不公开的，退出第三方支付服务市场的随意性很大，给社会带来的风险也更加不可预知。已经取得行政许可的公司，其业务经营情况和客户沉淀资金是由监管部门进行监管的，应当在监管部门的统一安排下有序退出。

(二) 第三方支付监管现状

第三方支付机构开展支付业务，从最初的起步阶段发展成为一个行业，推动了我国支付体系的发展，其监管法律也经历了一个从无到有的过程。与银行业等金融机构不同，第三方支付机构接受中国人民银行监管。第三方支付机构向所在地中国人民银行分支机构提出申请，并经所在地中国人民银行分支机构初审通过后，报中国人民银行审批。中国人民银行负责支付业务许可证的颁发。中国人民银行的监管体现在以下六方面：

第一，经营许可。第三方支付机构从事支付服务，务必取得支付业务许可证，并开展支付业务许可证核准的支付业务。第二，业务外包限制。针对网络支付、预付卡发行与受理、银行卡收单三种支付服务，中国人民银行规定了各项支付服务的核心业务。第三方支付机构必须在规定内经营核心业务，对于非核心业务，可以外包给第三方开展，但必须履行对第三方的资质审核和报备职责。第三，完善的风险管理和内控制度。第三方支付机构要有足够的意愿和能力防范和处理在经营中出现的风险事件。第四，信息安全。第三方支付机构需要具备一定的技术手段，确保支付指令的完整性、一致性和不可抵赖性，确保支付业务处理的及时性、准确性和支付业务的安全性。第五，备付金存管。为确保用户权益受到保障，中国人民银行要求第三方支付机构对备付金进行存管。第六，反洗钱。第三方支付机构必须建立完善的反洗钱内部控制制度文件，载明反洗钱合规管理框架、客户身份识别和资料保存措施、可疑交易报告措施、交易记录保存措施、反洗钱审计和培训措施、协助反洗钱调查的内部程序和反洗钱工作保密措施，对反洗钱岗位设置及职责进行阐述，同时，报告第三方支付机构开展可疑交易监测的技术条件说明。

三、众筹融资的监管

众筹是近年来逐渐流行的一种通过网络平台进行投融资的方式,其主要形式是利用互联网和社交网络服务平台向公众发布和展示小企业、艺术家或个人的创意和项目,争取大众的广泛关注和支持,进而获得所需要的资金完成创意和项目,并对投资人予以一定形式的回报。众筹网站是将投资方和筹资人撮合到一起的中介平台。根据回报形式的不同,众筹可以分为以下四类:一是奖励众筹,指投资者对创意和项目进行投资,最终获得产品或服务,实质上就是商品或服务的预购。二是债权众筹,指投资者对项目或公司进行投资,获得其一定比例的债权,未来获取利息收益并收回本金,网络借贷可归为债权众筹。三是股权众筹,是指投资者对创意项目或公司进行投资,获得其一定比例的股权。股权众筹类似于风险投资和天使投资。四是捐赠众筹,投资者对项目或公司进行无偿捐赠,主要获取社会尊重和名誉。

目前,以上四种众筹平台在中国都有运营。这对于促进中国的经济结构转型、支持中小企业融资、推动创意经济发展起到了一定作用。但总体来看,众筹在国内仍处于萌芽期。除了众筹的社会认知度仍有待提高、自身行为有待规范外,现行法律法规对众筹的发展构成了一定制约:一是被判定为非法集资的风险。根据《最高人民法院关于审理非法集资刑事案件具体应用法律若干问题的解释》,非法集资的4个要件为未经审批、通过网站和手机短信等公开推荐、承诺一定的回报(货币、实物和股权等)、向不特定对象吸收资金。因此,除捐赠众筹外,其他众筹形式或多或少有非法集资之嫌;二是受到公开发行证券相关规定的约束。《证券法》要求,当出现向不特定对象发行证券,或向特定对象发行证券累计超过两百人,或法律、行政法规规定的其他发行行为三种情形之一时,发行人须报证监会等监管部门核准。这大大限制了股权众筹、债权众筹等潜在投资者人数,使其规模难以做大。

目前,众筹已被纳入证监会的监管范围,这将是国内众筹规范发展的重要一步。但在如何监管问题上,有必要借鉴他山之石,在一些重要的问题上明确监管思路。2014年12月18日证监会出台了《私募股权众筹融资管理办法(征求意见稿)》,对股权众筹融资进行了初步界定,对发行人、投资者和平台的条件和职责进行了规范。但由于本次意见稿主要是针对私募股权众筹融资,为保护投资者权益,参与门槛条件较高。而公开募集以及针对商品众筹的监管条例暂时还未出台。

1. 引导和规范众筹发展应成为监管的主要目标

考虑到众筹的发生发展有其合理性,目前关键的问题是使之真正地为实体经济服务,不能因为众筹活动当中存在的一些风险简单地抹杀其功能和作用,也不能简单地套用现有法律法规来压制众筹。2013年9月,美国颁布了《促进创业企业融资法》(JOBS法案),允许私人企业在各种媒介以各种形式公开融资需求,并向"合格的"投资人进行募集资金,解决了股权众筹的合法性问题。美国对众筹的监管内容主要包括以下几点。

(1)对发行人的限制。包括要求在美国SEC备案,并向投资者和众筹融资平台披露规定的信息,主要是财务报告(根据募资的多少披露不同程度的财务报告)、高管、董事和持股20%以上股东的信息,募资用途,发行额,募资截止期限以及募资达标过程中的定期通报。不允许通过广告进行宣传,但是可以在众筹融资平台上进行宣传。披露支付给众筹融资平台的报酬。每年应向 SEC 和投资者提供公司运营情况和财务情况的报告。每年通过众筹融资平台募资总额不超过 100 万美元。

(2)对众筹融资平台的限制。必须在 SEC 登记为经纪商或者"集资门户"(funding portal)。必须在自律监管性组织登记注册。必须向投资者披露募资风险的相关信息并进行投资者风险教育。必须采取措施减少众筹融资中的欺诈现象。在融资预定目标未能完成时,不得将所筹资金给予发行人。确保投资者没有超过投资额度的限制。采取必要措施保护投资者的隐私。禁止他人通过提供潜在投资者个人信息给众筹融资平台而获利。禁止众筹融资平台与发行人有利益关联。允许投资者在证券发行时取消购买承诺。

(3)对投资者的限制(投资者适当性监管)

如果个人投资者年收入或净资产少于 10 万美元,则投资限额为 2000 美元或者年收入或净资产 5%中孰高者。如果个人投资者年收入或净资产中某项达到或超过 10 万美元,则投资限额为该年收入或净资产的 10%。

2. 清晰界定众筹平台的功能角色,加强自律

根据美国的实践,众筹平台主要发挥的是中介作用,本身不能直接进行融资以及经手资金管理。因此,中国的众筹平台监管也应要求众筹平台的核心功能是充分展示创意或项目信息以及发起人资信等信息,具体的投资决策应在信息充分披露的情况下,由投资者自己做出。在资金流转问题上,为了保护投资者利益,如果实际筹资额达不到筹资目标,则众筹中介不能将所筹资金交予筹资人,同时还有必要引入第三方托管,确保资金使用透明和可控。此外,监管部门应鼓励众筹平台加强自律,支持建立行业协会,要求众筹平台在信息披露、风险揭示、资金运作、发起人和投资人行为准则等方面制定行业规范。

3. 明确规定投资人的资质

投资人对众筹运作和风险的认知和承受能力是众筹业平稳健康发展的重要保障。就股权众筹来说,一是要规定普通投资者的资质。JOBS 法案就要求普通个人投资者在 12 个月内在所有众筹融资平台上投资的资金不得超过一定比例。二是对实行"领投+跟投"模式的股权众筹来说,考虑到领投人对于跟投人的投资决策有重要影响,并可能还负责管理所筹集的资金,因此对跟投人的投资知识和经验、行为记录、资信状况等应有更严格的要求。

4. 规范筹资人的行为

作为资金的接受者和项目执行者,筹资人行为必须被加以规范。例如,JOBS 法案规定了众筹融资者的 4 项义务,一是在发行时向美国证券交易委员会备案,并对投资者及中介机构进行信息披露;二是向美国证券交易委员会及投资者提交企业年度财务和运行报告,持续进行信息披露;三是不得以广告形式促销证券,防止出现劝诱和误导投资者的情形;四是说明如何补偿中介平台,否则美国证券交易委员会将禁止其发行。这些我们都可以在国内的众筹监管中加以吸收借鉴。

总的来看,我们的监管框架应在结合中国自身国情的前提下,保护和规范众筹这样一种商业模式和金融创新,使之真正服务于国家战略需要,助力创意经济和中小企业发展。

第三节　互联网金融监管应注意的其他问题及监管未来趋势

一、互联网金融监管应注意的其他问题

互联网金融是一种创新模式，金融监管机构在监管方面既要坚持原则，即守住底线，不碰红线、"高压线"，又要保持一定的灵活性，为互联网金融的发展保留一定的空间。建议相关监管机构设定相对粗线条的、原则性的行业监管办法或者指导意见。

（一）互联网金融安全港制度构建

互联网金融是未来金融发展的重要方向，但作为后来的搅局者，互联网金融在各国都不同程度地与既存法律制度存在不吻合的现象。在国内，互联网融资平台风险问题不断与非法集资等非法金融活动相互交织，如影随形，这在一定程度上影响了互联网金融的声誉。因此在互联网融资监管方面，构建安全港制度厘清互联网融资活动合法与非法的边界，将之与非法集资活动区分开来意义重大。安全港制度应包含以下四项核心机制。

1. 构建会员邀请机制，避免不特定性

互联网融资平台具有天然的涉众性，容易被界定为非法集资中的向不特定对象公开宣传。最高人民法院《关于审理非法集资刑事案件具体应用法律若干问题的解释》第1条第2款将通过媒体推介会、传单、手机短信等途径向社会公开宣传作为向社会公众吸取资金的四个条件之一。尽管其中没有明确列举互联网平台属于向社会公开宣传的途径，但互联网平台具有面向不特定人的公开宣传效果是毋庸置疑的。在现有法律框架下，如何把这一特性控制在法律安全边界之内，是互联网融资安全合法开展的首要问题。会员邀请机制的构建为这一问题的破解提供了出路。会员邀请制度包括三个步骤：即会员注册、会员筛选和会员邀请。首先招募会员注册，开展风险评估，评估内容可包括投资经验、年龄、收入状况等因素。其次依据风险评估结果，筛选出合格投资者。最后对合格投资客户发相应投资邀请并开展投资人真实身份核查。经过三个步骤的处理，互联网融资平台面对的就是特定的、合格投资者，避免了向不特定对象公开宣传的法律风险。当然即使是面向特定对象，互联网融资平台也须注意我国证券法和公司法对人数的限制。

2. 构建资金第三方托管机制避免集合资金

互联网金融融资领域的众筹，其扮演的应是信息中介而非资金中介角色。众筹融资平台本质上分别是直接债权融资和直接股权融资的信息撮合平台，在业务中不应扮演任何中转客户资金的角色，资金池模式更应成为禁区。否则互联网融资平台将成为非法集资的工具。实行资金第三方托管制度有利于解决这一问题。资金第三方托管是指客户资金的收付完全由独立的第三方机构直接管理，第三方通常是由具有托管资质的银行来担当。有了第三方托管后，借款人的资金进出根据用户指令发出，且每笔资金的流动都需要有用途和记录，这样就能有效防范借贷平台挪用客户资金或者卷款跑路的风险。资金第三方托管制度不仅有利于解决互联网金融企业恶意挪用资金或破产导致投资人血本无归的问题，也从根本上有助于互联网融资平台摆脱非法集资的恶名。

3. 构建简易信息披露机制保护投资人权益

众筹融资与证券发行交易具有类似性，都属直接融资的概念范畴。众筹融资平台可以被理解为微型的互联网证券市场，都是沟通资金供需双方的信息桥梁。但不同的是，在监管制度方面目前众筹融资基本毫无规则制度可言，而证券市场的运行则具有一套缜密的制度安排。交易所运行、融资方发行证券或上市资金和证券的结算，都是建立在各种精密制度之上的。其中信息披露制度在证券制度中处于核心地位，信息披露也被称为信息公开是证券发行人或上市公司按照法定要求将自身财务经营等情况向证券管理部门报告并向社会公众投资者公告的活动。我国证券法第63条规定，发行人、上市公司依法披露的信息必须真实准确完整，不得有虚假记载、误导性陈述或者重大遗漏。信息披露制度不仅适用于证券市场，而且也应适用于整个直接融资体系。互联网融资平台作为信息中介，融资人作为资金使用方，都具有如实披露融资相关信息的义务，以确保投资人做出投资决策之前有获取真实准确信息的机会。当然对互联网融资信息披露的要求标准应大幅度低于证券市场，否则高成本将使互联网融资失去存在的价值，但至少应包括融资人真实身份、资金用途、押品法律权属或担保人真实身份等基本信息，以保护投资人的合法权益，互联网融资的信息披露机制应被确切地称为简易信息披露机制。

4. 构建信息安全保护机制保护合法权益

互联网融资平台作为信息的交互平台，存在大量身份和交易数据，涉及融资人、担保人、投资人等各互联网融资参与方，构建信息安全保护机制的目的是进一步保护参与个人的隐私和参与企业的商业秘密。我国2009年颁布的《侵权责任法》第2条规定，侵害民事权益应当依照本法承担侵权责任，本法所称民事权益包括生命权、健康权、姓名权、名誉权、荣誉权、肖像权、隐私权、婚姻自主权、监护权、所有权等人身财产权益。这标志着我国从法律上正式确立了隐私权概念。按照我国《反不正当竞争法》第10条的规定，经营者不得采用下列手段侵犯商业秘密。本条所称的商业秘密是指不为公众所知悉、能为权利人带来经济利益、具有实用性并经权利人采取保密措施的技术信息和经营信息。我国《合同法》第60条规定，当事人应当遵循诚实信用原则，根据合同的性质目的和交易习惯，履行通知、协助、保密等义务。显然隐私权和商业秘密的保护已具有基础性的法律依据和安排，但在具体的金融活动中基础性的法律安排对信息安全保护力度还是远远不够的。为此央行为保护个人信用信息，还另外颁布了个人信用信息基础数据库管理暂行办法、个人信用信息基础数据库数据金融机构用户管理办法、个人信用信息基础数据库异议处理规程等一系列规章制度对信息采集保存及运用等方面进行了规范，并规定了授权查询、限定用途、保障安全、查询记录以及违规处罚等监管措施严格保护信息安全。保护互联网融资参与各方的信息安全，可充分借鉴央行的做法，构建具体的适应互联网融资活动特点的信息安全保护监管机制，进一步明确各参与方特别是融资平台的信息安全保护义务。

(二) 处理好创新与监管的关系

在互联网金融发展的初期，在相关法律、法规相对缺失的情况下，监管既要给予相关市场参与者以充分的发展空间，又不能完全放任自流。

在监管的原则性与灵活性方面，还要把握好对一些风险事件的处理。一个风险事件的出现是偶然的还是必然的，是个别事件还是系统性事件，需要认真分析和判断。不能因为一些偶发事件而对原则性和灵活性的平衡监管理念做出频繁调整，或者来一个180度的大拐弯。

另外，需要处理好短期与长期监管之间的关系。从短期看，互联网金融正处于发展初期，此时许多情况以及存在的问题有待进一步认识。但需要认识到，市场参与者的做法、行为是有惯性的。因此，在当前这个阶段，即使某些互联网金融产品和服务还只是新生事物，监管者也应该告诉这些互联网金融的参与者，哪些是坚决不能碰的，哪些是倡导的。金融监管同样存在"路径依赖"的。阶段性的、短期的监管会使互联网金融的发展以及参与者形成惯性思维，这些惯性累积起来会形成一定的依赖。监管机构需要处理好短期与长期监管之间的关系，只有这样才能防止陷入"头痛医头、脚痛医脚"以及"一管就死、一放就乱"的怪圈。

二、我国互联网金融监管的未来趋势

未来我国对互联网金融的监管，将在延续前期整治工作、保持强监管态势的基础上，在如下方面逐步完善监管机制。

(一)逐步统一互联网金融与传统金融的监管标准，提高准入门槛

互联网金融的低准入门槛及其与传统金融的非对称监管是当下诸多行业乱象的根源。银保监会已要求网贷平台在备案基础上，必须取得电信业务经营许可证；互联网保险机构必须持牌经营。人民银行自2017年5月以来已注销多家公司的支付牌照，未来在其他互联网金融业务领域，准入条件也将逐步提高，并借鉴国际经验，统一监管标准。

(二)推行功能监管和行为监管，加强对互联网金融行为的过程把控

一方面，"穿透式"监管的思路将扩展到互联网金融的各业务领域，避免由于业务形态的简单变异，即面临监管空白的窘境。另一方面，将以目前的事后监管为主，转变为以信息披露为核心的行为监管。

《互联网保险业务监管暂行办法》对互联网保险机构提出了信息披露的具体要求。《网络借贷信息中介机构业务活动信息披露指引》使网贷行业信息披露有据可依，将"自律披露"上升到"依法披露"的高度，预计未来各业务领域均将明确并严格信息披露要求。

(三)发展行政监管与行业自律相结合的监管模式

鉴于行政监管受限于资源等问题，难以全面覆盖互联网金融的各领域，我国将借鉴国际经验，发展行业自律。

中国互联网金融协会已按照《关于促进互联网金融健康发展的指导意见》的要求，在人民银行指导下，加快推进自律管理体系、信息披露规范和金融数据统计标准的建设，有望在规范从业机构市场行为中发挥积极作用，成为行政监管的重要补充。

(四)进一步平衡监管与创新的关系

互联网金融及金融科技的快速发展，满足了经济发展多元化背景下的多层次金融需求，是金融业供给侧改革的重要抓手，也是提升我国金融竞争力的重要途径。随着互联网金融市场的规范，我国将借鉴国外创新监管的经验，在监管与创新之间探索平衡点，引导有利于消费者的金融科技创新。

(五)完善消费者保护机制

我国将互联网金融定位为普惠金融，它将涉及众多相对弱势的金融消费者。因此，未来我国将参照欧美国家的经验，逐步建立包括合格投资者制度、隐私保护规则以及投诉处理机制在内的综合性金融消费者保护制度，更加扎实和全面地保护互联网金融消费者。

【本章小结】

在互联网金融异军突起的同时，也要清醒地看到存在的问题，尤其是隐藏在繁荣发展态势背后的风险更是不容忽视。目前我国互联网金融监管从整体上看，还处于无门槛、无标准、无监管的"三无"状态，如何一方面呵护互联网金融的创新和普惠精神，另一方面有效维护金融稳定和金融秩序，是互联网金融监管模式选择面临的一大难题。

互联网金融风险主要体现在以下几个方面：非法经营风险、过度创新风险、信用风险、投资者权益被侵害风险、信息技术安全风险。

我国为促进互联网金融健康发展，提出了"适度监管、分类监管、协同监管、创新监管"的原则，以期建立和完善互联网金融的监管框架。本章总结出互联网金融监管的八条原则：适当的风险容忍、实行动态比例监管、原则性监管与规则性监管相结合、防止监管套利、注重监管的一致性、关注和防范系统性风险、加强信息披露，强化市场约束、强化行业自律、加强监管协调。

互联网金融监管的国际经验：一是各国普遍重视将互联网金融纳入现有的法律框架下，强化法律规范，强调行业自律。二是各国针对本国互联网金融发展的不同情况，采取了强度不等的外部监管措施。三是监管手段主要是注册登记和强制性信息披露，以金融消费者和投资者的权益保护为重心。四是涉及谁的监管职责就由相应的监管机构负责，往往没有统一的主监管机构。五是少数国家开始尝试评估互联网金融的监管框架，并探讨未来监管方向。

在互联网融资监管方面，构建安全港制度厘清互联网融资活动合法与非法的边界，将之与非法集资活动区分开来意义重大。安全港制度应包含四项核心机制：构建会员邀请机制，避免不特定性；构建资金第三方托管机制，避免集合资金；构建简易信息披露机制，保护投资人权益；构建信息安全保护机制，保护合法权益。

我国互联网金融监管的未来趋势：逐步统一互联网金融与传统金融的监管标准，提高准入门槛；推行功能监管和行为监管，加强对互联网金融行为的过程把控；发展行政监管与行业自律相结合的监管模式；进一步平衡监管与创新的关系；完善消费者保护机制。

【关键术语】

互联网金融监管　互联网金融安全港制度

【思考题】

1. 互联网金融风险主要体现在哪些方面?
2. 试述互联网金融监管的原则。
3. 试述互联网金融监管的国际经验。
4. 试述互联网金融业务分类监管的重点与难点。
5. 试述互联网金融监管安全港制度的核心机制。
6. 试述互联网金融监管的发展趋势。

参 考 文 献

1. 胡世良．互联网金融模式与创新[M]．北京：人民邮电出版社，2015．
2. 蔡皎洁，郭道猛．网络金融[M]．北京：机械工业出版社，2016．
3. 姚文平．互联网金融即将到来的新金融时代[M]．北京：中信出版社，2015．
4. BR互联网金融研究院．互联网金融报告2017[M]．北京：中国经济出版社，2017．
5. 伍聪．第四次金融浪潮：互联网金融与中国国运[M]．北京：中国经济出版社，2017．
6. 冯科，宋敏．互联网金融理论与实务[M]．北京：清华大学出版社，2016．
7. 许伟，王明明，李倩．互联网金融概论[M]．北京：中国人民大学出版社，2016．
8. 何珊，陈光磊，谌泽昊．透视互联网金融[M]．杭州：浙江大学出版社，2015．
9. 宋晓萌．工商银行发展互联网金融策略研究[D]．济南：山东财经大学硕士学位论文，2016．
10. 李张珍．互联网金融模式下的商业银行创新[D]．北京：中国社会科学院博士学位论文，2016．
11. 李蓉．互联网金融模式研究[D]．北京：对外经济贸易大学硕士学位论文，2014．
12. 李正阳．美国互联网金融研究[D]．长春：吉林大学硕士学位论文，2016．
13. 刘晛．中国互联网金融的发展问题研究[D]．长春：吉林大学博士学位论文，2016．
14. 零壹财经．金融科技发展报告2017[M]．北京：电子工业出版社，2018．
15. 谢平．互联网金融九堂课[M]．北京：中国计划出版社，2017．
16. 黄益平，等．互联网金融12讲[M]．北京：中国人民大学出版社，2016．
17. 罗党论．互联网金融[M]．北京：北京大学出版社，2016．
18. 陈中放，胡军辉．互联网金融[M]．北京：高等教育出版社，2017．
19. 刘进一．互联网金融：模式与新格局[M]．北京：法律出版社，2016．
20. 郭勤贵．互联网金融：原理与实务[M]．北京：机械工业出版社，2017．
21. 贲圣林，张瑞东．互联网金融：理论与实务[M]．北京：清华大学出版社，2017．
22. 何平平，车云月．大数据金融与征信[M]．北京：清华大学出版社，2017．
23. 李耀东，李钧．互联网金融：框架与实践[M]．北京：电子工业出版社，2014．
24. 黄震，邓建鹏．互联网金融法律与风险控制[M]．北京：机械工业出版社，2017．
25. 韩锋，张晓玫．区块链：量子财富观[M]．北京：机械工业出版社，2017．
26. [英]迈尔·舍恩伯格，库克耶．大数据时代[M]．杭州：浙江人民出版社，2013．
27. 余丰慧．金融科技：大数据、区块链和人工智能的应用与未来[M]．杭州：浙江大学出版社，2018．
28. 张晓朴，姚勇．未来智能银行：金融科技与银行新生态[M]．北京：中信出版社,2018.
29. 谢平.金融互联网化:新趋势与新案例[M].北京:中信出版社,2017.
30. [美]杰克逊.支付战争:互联网金融创世纪[M].徐彬,王晓,译.北京:中信出版社,2015.
31. 曹国岭,陈晓华.互联网金融风险控制[M].北京:人民邮电出版社,2016.
32. 零壹财经.金融基石:全球征信行业前沿[M].北京:电子工业出版社,2018.
33. 杨勇.中国式众筹:改变你我未来的方法[M].北京:北京联合出版有限公司,2017.
34. 由曦.蚂蚁金服:科技金融独角兽的崛起[M].北京:中信出版社,2017.
35. 李钧.数字货币:比特币数据报告与操作指南[M].北京:电子工业出版社,2014.
36. 罗明雄.互联网金融[M].北京:高等教育出版社,2018.
37. 赵涤非,陈江城.互联网金融概论[M].北京:清华大学出版社,2017.
38. 胡征.网络金融[M].北京:清华大学出版社,2017.
39. 吴佩,姚亚伟,庞涛.互联网金融对货币市场冲击影响的实证分析[J].当代经济管理,2016(7).
40. 王谦,戢增艳.网络货币的产生与应对策略研究[J].经济学家,2015(9).
41. 凌清.比特币的技术原理与经济学分析[D].上海:复旦大学硕士学位论文,2014.
42. 陈豪.比特币的经济学分析[D].杭州:浙江大学硕士学位论文,2015.
43. 周晓光.金属货币、纸币、电子货币的比较研究[D].长春:吉林大学硕士学位论文,2013.
44. 俞佳佳.数字货币支付功能探索及思考[J].金融实务,2016(3).